三浦耕吉郎

環境と差別の社会学

――フィールドとの〈対話〉から構造的差別へ

晃洋書房

はじめに

大学院生だった一九八〇年代初頭から数えれば、もうすでに四〇年以上にわたって社会学研究という終わりのない放浪の旅をしてきたことになる。本書におさめた九編の論文は、前著『環境と差別のクリティーク――屠場・「不法占拠」・部落差別――』（新曜社、二〇〇九年）に収録されなかったものや、その後に書かれたものも含めて、すべてその放浪の途上で生みだされた。

三部構成になる本書は、どの部、どの章から読みはじめていただいてもよいのだが、みずからこの論集を編んだ者として、本書のテーマや内容について一言しておきたい。

まずは、〈環境と差別〉という問題系について。前著においては、副題にあるように、生きた牛や豚を屠殺・解体して食肉を生産する屠場（と畜場、食肉センターとも呼ばれる）や、戦前・戦中の植民地下で空港建設等に従事した在日韓国朝鮮人の人たちが第二次世界大戦後に集住を続けていた元飯場跡に形成された「不法占拠」地区、さらに被差別部落等々といった場所でのフィールドワークにもとづきつつ、環境問題と差別問題との複雑な絡まり合いを解きほぐすことをめざした。

そのなかで明らかになってきたのは、屠場建設をめぐる反対運動や、「不法占拠」地区の集団移転施策、あるいは同和対策事業といった、地域住民の幸福を願ってある種の環境的価値（生活環境の良好さや、美しさや、健全さ等々）のもとに環境的正義の実現をめざす社会運動や行政施策のなかに、すでに《環境利用における他者の排除》とでもいうべき論理が内在的に胚胎してしまっているという事実であった。そのような社会における制度的な仕組みや歴史に深く根ざすがゆえに意図せざるかたちで発動されてきた差別のことを、私たちは〈構造的差別〉と呼ぶとともにに、環境的正義の根拠をなす〈生活者の慣習〉や〈環境保全の言説〉を通じ〈構造的差別〉の歴史的起源や存在自体が忘却＝隠蔽されることによって、環境をめぐる支配の正当性が現代社会において生みだされたり、維持されたりしていくメカニズムの解明を試みてきた。

その点で前著は、社会学的な記述方法の可能性をクリティカルな地点まで追求することで、植民地化、都市化、環境政策、同和対策、食肉流通施策、食肉産業の歴史、学校教育、被差別の文化等々といった様々な角度から、いわば環境問題と差別問題のインターセクション（交差性）を分析的に描きだすことをめざした、批判的ソシオグラフィとでもいうべき作品であった。

それに対して、本書では、前著の方法論（ディスコミュニケーションに着目する〈対話〉論的アプローチ）や理論モデル（環境的正義のヘゲモニー分析に依拠した構造的差別モデル）は基本的に受け継ぎながらも、たんなる記述的分析にとどまらずに、社会史における儀礼研究を取り込みつつ、より深い社会学的な理論化をめざしたい。それが、本書の題名を『環境と差別の社会学』とした所以である。

以下に、各章の概要について、簡単に記しておく。

第1部「原子力災害と構造的差別」に収録した後半の二つの章は、前著の刊行から二年後に生じた東日本大震災における、東京電力福島第一原子力発電所の過酷事故によってこの国にもたらされた大きなインパクトのさなかに書かれたものである。そうした点で、上記の〈環境と差別〉という問題系における認識枠組みを、原子力災害をもたらした科学技術をはじめとする政治・経済・法律・社会・文化にかかわる大掛かりなシステムの分析へと応用的に拡張するものとなっている。

まず第1章では、本書で著者が依拠する質的調査法にもとづく〈対話〉的アプローチの特徴を、いわゆる実証主義（科学主義）的社会学の方法との対比のもとに、①多様な当事者視点を理論に反映させることを重視している点、および、②そのために、理論の外部の声（当該研究者集団以外の人からの感想、疑問、批判等）との〈対話〉の回路を恒常的に保持している点、に見いだしている。そして、そうした外部の声を反映させた理論の一つとして、〈行為者側にたとえ差別する意図がなくとも、コンテクスト次第では人権侵害が生みだされる可能性がある〉とする「構造的差別」モデルが提起される。

第2章は、原発事故が生じてから半年後に私たちが試みた、原子力発電に係わる〈現場からの声＝当事者の人びとの声〉を聴くための旅からはじまる。そこでは、今回の原子力災害を契機として明らかになった、人びと（電力会社や国、行政、科学者、避難民、原発労働者、原発立地地区住民、電力消費者等々）の間の複雑な関係性のなかに孕まれる様々なディスコミュニケーションに気づくのが、主たる目的の一つであった。そして、私たちの旅は、原発や原発周辺の民宿村から、さらに原発労働の実態、そして原発労災不支給問題や科学のフラジリティと〈わかりえぬもの〉へと導かれていくことになる。

また、第3章では、「風評被害」という言葉と「原発の安全神話」や「放射線安全論」との関連性が探られる。なかんずく、「風評被害」の三つの異なった用法を吟味することで、「風評被害」がたんなる「（根拠のない）風評」によってもたらされる被害ではなく、「安全性の基準設定をめぐるポリティクス」のなかで構築されてきた被害としての側面をもつことが指摘されるとともに、その使用法の変化のなかで、健康被害よりも経済的被害を重視する転倒が引き起こされ、放射線被曝による健康被害の過小評価や、原発事故による加害責任の他者への転嫁がなされてきたことを跡付けていく。

第2部「〈問い〉と〈対話〉としての社会史」では、環境的正義論がしばしば依拠する（生活）慣習に見受けられるような、一方で、住民の「正義」を体現しつつ、ときにコミュニティの他者、ないし境界的メンバーの排除に加担するという二面性に着目する。そして、〈慣習のヘゲモニー（慣習をつうじた支配の正当性の調達）〉が体現する多様な歴史的様態が、〈慣習的なもの〉のダイナミックな歴史的変容過程および慣習と権力とのあいだの（従属と抵抗という）両義的な関係性に照準しつつ、近世社会における儀礼分析をもとに描きだされる。

まず第4章では、もっぱら史実の確定をめざそうとする実証主義歴史学との対比において、社会史やオーラルヒストリーの説明原理や叙述形式の特徴として、〈現在の問題関心をもって、過去の史料を制作者や利用者の意図に逆らって読むこと〉あるいは〈過去がじっさいにそうであったものとは別の形でありえたかもしれないという認識〉等々に見いだされる「現在（の問題）と過去（の史料や人びと）との対話」の重要性が指摘されるとともに、それらに依拠する〈過去とフレキシブルに対話する人間〉モデルが呈示される。

第5章では、近世の異端審問記録に書き留められていた〈農民たちの「魔女のサバト」イメージのなかに混在していた、農民信仰にもとづく豊饒儀礼の要素〉の通時的な変容に着目した『ベナンダンティ（善をなす者たち）』という歴史作品を、「（農民と聖職者の）妥協の文化的形成」という新たな観点から読み解くことによって、支配階級である聖職者の悪魔学の系譜につながるサバト観念の創出にたいする農民信仰の寄与のメカニズムが明らかになるとともに、農民文化の自律性と教会による文化的ヘゲモニーとの関係性が、きわめて歴史的（偶然的）で、かつ状況依存的であったことが示される。

第6章におけるシャリヴァリとは、どんちゃん騒ぎや騒音を意味し、特定の人物を嘲笑・嘲弄するために集まった人たちが掻き鳴らす耳障りな音をさす。この章では、従来の「制裁儀礼」や「通過儀礼」といった解釈によって見逃されてきた、シャリヴァリ連中と犠牲者のあいだで多様にくりひろげられる駆け引きに用いられる「シャリヴァリ的なふるまい方（メタ規範）」に着目することによって、シャリヴァリという集合的行為は、既存の規則や規範を押しつけたり、一方的に是非を断ずるというよりは、規範をめぐる共同体の合意の形成にかかわるような、いわば儀礼的暴力を介した〈関係性の政治〉の場にほかならないもの、そして、そこでこそ直接交渉がはじまる巧妙な仕掛け（政治装置）として把握しなおされる。

第3部「往還の途上――部落表象への関係論的アプローチ」では、被差別部落でのフィールドワークやインタビューを通じて、部落差別を解消する目的で実施された同和対策事業をはじめとする部落の環境改善事業にたいして、あえて「No!」という人たちの声に耳をすませてみたい。そうして、「事業を受けると、ここが永久的に部落になってしまう」とか「これまでより、いっそう差別がきつくなる」という言葉の背後にある、人びとのきわめて〈社会科学的な〉認識の核心へと迫っていく……。

まず、第7章では、被差別部落でのインタビュー実践について、方法論的な分析を試みる。ここで、私がとった方法とは、まずは、「語り」の本質を、語られたことだけではなしに、むしろ〈語られぬこと〉のなかに見いだすことであった。そのためには、聞き取りの関心を語りの「内容」から「語り方」へとシフトさせ、ある語りに孕まれたすれ違いやディスコミュニケーション、さらに特異な語りが噴出する文脈性等々に着目することによって、住民の語りの彼方にある〈語られぬこと〉の把握が可能になることを示した。

第8章では、フィールドでの調査拒否という究極のディスコミュニケーションに直面した体験をもとに、そうした拒否の姿勢の背後に、私たちの調査が、「部落」や「部落産業」というカテゴリーを暗黙の前提とするだけでなく、調査を通じてそれらのカテゴリーを再生産しているという厳しい批判を読み取るとともに、そもそも「部落民」とは、具体的な人をさす実体的なカテゴリーではなく、「部落民とみなされている人」（定義A）と「自分を部落民とだとおもっている人」（定義B）のあいだで揺れ動く関係的カテゴリーとして捉える新たな観点を提示している。

そして、第9章では、同和対策事業の「未指定地区」の調査から、地区住民があえて市に対して「環境改善事業費に基づく事業の拒否と同和地区指定除外」の請願をおこなった背景に、差別を解消させるために採用された環境改善施策が、意図せざる結果として新たな差別なり、問題を生じさせてしまうという認識があったこと、そして、その「地区指定」の対象の特定に関与していた、行政とも地区住民とも異なる「第三の主体」として、その地区が「部落」であることを自己または他者に強制する〈（「部落」として）カテゴライズする力〉の存在を指摘する。

目次

第3部　往還の途上
——部落表象への関係論的アプローチ

第1部

原子力災害と構造的差別

第1章　理論の外へ、もしくは〈対話〉としての社会学

1　楽屋裏から

二〇〇九年度の関西社会学会大会において「演繹的社会学の『復権』」と題されて開催されたシンポジウムは、その成果として、いったい何を生みだしたのか。それを、一言で総括するのは、なかなかむつかしい。

その困難さは、シンポジウムの後半に会場から、「これだけ理論的立場を異にした人たちが、なごやかに話し合っているこの場の状況には、違和感を禁じえない」といった旨の感想が投げかけられたことのなかにも、端的に見て取れる。たしかに、パネリストや討論者のあいだの方法的な立場性の相違は歴然としていた。しかし、その違いが、演繹的方法と帰納的方法という対立に還元できるのかといえば、事はそう簡単ではなかった。その点については、このシンポジウムにおいて私の置かれた位置の曖昧さが、なによりも雄弁に物語っていよう。

そもそも、なぜ私が、このシンポジウムに起用されたのか。おそらく企画側の思惑としては、フィールド調査に従事している私がもっとも帰納的社会学に近い立場にいると認識されたがために、上記の対立へのいわば火付け役として私が期待されていたのだと思われる。そして、さきに紹介したフロアーの声も、パネリストのなかでもとり

わけこの私が、期待された役柄を真面目に演じようとしていないことからくる失望と苛立ちの表明だったに違いない。たしかに、新型インフルエンザ禍のなかをおしてきたというのに、帰納的社会学vs演繹的社会学のバトルが展開されるはずのところが、あに図らんや、パネリストたちが壇上で傍目にも和気藹々とコミュニケーションをとり結ぼうとしていたのだから、それも当然のことだったかもしれない。

しかしながら、じつは、今回の登壇者のなかでじっさいに帰納的社会学に従事しているといえるのは、むしろ討論者の方々の方だったのである。そして、私はといえば、純粋に演繹的でも帰納的でもない〈対話〉的アプローチをとりながら、演繹的方法や帰納的方法を包含する実証科学の認識論自体のなかに、外部の声（当該研究者集団以外の人からの感想、疑問、批判等）との対話の回路を模索することをつうじて、そうした方法的対立の相対化を試みたのであった。つまり私は、帰納的社会学vs演繹的社会学という対立軸とはべつに、後述するような科学主義的社会学vs体験型社会学という新たな対立軸を持ちこんだのであって、そのことが、登壇者間の立場性のねじれを一層複雑なものにしたかもしれない。

2　「体験型社会学」とは？

それでは「純粋に演繹的でも帰納的でもない〈対話〉的アプローチ」に依拠する「体験型社会学」とは、いったい、いかなるものか。それを簡潔に定義すれば、フィールドワークや事例研究、さらには、研究者自身の人生におけるさまざまな体験をつうじて、一定の社会事象を説明したり解釈したりするためのモデルなり理論的枠組みを生みだそうとする社会学のことである。この小論の文脈では、とりわけ、①「純粋に……帰納的でもない」という点、および、②「〈対話〉的アプローチ」の採用という点が重要なので、これらの点について、はじめに簡単に説明しておこう。

私はこれまで、屠場《とじょう》（食肉センター）や「不法占拠」地区にかんする事例研究をおこなってきた[1]。主たる調査対象は、全国に百以上ある屠場のなかのほんの二箇所だし、「不法占拠」地区にいたっては、無数にあるそうした地区のなかのたった一箇所だった。おそらく、帰納的な方法を好む研究者なら、もっともっと多くの場所を、それこそしらみつぶしに調査したいと思うだろう。しかしながら、私にとっては、事例を増やすとしてもあと数箇所が限度だし、そもそも事例を増やすべき必要性をとりたてて感じてはいない。なぜなら、私が知りたいのは、そうした屠場や地区の実態や実状にもまして、そこ（特定の屠場や地区）で働いたり住んだりしている人たちが、その場所をどのように認識しているか、という点にこそあるからである。こうした問題意識のもとに、私は、フィールドワークや事例研究をつうじて、屠場問題ないし「不法占拠」問題の本質に迫ろうとしたのであり、もしも将来的に、同じ目的のもとに大規模な実態調査による帰納的研究がなされうるとすれば、私の採用した方法は、それとはまったく異なった方法であるといわざるをえない。その点について、私は前著（三浦 2009a）で、ソシオグラフィという記述方法論へ言及するかたちをとって、次のように書いている。

> 本書における記述方法論（＝ソシオグラフィ）の特徴は、経験的データから出発して一般化的認識へ至ることをめざす、いわゆる帰納法とは大きく異なっており、むしろ、調査過程において関係者たちが暗黙裏に行っている理論的実践を記述によって把握しようとするところにこそある。語りや観察をめぐる記述資料には、すでに語り手や聞き手・観察者の保持しているそれぞれの理論的パースペクティヴが多様なかたちで反映されているのだが、従来の研究はそうした点について十分な分析を行ってこなかった。したがって私たちは、そうした資料を作成・分析するにあたり、つぎのような〈対話〉的方法を採用する。すなわち、語り手が保持している生活知と、研究者の依拠している（社会的・政策的）科学知とのあいだの相互作用を記述するなかで、とりわけ両者のディスコミュニケーションやズレ、さらには乖離といった現象に戦略的に着目する。そして、そうした生

活知と科学知との〈対話〉を、そのつど独自な記述スタイル（たとえば、書簡体や日記体や報道文体等）を模索しつつ遂行することによって、既存の社会理論の援用とは異なる、生活者の観点を内包したあらたな社会理論の再構築ないし創出がめざされることになる。（三浦 2009a：14）

それでは、このような生活知と科学知とのズレやディスコミュニケーションに着目する〈対話〉的アプローチを採用することで、私たちはいかにして帰納的方法と演繹的方法との対立を相対化することができるのだろうか。じつは、その鍵をにぎっているのが、理論化プロセスにおける当事者視点の位置づけ、という問題である。したがって、まずは、階層研究と差別研究について、それぞれの研究が当事者視点を理論へと反映させるうえで、どのような回路を保持しているのかという点について考察しておこう。

3　理論への当事者視点の反映可能性について

研究対象を定義するさいに当事者視点を導入することは、社会学研究においては珍しいことではない。「フリーター」や「ニート」にかんする階層論的研究をおこなった太郎丸博は、「道路工夫と裁判官が同じ階層に属すると考える人はほとんどいない。そういう意味で、何らかの形で、最大公約数的な共同主観的階層構造を想定することは可能」だとする立場から、「フリーターやニートと呼ばれるような一群の若者が存在し、社会的な格差拡大の原因となりうるというぐらいは、おおむね社会的コンセンサスがある…（中略）…という仮定が正しい限りで、文化的に分類したとしても、フリーター・ニートはひとつの階層と考えられる」と述べている（太郎丸 2006：21）。

このように階層研究が前提とする当事者視点における「当事者」とは、階層認識についての共同主観性を保持している限りでの、いわば（研究者を含む）社会のすべてのメンバーである。それにたいして、差別研究が前提とする当事者視点における「当事者」とは、「みずからが差別をされたとクレーム申し立てをする人びと」もしくは「あなたは差別をしたと他者からクレームを投げかけられた人たち」といったカテゴリーが示すように、当事者間に一定の共同主観性を想定しうるどころか、各々の側が、研究者の保持している理論的枠組みとも、まったく異なる認識枠組みを保持しているのが大きな特徴である。

じっさい差別研究者は、とりわけ前者の立場の人から激しい批判（「あなたは、差別の厳しさを全然わかっていない！」）を被りがちであって、結局、当事者の人たちから怒られたり、かわされたりする（「なぜ、私の行為が差別なんですか？」）困難な体験のなかで異なった認識枠組みとの〈対話〉を余儀なくされ、それをもとに、部分的に当事者視点を盛り込んだ新しい理論枠組みを生成していくことになる。それが、私の場合は、「私たちがある種の関係性のなかに置かれると、個々人のなかの偏見や差別意識の有無とは無関係に、差別に加担させられたり、差別を引き起こしてしまうことがある」という「構造的差別モデル」の提唱につながったのだった（三浦編 2006：3-4；三浦 2009b）。

このような経験を通して言えることは、当事者から寄せられる疑問や批判は、しばしば私たちをいったん、みずからの「理論の外」へ出てみるように誘い、その地点からあらためて当該テーマについて再考することを要請するのであり、その意味で、こうした〈対話〉は、私たちの理論の革新にとってきわめて重要な役割を果たしてきた、ということである。それでは、こうした理論の外部の声との〈対話〉は、いかにして可能になるのだろうか。その点について私は、次のような聞き取り（インタビュー）調査という回路に着目してみたことがある。

こうした聞き取りという方法の特徴のなかで、往々にして見落とされがちなのが、調査者が、被調査者から面と向かって当の調査にたいする批判を浴びせられるチャンスを、恒常的に提供している、という点である。それは、別の表現をつかえば、聞き取り調査は、その調査方法のなかに、被調査者が直接、調査や調査者にたいする批判をおこなうことができる回路を内蔵しているということであり、この点は、他の調査方法と比較して

特筆されてよいものである。（三浦 2004：214、本書第8章：176–177）

　一方、階層研究における当事者は、むろん階層社会を生きるすべての人びとであるが、社会階層調査という点に限定して考えるならば、そこでの当事者とは、階層調査における被調査者のことである。そこで興味深いのは、被調査者は、みずからが抱いている「階層帰属意識」・「階層イメージ」・「生活満足感」・「不公平感」などを問われる調査対象としての役割以外に、あらかじめ理論構築のための補助的役割を与えられている点である。それはたとえば、SSM調査においては、人びとが抱く職業威信を計測することを通じて社会の職業構造が理論的に構成されている点に見いだすことができる。

　しかしながら、被調査者としての当事者の位置づけは、それだけではない。階層研究が社会調査という実践を不可欠としていることからして、当事者が保持している権利のなかには、当然ながら階層調査の理論枠組みにたいして疑問や批判を提示する権利も含まれている。むろん、差別研究とは違って、研究者が当事者と面と向かって対峙するような場面は、きわめて限られている。しかし、だからといって、これまで階層研究において、外部の声（当該研究者集団以外の人からの感想、疑問、批判等）[2]との〈対話〉がなされてこなかったわけではない。

　たとえば、間淵領吾は、職業の格付け調査において被調査者が抱いてきた職業評価への疑問や職業威信スコアへの批判に着目するなかから、「威信スコアは、人々のあいだの多様な序列づけパターンを平均化し、単一の値にしてしまう」として、新たに「職業の序列づけパターンについての研究」を提唱した。これはまさしく、「理論の外」からの批判的な声を正面から受けとめることによって、「農業」「ブルーカラー」「ホワイトカラー」間の順位差にかんする研究者の前提そのものを問い直そうとする、ある意味で画期的な試みであった。そして、その研究から得られた結果はじつに興味深いものだった。というのも、もっとも多い序列づけパターンは、すべてを同列に評価するパターンであって、研究者の前提通りに順位をつけたのは、一九七五年のSSM調査（対象は男性のみ）では一三%、一九九五年の調査では一〇％前後（男女平均）だったという（間淵 1998）。

この結果を差別研究の文脈にひきつけて解釈すれば、被調査者が、職業を序列づけすることにたいしてためらいを感じたのは、そうした序列づけ行為自体のなかに職業差別につながりかねない要素を嗅ぎとったからだと思われる。そして、私自身の屠場での聞き取り調査によれば、そこで働く人びとのなかには、みずからの仕事にたいしてアンビバレントな感情を抱く人がいることがわかってきた。それは、一方で、社会に役立っているという誇りと、他方で、動物を屠殺したり解体することへの社会から寄せられる偏見とのあいだのアンビバレンスであったり、あるいは、現実に動物の血液や汚物を浴びることにたいする忌避感といった、実感レベルでのアンビバレンスであったりした（三浦 2008a）。つまり、こうした「理論の外」に立つ人びととの〈対話〉を通じて明らかになったのは、職業評価にかんしては、これまでの階層研究が前提としてきた一次元的な価値尺度によっては正しく把握できないということであり、それは、たとえば、社会的次元での高低とアイデンティティ次元での高低といった四通りの価値評価が混在したパターンとしてしか把握できない、ということだった。

また、一九七五年の第三回調査まで男性のみを調査対象としてきたSSM調査は、一九八五年の第四回目の調査以降、女性も調査対象に加えられるようになった。こうした調査内容の変更を実施するにあたっても、たんに理論的な必要性があったというのみならず、同様に「理論の外」からの、つまりは社会からの批判や要請や圧力が大きく影響していたと思われる。おそらくは、こうした問題の延長線上に、これまで行われてきた世帯主を中心とした一次元的な階層尺度によっては被差別部落の不平等問題が覆い隠されてしまうことを指摘して、部落と部落外の階層パターンの異なりを把握するために、あらたに「家族階層」という概念を提出した神原文子の研究（神原 2000：第7章）を位置づけることも可能であろう。その意味では、神原の仕事もまた、「〈従来の階層〉理論の外」へ出ようとする果敢な挑戦であったということができる。

このように、差別研究のみならず、階層研究においても、「理論の外」、すなわち当事者視点との〈対話〉をとおして理論枠組みを刷新してきた歴史があるのであって、そのような〈対話〉の回路がいかなるものであったのか（また、／ありうるのか）については、さらなる検討が必要だろう。

4　説明的モデルの作り方
――数学的導出vs経験的導出

今回のシンポジウムの関係者が集った準備会では、じつは、本番以上に議論が白熱して、研究者間で批判の応酬が火花を散らすシーンが、たびたびあった。

それはたとえば、計量分析を志向する研究者が何げなくもらした、「聞き取り（のような時間と労力のかかる調査）なんかを、チマチマやっている暇はない」といった発言にたいして、聞き取りを主たる調査手法とする研究者が、「いまの（聞き取りが）チマチマ（している）という表現は聞き捨てならない。ご存念をうかがいたい」と迫った場面。あるいは、従来の合理的選択モデルに改良を加えることによって、行為者の「意図」や「意味」まで読み込んだ数理モデルを構築しようとする新たな試みにたいして、それは、行為者の「利害」による説明に固執し続けてきた合理的選択理論のいわば敗北宣言であって、もはや合理的選択モデルとは呼べないのではないか、といった批判がなされた場面。今から思えば、これらの点について議論をしていたら、シンポジウムはもっと違ったかたちになっていたのかもしれない。

それはともかく、社会学者間のこうした方法的対立は、基本的には、いくら互いの方法論を批評し合ったところで、簡単に優劣をつけられるようなものではない。なぜなら、それらは、それぞれの研究者による問題の立て方や関心の持ち方の違いに起因するものであって、結局、一人ひとりの社会学的なこだわりや嗜好の問題だというほかないからである。これは、逆にいえば、学者間の方法的な対立を解明しようとすれば、それぞれの「社会学的なこだわりや嗜好」を理解する必要がある、ということになるだろう。

たとえば、浜田宏は近著のなかで、相対的剥奪にかんするBoudon=Kosakaモデルを「累積効果」をもつ反復投資ゲームモデルと関連づけることによって、社会において不平等が生成されるメカニズムを数理的に解明（＝導出）している（浜田 2007：第2章）。こうした階層論的な不平等研究において理論的な先駆とされているのは、言うまでもなく、人びとの不満をその人の客観的状況ではなく、期待と達成とのズレから説明したMertonの相対的剥奪論である。ただ、私自身は、学部生の頃にこの理論に出会って以来、なにかしらしっくりとしない、もどかしいような感覚を、ずっとぬぐい去れずに今日に至っている。なぜだろうか。じつは、今回、このシンポジウムでの報告を用意しながら、ハタと思い当たったことがある。

それは、一言でいえば、こういうことである。階層研究を志す人たちは、相対的剥奪論にたいしてある種の親和性を感じることのできる人たちだったに違いない。それにたいして、私が、相対的剥奪論にずっと違和感を抱き続けてきたのは、私の関心が、差別という、いわば絶対的剥奪にかかわる問題領域へと強く志向していたせいではなかっただろうか。つまり、階層研究者と差別研究者のあいだには、このような「社会学的なこだわりや嗜好」のはっきりとした違いが見て取れるのである。

私は、この同じ剥奪という現象における「相対性」と「絶対性」の違いが、片や、数理社会学の方法をとらせ、片や、体験型社会学の方法をとらせているといっても、さほど間違いではないように思う。

相対的剥奪論においては、文字どおり人びとの抱く剥奪感は相対的なものであるとの前提がおかれているがゆえに、研究者視点のみにもとづく数理社会学的な一般理論を構築することが可能になったということができる。それにたいして、絶対的剥奪に焦点をすえる差別研究においては、なによりも人びとの抱く絶対的剥奪感を把握することからはじめなければならないが、それは容易なことではない。なぜなら、その人の抱いている絶対的剥奪感は、その人の生活体験や人生体験に由来するものであるから、それを正確に理解するためには、じっくりとその人の言葉に耳を傾けるほかないからである。差別研究にとって、フィールドワークや聞き取り調査が不可欠なのは、そうした理由によっている。

そしてさらに差別、すなわち絶対的剥奪が生じるメカニズムを解明しようとすれば、それが生じるさいの具体的な状況やコンテクストを押さえておくことが必要である。なぜなら、先の「構造的差別」という考え方が前提としているように、差別の発生は、社会的な文脈性や偶然性に依存するという点で、きわめて歴史的なものだからである。したがって、私たちの研究方法においては、差別現象を説明するためのモデルを、具体的な歴史的出来事やプロセスを通じて経験的に導出することをめざすことになる。その導出の例としては、たとえば、部落差別を、明治期における賤民廃止令の発布や、「特殊部落」「特種部落」カテゴリーの形成、屠畜業の誕生といった事態の複雑な絡まりあいのなかで生成された、近代社会において新たに生みだされた慣習として捉えようとする、慣習的差別モデルの構築をあげることができる（三浦 2009c）。

また、記憶に新しいところでいえば、新型インフルエンザ渦において、国家による水際対策がとられていた（二〇〇九年五月上旬から、ちょうどこの学会の開催時期までの）期間に実施されていた感染者の強制的隔離という事態がある。後から考えれば、そんな隔離などする必要がなかったのは明らかだが、この時期の人びとにとっては、感染者の自由よりも国内感染を防ぐほうがはるかに重要だった。こうした経験から導出されるのは、たとえ行為者側に差別をする意図がなくとも、コンテクスト次第では人権侵害が生みだされる可能性があるという事実であって、それは、構造的差別のメカニズムを解明するうえでも、きわめて重要な示唆をもたらしてくれている。

このように、数理（演繹的）社会学と体験型社会学とは、それぞれの研究でもちいる説明モデルを、一方は、数学的（演算）的導出、他方は、経験的導出という異なった仕方によって構築してきたのであった。それでは、こうした異なった方法論に依拠する両者のあいだにある根本的な対立とは、いったいなにか。それを、最後に明らかにしておきたい。

5　「事実」とは？
——科学主義的社会学 vs 体験型社会学

社会学における華々しい「パラダイム闘争の時代」はもはや過去のものとなり、今日では「多パラダイム併走の時代」とでも呼ぶべき状況を迎えている。社会学理論をめぐるイデオロギー論争（ブルジョワ社会学vsマルクス主義社会学、構造機能主義的社会学vs現象学的社会学等）は下火になり、勢いパラダイム間の垣根もかつてに比べてはるかに低くなった。そうしたなかにあって、あたかも「事実性の解明（と、それにもとづく啓蒙）」こそが社会学の役割であるかのような合意が、社会調査士資格や社会学教育の標準化の議論を通じて学会内に醸成されつつある。そして、帰納と演繹をめぐる方法論的議論も、じつは、「事実」を一義的に確定することができるとする実証科学的認識論に依拠しているという点で、そうした動向と親和性をもつ。

その実証科学的認識論の特質を一言でいえば、〈証拠（事実やデータ）にたいする理論の優位〉ということができる。それは、演繹的社会学の一般理論に典型的にみられるものであって、往々にして、そうした理論に依拠する社会調査においては、当該モデルを検証するのが目的であるために、もっぱら理論に合致するデータのみが収集されることになりがちである。そして、データの積み重ねによってモデルを構成しようとする帰納的社会学もまた、収集されたデータによってモデルを検証することが可能であると想定する点では、そうした〈証拠（事実やデータ）にたいする理論の優位〉と無縁ではない。なぜなら、これらの場合、どちらにおいても、調査から得られるデータは、いわば理論を検証するための道具にすぎず、それ以上の役割、すなわち理論を批判したり構築したりするための役割までは、そうしたデータ自体には担わせられていないからである。

それにたいして、私たちの依拠する体験型社会学においては、社会学的な「事実」とは、そもそも研究者の実践と当事者の実践とが複雑に交錯するなかで歴史的・状況的に生成されるという多義的な性質を身につけている。したがって、私たちの観点からすれば、研究者のパースペクティブ、すなわち理論なりモデルが、当事者との〈対話〉のなかで微妙に変容したり、あるいは大幅に変更したりすれば、それによって研究者によって把握される「事実」もまた、アメーバーのように微妙に、ないしは大幅にその姿を変えていくのである。このように体験型社会学の認識論的立場とは、〈証拠（事実やデータ）にたいする理論の優位〉でも、また、〈理論にたいする証拠（事実やデータ）の優位〉でもなく、いわば理論と証拠との〈対話〉のなかから、新しい理論を生成していこうとする立場だといえる。

それでは、こうした体験型社会学の立場から、演繹的社会学や帰納的社会学にたいして、どのような批評が可能だろうか。

第一には、先にみたような、当事者との対話の回路をもつことの必要性を指摘することができる。というのも、階層研究には、今後さらに多様な当事者視点を導入することが求められているように思われるからである。たとえば、これまで不平等の生成メカニズムは、もっぱら相対的剥奪モデルを用いて行われてきたが、今日のように格差社会がテーマ化しているような状況では、そのメカニズムのなかにある種の絶対的な剥奪のプロセスを把握する必要があろう。じっさい、フリーターやニートという階層は、ある種の絶対的な剥奪を被っている階層に違いあるまい。その点で、こうした階層が、歴史的に生成されてきたプロセスの研究が必要であり、それには、歴史的な要因を捨象した数理モデルとはことなった体験型社会学のアプローチを、同時に用いることが要請されてくるのではないだろうか。

第二には、そうした絶対的剥奪を理論の射程に納めようとするさいには、従来の実証科学的認識論を相対化する必要性が出てこよう。なぜなら、科学は、一義的に確定される「事実」を生みだすことによって、一方では、計量可能な差異を本質化して、差別を生みだすことに加担してきた（グールド 2008）とともに、他方では、中立性を装いつつ、当該社会の社会構造や政治政策を正当化する機能を果たしてきた（ハーディング 2009）ということは、これまでの科学と社会との関係の歴史を振り返ってみたとき、否定しようのない事柄だからである。その意味で、科学の社会からの相対的自律性という認識に代えて、科学的な営み自体を社会学的な分析の対象とする今日的な科学論（たとえば、金森・中島（2002）を参照）は、研究者と当事者（生活者）とのあいだの、あるいは理論と証拠とのあいだの〈対話〉をそのパラダイムの基礎とする体験型社会学を要請しているといえるだろう。

注

（1）屠場研究については、桜井・岸編（2001）、三浦編（2008b）を、また、「不法占拠」地区の研究については、三浦編（2006b）、三浦（2009a）を参照のこと。

（2）この職業威信調査では、「世間では一般に、これらの職業を高いとか低いとかいうふうに区別するようですが、いまかりにこれらの職業を高いものから低いものへの順に五段階にわけるとしたらこれらの職業は、どのように分類されるでしょうか」という質問のもと、被調査者は、具体的な職業の一つひとつを五段階に分類するように求められる。

第2章　〈現場からの声〉は届いたか?

――原子力発電所と被曝労働

1　巨象を噛む

福井県おおい町にある関西電力大飯原子力発電所を訪れたときのことである。

原子炉格納容器の三分の一の模型が展示されている原発PR館の見学をおえて、正門付近から半球形の巨大な発電施設を眺めていた私たちのところへ、二人のガードマンが走りよってきた。胸には、たしか「原子力防護システム」とかいう社名のネームプレートをつけていた。

そのとき、なにを勘違いしたのか、私はほっと安心したのを覚えている。東京電力福島第一原子力発電所（以下、東電福島第一原発）の事故が発生してから、まだ半年しかたっていなかったそのころ、この原発では私たちは、こういう人たちが担っている「防護システム」によって、「原子力発電所」のさまざまな影響からしっかり守られていると感じたからである(1)。

だから、駆けつけたガードマンの口から発せられた言葉は、はじめ私にはにわかに理解しがたいものだった。いまから思えば笑止な話なのだが、そのとき、私が内心期待していたのは、「原発からはいまも微量な放射線がでているので、あまり近づかない方がいいですよ」という指示だった。

ところが、じっさいに彼らがとった行動は、原発敷地内の撮影を制止することであり、これまで撮影した発電施設の写るすべての写真を、目のまえですぐに消去するようつよく求めてきたのである。

彼らの強硬な姿勢にたじろぎながらも、私がそのとき理解したのは、このような機能をもつ「防護システム」とは、原発から私たちを防護するのではなく、私たちから原発を防護するためのシステムなのだということだった[2]。

しかしながら、いまや、第二次安倍内閣（二〇一二年一二月二六日〜二〇一四年九月三日）の首相の口から「原発ゼロ政策の見直し」や「原発の新設の可能性」が表明されるような状況下にあって、以上のような私の誤解は、けっして笑い事ではすまされないように思われる。

じっさい、原発問題についていろいろと調べていくにつれて、日本の原子力政策が、科学技術はもちろんのこと、いかに政治・経済・法律・社会・文化にかかわる大掛かりなシステムによって推進されてきたかということがわかってきた。逆にいえば、日本の原子力政策は、大規模な原子力災害をへた今日でも依然として従来の「科学技術・政治・経済・法律・社会・文化にかかわる大掛かりなシステム」によって、手厚く「防護」されているのである。

そこに、「脱原発」や「卒原発」を志向する言説や運動が、なかなか社会に浸透しない一つの理由がある。だが、原因は、それだけではないだろう。

もう一つの理由として、大都市の住民を中心とした脱原発の大衆運動や、政治主導的な卒原発の主張のなかには、じっさいに原発立地地帯に住んでいる人たち、そして、じっさいに原発で働いている人たちの経験や思いが十分に受けとめられていなかった、という点があげられる。

もとより、原発立地地帯に住みながら、あるいは、原発で働きながら、一個人として、原発にたいしてなんらかの主張をおこなうということは、まさしく、原子力政策とそれを推進する「科学技術・政治・経済・法律・社会・

文化にかかわる大掛かりなシステム」という巨象を噛むような行為である。
だが、そのような、ある種の絶望的な行為のもつ意味を理解することなくして、私たちは、原発問題の本質に迫ることなどできないだろう。

この小論では、原発問題をめぐって発せられた〈現場からの声〉に耳を傾けることによって、この困難な課題に取り組んでいくことにしたい。

2　黒い卵

まず、ブレーカーを落とす。そして、入れてあったコンセントを抜く。恐ろしいのは食料の廃棄である。20キロほどはありそうな米袋を玄関から外に引きずり出し、その辺にザーッと出す。浪江の祖父母が作った米だ。それをもう食べることも作ることもできない。生ゴミの入ったバケツを持ち出してそのまま外に放置する。／次に台所に出しっ放しになっていた食べ物を捨てる作業に入る。見ないようにしていた卵焼き。黒黄色といった感じで、平べったくなっている。そしてその隣にあるこれは一体何なのか。ウインナーだと思うが、赤と黄色の二色になっている。そのまま外に放り投げる。（中略）／そして最後に、最も怖い冷蔵庫の片付けに取りかかろう。母が買い物に行ってきた後の地震だったため、冷蔵庫も冷凍庫も中がいっぱいだという。思いきって開ける。卵を見る。一瞬にして閉める。無理だ。とてもじゃないけど、片付けられそうにない。普段は真っ白なあの卵が黒緑色になっていた。肉なんて考えただけで恐ろしい。冷蔵庫の片付けはすぐに断念した。（傍点引用者）（金菱編 2012：317–318）

これは、東電福島第一原発の事故のために警戒区域内の自宅から避難していた住民が、事故から四か月目にして、はじめて一時帰宅したさいの手記である。食卓にせっかく用意された朝食をとるのもそこそこに家を出ざるをえなかった、避難当日のあわただしさがリアルに伝わってくる。

また、この手記には、一時帰宅という行為が、避難者にとってどんなに待ちこがれたものであったかと同時に、精神的にも（「町が死んでいる」！）物理的にも（「最も怖い冷蔵庫の片付け」！）いかに過酷なものであったかが、気合のはいった筆致で描きだされている。

夏の暑い盛り、熱中症が危惧されるなか防護服に身をつつみ、線量計、ストップウォッチ、トランシーバーからなる重装備（！）の出で立ち。滞在の制限時間はたったの二時間。持ち帰れる品物は、禁止品リスト（たとえば、「未開封の化粧品」なども禁止品にはいっていたという！）にないもののうち、一人につき特大ビニール袋一個分の分量に限られる。

しかも、見えない放射線への恐怖が、バスを降りてから自宅に到達するまでの記述からもうかがわれる。「やはり暑い。思わず走る。そして家まで目前というところで、突然息が苦しくなった。上手く息が吸えない。思わずマスクを外そうとしたが、とりあえずそれはダメだと手を止める。走ってバスに戻りたい衝動に駆られる。軽いパニック状態だ。いきなり倒れたりしたらどうしよう」。

やっとのことで家にたどり着いたらついたで、次回の帰宅がいつになるかもわからない状況下では、住み慣れた家との再開をゆっくり懐かしむ余裕もない。地震で足の踏み場もなく物の散乱した室内から、持ち帰り用のリストにある衣類や日用品などの必需品を探しだしては袋につめていく。ただし、数量に限りがあるために、どの服を持ちかえって、どの服を置いていくか、ぎりぎりまで迷う。その切なさったらない。

そうして、最初に引用した「一仕事」をおえて、大急ぎでバスの所まで戻ってきてみると、まだ一時間しかたっていなかったという（これも、帰宅中の作業がどれほど心理的圧迫をもたらすかを示すエピソード）。そして、長かった一日の帰りの車内で、著者は、こんなつぶやきをもらすのだ。

そしてふと思う。なんで自分は今ここにいるのか。なんでこんなバスに乗っているのか。今一体何をしているのか。何が悔しくて、自分の家に帰るために許可を得なければならないのか。なんで自分の家に住めないのか。誰のせいでこんなことになったのか。わからない。何もわからない。私はまだいい。福島市にある寮に住んで、普通に生活をおくっているから。かわいそうなのは家族たちだ。妹なんてどうだ。今のこの楽しい盛りの時に。(中略) きっと心の中には私になんか到底わからないような思いをため込んでいるに違いないんだ。妹が黙っていると時々怖くなる。今一体何を思っているのかと。だから私は笑顔でバカみたいな話をする。私のくだらない話に妹は笑ってくれる。心では泣いているかもしれないけれど。この思いが誰にわかるというのか。いいや、わかってたまるかという感じだ。むしろ、わかってたまるかという感じだ。(傍点引用者)（金菱編　2012：319–320）

ここに表明されているのは、原子力災害というものがもたらした、当事者同士（家族同士）でさえ容易に理解しあえない不条理さの感覚の吐露である。それにしても、これだけの短文に、「わからない」という同じ言葉が、幾度、つかわれていたことだろう。

しかも、その言葉は、「わからない」「何もわからない」「到底わからない」「誰にわかるというのか」「わかってたまるか」といったように、しだいに激越さを増していく。

いったい、著者は、なにに向かって、これらの言葉を投げつけようとしているのか。おそらく、つぎの文章から、私たちにもそれを類推することはできるはずだ。

会津に戻ってきたのは夜7時半近くになってからだった。私たちとおじ二人で手分けして荷物を持って歩く。すれ違う会津の人たちがものすごい目で見てくる。おじが『俺ら夜逃げしてるみたいだな』と言って笑った。そんな物珍しい目で見なくたっていいのに。はいそうです、私たちは避難民ですよ。でもね、もし会津に原発

があってこんな風になってたらどうするんだ。誰が恥ずかしいなんて思うものか。（傍点引用者）（金菱編 2012：320）

薄暗い夜道を、大きなビニール袋をかかえてあるく一群へ、通りがかりの人から投げかけられる物々しい視線。そのまなざしが、いやでも「避難民」としての自分の立場を思いおこさせる。では、「（避難民としての思いなど）わかってたまるか」という言葉は、これらの人たちに向けられたものだったのだろうか。

そうではないだろう。著者の真意を理解するためには、最後の一文の「会津」の部分に、私たちが住む町の町名をいれて、こう自分自身に問いかけてみればよい。「でもね、もし○○に原発があってこんな風になってたらどうするんだ」。

そう、「わかってたまるか」という言葉は、私たち読者一人ひとりに向けられた強烈なメッセージだったのだ。だが、急いで、こう付け加えなくてはならない。このメッセージは、けっして、たんに感情にまかせて発せられたものではないのだと。むしろ、私がこれらの文章を長々と引用したのは、これが、原発災害によって人びとのあいだに生じた複雑な（重層的な）関係性にかんする優れた社会分析となりえているからである。

まずは、今回の事故の責任主体と自分たちとの関係性にたいする問いがある。それから、行政と自分たちとの関係性にかんする問いがある。そして、なによりも、災厄のまっただなかにいる自分自身への問いがある。また、家族と自分との関係性についての問いがある。最後に、避難民と避難民でない人たちとの関係性にかんする問いがある……。

しかしながら、この手記が私たちに突きつけている最も重たい事実というのは、原子力災害の被害者たちがこうむっているこれらの苦悩や、彼らの苦難にみちた体験が、私たちにほとんど伝わってきていないこと、すなわち、3・11を境に不条理な状況に追いこまれた彼らがあげている「わからない」という叫びの内実を、私たちが何一つ

「わかっていない」という一点にほかならない。

一時帰宅のエピソードが明らかにするのは、まさに、彼らと私たちの関係性の間隙に横たわっている容易に埋めがたい認識の溝の存在である。(3) それを、リアルな筆致できわめて説得的に描きだしたという点において、この手記は、今回の原子力災害にかんする第一級のソシオグラフィ(社会記述)だということができよう。(4)

3　原　発　へ

じつは、前節で紹介した手記(脱稿は、二〇一一年九月一五日)が書かれたのとちょうど同じころ(正確には、二〇一一年九月一八日—一九日)、私たちは、福井県の若狭湾沿いの原発立地地帯を訪ねていた。(5) 九月中旬といえば、原発事故は収束には程遠い状況にあり、いまだ予断を許さない状態がつづいていた。そんなさなかに、なぜ、私は、あえて福井へと向かったのか。

突然? そう、まさしく青天の霹靂のように、原発問題に直面させられた私自身、その当時、混乱のただなかに突きおとされていた。

そもそも、どうして、こんな取りかえしのつかない事態が生じてしまったのか。この社会は、いったい、どこで道をふみ誤ってきたのだろう。振りかえってみれば、先見的なジャーナリストや研究者によって、何十年もまえから日本の原発政策にたいする警鐘がうち鳴らされてきていた。それなのに、私自身、社会学を専攻しておりながら、原発問題と向きあってこなかった。しかも、ここ十年ほどは、原発問題についてまともに考えた事さえなかったことに気がつき、愕然とさせられたものだった。

「原発の安全神話」を信じさせられてきたから、というだけでは言い訳にもならない。なぜなら、もんじゅのナトリウム漏れ火災事故(一九九五年)、JCOの臨界事故(一九九九年)は言うにおよばず、それ以外にも、日本の原発においては稼働以来、細管の破断等による放射線漏れの大事故が多発していたのだから。むしろ、「原発の安全神話」という言葉が用いられた段階で、今日のような事故は、すでに私たちのなかに無意識のうちに予感されていたといっても過言ではなかろう。

しかしながら、大事故が起こってみてはじめて明らかになったのは、「安全神話」が、「神話」ではなく「信念」の域にまで達してしまっていたこと。いや、それどころか「（日本の）原発の安全性にたいする妄信」とさえいえる意識状態が、原子力研究者や国家の安全保安院や安全委員会、電力会社、原発立地自治体といったいわゆる「原子力村」の関係者の範囲をこえて、国民全体に広まっていたということだった[6]。

そんな危機的な状況下で、ともかく居ても立ってもいられなくなって、原発問題に向きあうためにとった私たちなりの選択肢の一つが、福井行きだった。したがって、なにか明確な目的があったというよりは、じっさいに現地に行って、原発を直に目にしたり（じつは、原発を生で見るのは、私はこれが初めてだった！）、原発立地地帯に住んでいる方々に直接お話をうかがうなかから、それぞれがなにがしかを感じとり、今後につなぐなんらかのきっかけが手に入れられればよい、といった程度の大雑把な目標しかなかったというのが正直なところ。

しかしながら、さらにもっとタイムスパンを長くとれば、すなわち、スリーマイル島の原発事故（一九七九年）からチェルノブイリの原発事故（一九八六年）に至る、いまから三〇年ほどまえの時期までさかのぼると、事態はまったくべつの様相を呈していたことが思いだされるはずである。

じっさい、一九八〇年代の前半、大学院のドクターコースへ進学し、「環境と差別」という観点から住民運動に興味をもっていた当時の私は、研究対象としてつぎの二つの選択肢のあいだで迷っていた。一つは、結局、今日までつづいていわばライフワークとなった屠場建設に反対する住民運動[7]、そして、もう一つが、原発建設に反対する住民運動だった。

屠場も原発も、どちらもいわゆる迷惑施設であり、さまざまな点で差別やタブーに縁どられた存在であるという点では共通している。しかしながら、前者が、きわめてローカルな問題であったのにたいして、後者は、国家的な規模の問題である点が大きく異なっていた。

結局、私が前者の問題へむけて研究の舵をきったのは、ローカルな文脈において一見コンサバティブな住民運動が発揮する自律性（独特な社会批判力）に興味があったからなのだが、そうした選択をおこなうにあたっては、当時、原発問題は、社会的にもアカデミズムのなかでも、すでに充分な関心をあつめていたのにたいして、屠場問題の方は、まったくといってよいほど関心をもたれていなかったことが大きかった（まぁ、つまりは、私がへそ曲がりだったということなのだけど）。

とはいえ、そのころの私は、環境問題全般に関心をもっていたこともあり、そのごも原発問題に目を配るようにしていた。そして、ちょうどチェルノブイリの原発事故から数年がたち、日本のみならず世界的に反原発の機運がもっとも高まっていたころのことである。ある研究者から聞かされた話がどういうわけか耳の底にこびりつき、いまでも思いだすたびに複雑な感情がこみあげてくる。

その研究者は、原発問題に正面から取り組み、ある調査をつうじて電力会社の企業秘密に類するような情報をつかんでいるとのことだった。それを公にすれば、原発推進事業にたいして多大な支障をもたらすような、そんな情報なのだという。しかし、とその研究者はつづけたのだった。電力会社の方から、以下のように釘を刺されており、この情報だけはどうしても表にだすわけにはいかないのだ、と。

> ○○先生、その情報を公表できるなら公表してごらんなさい。私たちの会社は、全勢力をあげて裁判に訴えますよ。そうしたら、もぅ、あなたはたった一人で対応に追われることになって、今後一切、ご自分の研究をする時間をもてなくなりますよ。それでもよいのなら、どうぞご自由に……。

この話を聞いたときには、とりたてて原発問題との関連というわけではなく、調査研究における情報源にたいする守秘義務と情報の公共性にかかわる一般的な調査倫理の問題として、深く考えさせられたものだった。だが、大規模な原子力災害を経験した現時点から振り返ってみたとき、この話はもっとべつの重要な問題を提起しているように思われてきた。それは、端的にいって、「原発の安全神話」、いや、「原発の安全性への妄信」をこの国に蔓延させるにいたった権力側のカラクリにかかわる事柄である。

そして、それに関連して、もう一つ、是非ともここで述べておかなければならないことがある。それは、今回の東電福島第一原発の事故を予測させるような原発技術の不完全性に関する研究や、原発と差別との結びつきを指摘する議論は、一九九〇年代までにほぼ出尽くしていたという点である。(8) にもかかわらず、原発事故が起こるまで、（いや、事故後においてさえ）原発推進派が圧倒的なヘゲモニーをにぎるという事態がこの国でつづいていることについて、いったいどのように考えればよいのだろう。

さて、とにもかくにも、このような問題関心を一方にもちながら、まずは、原発問題の当事者の人たちがおかれた状況と彼らの思いを理解するための第一歩を、福井への旅で踏みだすことにしよう。

4 原発作業員の「民宿村」にて

最初に向かった先は、福井県の最西端にあたる高浜町（人口一・一万人）。高浜町は、町の中心部から六〜七キロ圏内の内浦湾沿岸に、関西電力高浜原発（一〜四号機、総電気出力三四〇万キロワット）を有している。東隣は、同じく関西電力の大飯原発（一〜四号機、総電気出力四七〇万キロワット）を有する福井県おおい町、西隣は、京都府舞鶴市である。

私たちは、高浜原発から三キロメートルほどのところにあるA地区に住むSさんを訪ねた。A地区は、若狭湾に臨む八五、六戸の集落。Sさんからの事前情報によれば、(9) とくにこれといった生業もなく、なんと、「むらのなかの八割以上が、原発関連の仕事に従事している」とのことだった。

ところで、原発を有する地方自治体においては、いずれも歳入の大きな部分を原発がらみの電源三法交付金や核燃料税等が占めている。その弊害として、自治体のなかに財政面で電力会社に大きく依存する体質が生みだされてしまったことは、しばしば指摘されてきたところである。

しかしながら、そうした電力会社との依存関係は、けっして県や市や町といった自治体レベルにとどまらない。このA地区のように、個々の集落や各世帯の家計のレベルにおいても、それぞれの生業のあり様をつうじて電力会社とのあいだに強い経済的な結びつきが形成されてきているのである。私たちはこうした点にたいして、もっと注意をはらっていく必要があるだろう。というのも、脱原発による経済的打撃をまっさきに被るのは、こうした原発関連の仕事に従事している人たちだからである。

今回、お話をうかがうSさんは、高浜町内の小学校で長年教員をし、校長を退職後は、町議会議員を二期務めた経験をお持ちの方である。この夜、私たちは、JR小浜線若狭本郷駅に併設されたコミュニティ施設の一室を借りて、三時間近くにわたってA地区の現状について聞いた。

じつはその日の昼間に、私たちはA地区を訪れていた。集落のなかの入り組んだ道をそぞろに歩いてみて、すぐにも気づかされたこと。それは、民宿や旅館の多さである。せまい集落のなかに、「民宿○○」「○○旅館」といった看板が林立している光景は、壮観を通りこして、どこか異様である。たしかに、途中の集落でもぽつぽつと民宿をみかけたけれど、これほど目立って民宿が集中している箇所はこの近隣にはなかった。

Sさんによると、A地区で現在、民宿を経営しているのは二八軒ほど。じつに、三軒に一軒の割合になる。そのうち、一般の海水浴客を泊めているところは二軒のみ（ただ、それも夏季だけのことで、シーズンオフには原発関係者を宿泊させる）。それ以外の民宿は、すべてが電力会社の社員や原発で働く作業員の人たちの宿泊用に特化しているということだった。

だが、それだけではない。じつは、A地区からも、数多くの住民が原発に働きに行っている。たとえば、妻が原発作業員用の民宿を切り盛りし、夫が原発で作業員として働く、といったケースも、けっして珍しいことではないらしい。

ところで、「原発での仕事」といったとき、皆さんはどんな仕事内容を思いうかべるだろうか。じつは、私自身、原発の内部といえば、コンピューターやモニター等の機械類が整然と並んだ中央制御室の風景しか思いえがけなかった。だから、このとき私は、「A地区の皆さんが原発内で行っている仕事って、いったいどんな仕事なんですか？」といったなんとも素朴な疑問をSさんに投げかけていた。

原発施設には、発電や冷却のために水や蒸気を流通させるための大小の配管が無数に張りめぐらされている。したがって、そこでの主要な仕事というのは、配管類の取りつけ、つけ替え、補修等々といったものになるらしい。Sさんによれば、この地区内にも、配管のパイプ類の加工業者が三～四軒はあるという。だが、そうした業者やそこに雇われた配管工・溶接工等の、専門技術を持った人たちによって担われる仕事のほかにも、機械類や構内を清掃したり、取水口に詰まったクラゲを取ったり、放射性物質によって汚染された機材を解体したうえでドラム缶に詰めて処理する等々の、多種多様な仕事が原発内にはあるという。

そんな話をうかがってから、私たちはSさんに、原発で働いている人たちに、その体験を直接聞かせてもらうことはできないだろうか、というお願いをした（今回の旅の主要な目的の一つがこの点にあったことは、すでに述べた）。このA地区から、それだけ多くの人が働きに行っているなら、なかには話をしてもよいという人がいるだろう、といった希望的観測がそこにはあった。しかし、いまからすると、それは甘い考えだった。そのときのSさんと私たちとのあいだで交わされた、ピンと張りつめたやり取りを、以下に引用する。

＊(聞き手)：そういう(原発内で)仕事してる人に、話を聞くことは可能ですかねぇ。

S：わしも、いろいろ当たってみたけど、やっぱりなぁ。(人前に)出にくいちゅうんや。

＊：そんなに(原発での労働に)批判的にっていう意味じゃなくて、現に、じっさいに何をやっているかっていうのみを聞くっていうことでね。いい悪いなんてこと、僕らはもぅ(追及しない)……

S：それがなぁ、関電関係、やっぱ、そういうことにものすごう神経つかう。もぅ、すぐ、(だれが洩らしたという)情報がはいってくる。その人が排除される場合があるんよ、これは。それやっぱ、恐れる。ほんまはなぁ、A地区の民宿で(こういう会合を)やって、そこで来てもろうて、いろいろ(聞いてもらうのが)一番ベターやけども、じっさいはむつかしい。(今日のように)場所をとるにしても、ちょっと神経つかうもん。私も、そういうの聞いてほしいなと思うんでよ。じっさい、わしも又聞きで話しよってもしゃあないからな。彼らは彼らなりに、いろんな思いありながら仕事しとるんやから。じっさいに、話きくと、やっぱ仕事そのものでも、ええかげんなとこあるんや。やっとる者、本人が言うんやからな。わしらはしっかりやっとると、余所の人らええかげん、そんなもんでやったら、なんともないんかな(っていうような)、そういう話もあるでの。だけども、それをこぅしゃべると、ほらぁ、どこでどう、な、漏れるかわからんで。集まっただけでも、おかしうなってくる。(その場でしゃべるのはもちろん、その場に出てくるだけでも)本人にしてみたら勇気がいるでな(笑)。

＊：高浜原発とはわからない形で、一般の原発でこんな仕事があるよ、っていうようなかたちでしか、僕らも当然、聞かないですし……

S：(原発への)反対賛成関係なしに、じっさい、こういう仕事があるって聞く。そうやけれども、そとから見るとそうは見えんのやな、それはな。おまえ、なにしに行っとんや、おまえらなんやったんやて、こぅ言われて。会社の方も神経つかう、(下)請けの会社が、その働いとる人の会社が。そうすると、(下請けの)会社がまたやられるやろう。おまえんとこの働いとるの、こんなとこ行っとったいうて、ちょっと、なぁ。会社自体がな、シャットアウトされて（下請けの契約を切られて）、皆、被害受ける。

＊：ここまで、自分のやっている仕事を人に語れない仕事っていうのは……

Ｓ：一番困る。

Ｓさんの苦渋にみちた返答は、私にとって衝撃だった。原発での仕事内容が、今日においてさえ、ここまで口外しにくいものだったとは……。

しかし、作業員の紹介は断られたとはいえ、よくよく上記の対話を読みかえしてみると、Ｓさんは、「（当事者は）語りたがらない」と語りながら、多くの示唆にみちた事実を、私たちに洩らしてくれていたことに気づかないだろうか。その一つは、下請け、孫請けといった雇用形態が、作業員にたいして自由な発言を封じるような環境を生みだしてしまっていること（「会社自体がな、シャットアウトされて、皆、被害受ける」）。もう一つは、原発内での作業そのもののなかに、どうも、じっさいに口外されると問題になるような内容のものがあるらしいこと、である。

では、ここで言われている、「仕事そのものでも、ええかげん」「そんなもんでやったら、なんともないんかな」とは、いったい、原発内での作業におけるどのような事態をさしているのだろうか。

そこで次節では、現在進行中の、ある原発労働裁判に注目することによって、Ａ地区の人たちの「ためらい」や「沈黙」の背後にあるものに迫っていきたい。

5　原発労働の本質と労災不支給問題

ある労災裁判から

私は五人グループでしたから、三人二人に分かれて、配管とボード詰めとか、いろいろ雑用があるんですが、結局、それを三時までなら三時、四時までなら四時と、時間が決まっとるんですよ。だから、そのあいだにやってしまわなならないから、もぅ、(原子炉内に)はいったとたんに、アラーム、そこの写真にでてますけど、いわゆる(放射線の)携帯感知器ですね、あれが、八〇から一〇〇(引用者註　単位はミリレムとすると、〇・八から一ミリシーベルト/時)んなると、ピッと鳴るわけです。そのピーッと警報音が鳴ったら、(仕事を)止めないけないんですよ。そして、(規則では)その音が、静かに、おちついたところに、再度、仕事するというけども、(現実は)そういう状態やないんです。それが、三〇人もビーっと鳴ったら、仕事どころの話じゃないんですね、ビービー、ビービー、ビービーと鳴って。だから、それを全部はずして集めて、一番あのぅ、拡散濃度が低いところがあるんです。そこに、一人、ご年配の方に預けてもってもらうわけね。『おいちゃん、これちょっともっとってよ』(と、言って)。(待機しているだけのその年配の人と、作業をする自分たちとは)一緒ですよ、(労働の)単価。で、(年配の人は)喜んですわっとる。それで、ある程度仕事がおわったら、それを(かえして)もらって。だから、帰りに、一人ずつ、そんなして、配っていきますから、あすこに、放射能、管理体制(管理区域立ち入りカードや放射線管理手帳)にでとる数字は、全部、だいたい同じなんです。わかりますか、特筆したやつ(特別に高い被曝の数値)は、ほとんどでてない。それが、ずーっと中央登録センター(放射線影響協会内におかれた放射線従業者中央登録センターのこと)に記録されます。それを、そのまんま、出典にして、(労災の不支給を決定した検討委員会の審査では)『あなたは、(被曝線量が)低い』とか、『概算が八・六ミリシーベルトやから、内部被曝はない』と、いうようなことやったけど、さっき見せた、長崎大学病院での分析(後出　本章注(15)参照)で、ああいう数字が出ましたが、大学の方では『八・六ミリシーベルトでは、ああいう、数字は出ない』(と言っている)。そこでいま、厚労省と、(労災認定の件で)摩擦がある、こういう状態です。

二〇一二年の二月中旬、福岡地方裁判所にたいして、原発労災（正確には、労働者災害補償保険）給付不支給処分の取り消しをもとめる提訴がなされた。この訴訟の原告の名は、梅田隆亮（りゅうすけ）さん。[10] この節の冒頭にあげた証言の主である。

「私は一介の作業員ですから……」というのが梅田さんの口癖だが、労災裁判については素人の私の目からしても、この梅田さんの裁判はきわめて特異なものに思われる。

一つは、労災が生じたとされる炉内定期点検作業がおこなわれたのが、いまから三四年前の一九七九年。ところが、労災が申請されたのは、それから三〇年近くたったあとの、二〇〇八年になってからだという点。

もう一つは、そのさい、原発による被曝が原因として労災の申請理由にあげられた疾病が、原発で作業をおこなってから二〇年後の二〇〇〇年に発症した心筋梗塞であったという点である。

おそらく、常識的に考えれば、原発での作業から間をおかずに発症した、より放射線被曝を原因として特定しやすい疾病（たとえば、急性放射線症）によって労災を申請するのがスジだろう。じっさい、梅田さんは、一九七九年の三月に一週間ほど中国電力島根原発、さらに五月中旬から一か月、日本原子力発電所するが原発において定検作業に従事したのちに、北九州市の自宅へもどってきてすぐ、腹痛、全身倦怠感、脱力感、吐き気、めまい、耳鳴り、鼻血といった症状におそわれている。

長年の肉体労働で体をきたえ、人一倍健康に自信のあった梅田さんは、あまりの体調の急変に戸惑いをおぼえ、複数の病院を受診する。そのときのことを、彼はこう述べている。

> 脱力感がして、三日間ぐらい、ま、便所に這うていくぐらいな状態があって、これがまた、悲しいかな、治るんですね、三日ぐらいしたら、ぽろっと治るんです。それで、一般の開業医にいっても原因がわからない。病院にいくと、C型肝炎じゃないかということで検査をうける。一週間入院したこともあります。なーんにも

ないですよね。だから、結局、開業医もわからん。

そんなおり、原発労働者の実態をしらべていた新聞記者の仲介で、同年七月に、長崎大学病院でホールボディカウンター測定検査を受け、放射性物質で被曝していることが判明する。じつはその時点で、梅田さんは、労災申請を考えたという。しかし、それからというもの、不可解な出来事があいついだ。自宅に見知らぬ男が「労災の件」で面会をもとめてくる。また、「労災申請など馬鹿なことは考えるな」「お前には中学生の子どもがいるだろ」といった脅しの電話や頻繁な無言電話がかかってくる。家族に危害がおよぶことを恐れた梅田さんは、結局、労災申請を断念している。

「このとき勇気を出して労災申請をしていればと今でも後悔しています」と梅田さんは裁判の『意見陳述書』で述べているが、原発労働をめぐるこのようなドス黒い背景を垣間見たことが、今回の提訴への動機の一つであるのは間違いなかろう。

杜撰な放射線管理と「被曝隠し」

だが、私の見るところ、提訴の真の動機は、労災を勝ちとることよりも、むしろ、裁判の過程をつうじて、原発労働の本質を白日のもとにさらすことにこそあるように思われる。

その第一点目としては、最初の証言にみたような放射線管理の杜撰さである。つい先だっても、東電福島第一原発で、線量計を鉛カバーで覆って働かせた被曝隠しが発覚して問題となったことは、記憶にあたらしい。[11] しかしながら、線量計にかんする（上記の梅田さんの証言にあるような）「預け」や（東電で問題化した）「鳴き殺し」が、じつは、三〇年以上前から現場でなされていることは、ジャーナリストによって指摘されていた。[12] にもかかわらず、そのことを原発労働者が、（梅田さんのように）みずから証言することはほとんどなかった。なぜだろうか。

そこで、第二点目としてあげるべきなのは、放射線従業者には、法定線量（年間五〇ミリシーベルト）が定められており、法定線量を超えると被曝労働を続けられなくなるという点である。とりわけ、下請け作業員の場合、法定線量をこえてしまうと、即、雇い止めの危機に直面させられる（本章注（11）参照）。したがって、原発労働者は、人から言われずとも自主的に（つまりは、仕事上の「工夫」として）「預け」や「鳴き殺し」をおこなったり、線量計の数値を低めに申告したりするようになっていく。このような労働のあり方について、『原発ジプシー』の著者である堀江邦夫は、「作業量ではなく、放射線を浴びることがノルマになっている」と的確に表現し（堀江 1979＝2011：317）、梅田さんは、「原発労働者が部品のように使い捨てにされてきた」と、さらに直截的に述べている。

危険労働の必要性

だが、それにしても、原発において、杜撰な放射線管理や原発労働者を巻きこんだ被曝隠しが、なぜ、ここまで横行してきたのだろうか。それは、第三点目として、そもそも原発というものが、今日の技術水準からして、その「安全な」稼働のために高放射線下での（人間による）危険労働を不可欠とするという点から説明することができる。たとえば、『原発被曝日記』の著者であり、原子力技術者である森江信は、敦賀や福島の沸騰水型原発における圧力容器そばのドライウェル（格納容器）内の配管取り換え作業について、次のように書いている。

> フラスコ型のドライウェルの中は、圧力容器から出るいくつもの配管が縦横に走っている。主蒸気系、給水系、再循環系、浄化系、緊急炉心冷却系の各種配管のほかに計装用配管や空調用のダクトなどもあり、労働者はそれをぬうようにして移動する。垂直はしごを上がった上の方では、すれ違うことさえできない場所もある。このような狭い場所での作業を設計者は予想していなかったのだろうが、やっかいな問題が起きてしまった。いわゆる『応力腐食割れ』という現象で、応力のかかった配管にヒビが入り、最悪の場合は、破断してしまう

> というのだ。アメリカで配管のヒビが発見された後、日本でも次々と発見され、修理や予防対策のためほとんどの原発で運転停止や定検の延長がなされた。
>
> 工事は、問題のステンレス配管を炭素鋼にとりかえるという方法が多くとられた。（中略）圧力容器に直結する配管を切断するためには圧力容器周囲の厚い遮蔽体を除かねばならず、作業場の線量率は急激に上昇する。部分的には数レントゲン／時から十レントゲン／時ほどにもなることがあり、作業時間は極端に制限される。ふつう労働者の一日の被曝線量は百ミリレム（引用者注　一ミリシーベルト）以内で管理されている。これは自然放射線により年間に被曝する線量とほぼ同じである。これから逆算すると、一レントゲン／時の線量率の環境では六分間、十レントゲン／時の場所では三十六秒間しか作業できないことになる。線源から体を離せば被曝は減るが、狭い場所のうえまわりじゅう線源だらけとあってはそのような努力は馬鹿らしくなる。しかもうす暗い明かりを頼りにしての作業は遅々として進まない。
>
> 一日の制限いっぱいにまで被曝した労働者は『死んだ』と言われる。たとえ数分間の作業でも、限度まで被曝してしまえば使いものにならない。労働者のことを『兵隊』と呼ぶ現場監督もいる。高線量下の作業は労働者の数で決まる。次々と『死ん』でいく労働者は、さしずめ特攻兵士と呼ぶべきだろうか。（後略）（傍点引用者）（森江 1979＝2012：48）

これは、原発の「安全」稼働のために、作業現場で労働者がどのように使い捨てられていくかを技術者の視点からとらえたすさまじい描写である。だが、こうした記述だけでは、まだまだ、原発労働を外側から理解したことにしかならない。その点で、つぎのような梅田さんの体験談は、原発の定期点検において遭遇した危険労働の現場を、労働者の視点からとらえた貴重な証言である。

（原子炉の写真を見せながら）これは、難しい理論的な話じゃないで。なまで、あのなかに這いずり回って、工事にはいる話だから。放射能の一番高いとこは、ここなんです。ここに三本、炉心棒があります。これを、のけるんです。もぅ、悪くなったら。十三か月、これは、まわっとるわけです、炉心棒ね。（タービンに送る熱を冷やす）これをはずして、あたらしいやつに付け直す、ここは、ものすごい（放射線量）。だから、この近所が、みんな、管理区域です。（中略）（左右に突起の出たマスクと防護服姿の写真を見せながら）こういう格好で作業をするんですよね。これ、全面マスクで、これ、ここ、四〇秒ぐらいしか酸素が正常に入ってこないんですよ、はい。だから、ここを、ポンとはずしたら、スキューバーダイビングしとると同じようで、はずれても、ここ（外）から見えないんですね、きちんと装備しとるようにしか。だから、これを（作業中に）はずして（正常に）酸素が入ってくるちゅうことは、完全に内部被曝、多いか少ないか、みんなやっとるということです。いまでも、これ、やってます。これが赤（の防護服）ですね、一番、あのぅ、（放射線量）濃度の高いとこです。これ（着たまま）一分ききませんよ。この中は、汗が滝のようにここにたまりますから、外にはでないですね、特殊な樹脂で。だから、これを着るだけでも重装備です。こんなかで、立派に、外から見たら完全に装備しとるというけど、これで一日動いたら（笑）、動けるという人は一人もいません。(13)

こんな梅田さんの話を思いおこしながら、ふと思った。さきに私は、線量計の「預け」や「鳴き殺し」が労働者によって自主的に行われる理由を、雇い止めを回避するため、というふうに解釈したけれども、それ以外にも理由があったのではないだろうか、と。

たとえば、堀江は、このような高線量下での労働を、「一日の実働時間がわずか一時間程度で、あとは事務所でブラブラしている毎日」と書き（堀江 1979＝2011：301）、森江は、「高線量率の場所で、ひと風呂あびるような気持で作業してしまえば、あとは一日ゴロゴロしていればよい。ここでは労働の意味が失われたぶんだけ、確実に労働の頽廃がはじまっている」（森江 1979＝2012：48）と書いている。

しかしながら、梅田さんたちは、線量計を「預け」たり、マスクを外したりすることによって、（法定線量によって定められた）本来のノルマ以上の（危険）労働を長時間にわたっておこなってしまっていたではないか。むしろ、そうした行為は、梅田さんが『意見陳述書』で主張しているような、一方での、電力会社による放射線にかんする安全教育の不在という放射線の危険性についての情報不足と、他方での、「（アラームメーターの）警報が鳴る度に作業を中断していては仕事になりません」とか「ただこの場（炉心部）から早く立ち去りたい一心で作業ノルマをこなしていました。しかし、体力に自信のあった私でもその息苦しさに長時間耐えることはできず、マスクを外して作業せざるを得ませんでした」というような、（森江の言う「労働の頽廃」の対極にあるような）労働条件の過酷さとそれに対して発揮されるある種の職人魂とが結びつくことによってなされた行為であったように思われてならない。

労災不支給の構造

さて、最後に、第四点目としては、第一点目から第三点目までの要因が重なることによって、一番危険な労働をしている人が労災を受給できないという構造が作りだされている点をあげることができる。これも、梅田さんの場合にもとづいてみてみよう。

梅田さんが、松江の島根労働基準監督署へ労災申請をおこなったのは二〇〇八年のこと。しかし二〇一〇年に、労働基準監督署から労災不支給という通知がもたらされる。この間の経緯については、以下のような新聞報道がある。

梅田さんの申請を受け、厚生労働省は専門家を交え五回にわたって検討。梅田さんが両原発で身に着けていた線量計の記録から、外部被ばく線量が八・六ミリシーベルトだったと指摘。『一〇〇ミリシーベルトを下回る放射線量による影響に非がん疾患を含めない』とする国際学術組織の勧告を引用し、申請を退けた。（中略）厚労省によると、原発関連施設で被ばくした労働者で労災認定されたのは七六～〇八年度に一〇人。八人目までは白血病と急性放射線症だったが、〇四～〇八年に多発性骨髄腫と悪性リンパ腫が認定され、二つの疾病は労災対象リストに加えられた。（傍点引用者）(14)

この記事から、労災不支給処分がなされた根拠が、①外部被曝線量の数値の低さ、②国際学術組織の勧告内容等によっていたことがわかる。

まず、①外部被曝線量の数値が、今回の裁判で重要な争点になることは間違いない。なぜなら、「八・六ミリシーベルト」という認定値自体が、これまでみたような労働実態や放射線管理の実態からして信頼性のないものであるという申し立てを原告側がおこなっているからである。(15)

それにたいして、厚労省は、当時の作業環境などに関する追加調査の要請を受けつけず、あくまで線量計に記録された数値こそが正確な被曝線量であるという立場をくずそうとしていない。こうした立場を長年にわたって厚労省が堅持してきたことの社会的影響は、あまりにも明らかである。すなわち、高線量下の劣悪な労働環境において発生した「被曝隠し」の存在を認めず、放置し続けてきた厚労省の立場そのものが、危険労働に従事する原発労働者が労災を受給する権利を著しく狭めてきたこと、これである。

それにしても、厚労省は、なぜ、頑として「被曝隠し」の実態を認めようとしないのだろうか。じつは、この点にこそ、「原発の安全神話」、さらには、「原発の安全性への妄信」が維持されたメカニズムの一端がみてとれるように思う。

というのも、もしも、「被曝隠し」の存在を認めたなら、これまでのような杜撰な放射線管理を根本的に見直さなければならず、ひいては、「原発の安全神話」をささえていた「放射線管理の万全性」や「原発労働の安全性」

といったもう一つの神話が崩壊しかねないからである。じっさい、四〇〜五〇万人にのぼるといわれる被曝労働者のうち、労災認定を受けた事例がたった一〇例しかないこと[16]、言い換えれば、厚労省や電力会社が総力をあげて労災認定を制限してきたことが、これらの神話を強化することに役立っていたことは間違いない[17]。

科学的な知識と権威の動員

ところで、こうした「放射線管理の完全神話」や「原発労働の安全神話」を根拠づけるうえで自然科学的な知識と権威が総動員されてきたことは周知のとおりである。

たとえば、②にいわれている国際学術組織とは、国際放射線防護委員会（ＩＣＲＰ）のことであり、このＩＣＲＰの二〇〇七年勧告（「一〇〇ミリシーベルトを下回る放射線量による影響に非がん疾患を含めない」）が、労災不支給の一つの根拠とされていた。たしかに、ＩＣＲＰは、放射線管理にかんして国際的な「権威」である。しかしながら、日本における「放射線管理の万全神話」の確立にその「権威」が大きくかかわっていたとしたらどうだろう[18]。

というのも、欧州放射線リスク委員会（ＥＣＲＲ）は、二〇一〇年勧告において、つぎのようにＩＣＲＰとはまったく異なった科学的見解を表明しているからである。

> ＩＣＲＰは、確定的影響と確率的影響との区別を論じているが、その確定的影響は低線量には存在せず、ガンや遺伝的影響以外の確率的影響はないことを仮定してのことである。したがってＩＣＲＰは、確率的影響の範囲においては、被ばくの主要な結果としてはガンにその関心を集中させている。（中略）本委員会は、放射線被ばくの唯一の確率的影響がガンであると想定しているところについてはＩＣＲＰに従わない。成人の心臓病、幼児死亡や胎児死亡を含む、非ガンの結果に及ぼす放射線の一般的な効果に、本委員会は関心を向ける。（中略）この二〇一〇年の報告において、本委員会は一シーベルト当たり〇・〇五の心臓病に対する固有のリスク

因子も含めた。これは、放射線療法、核実験の放射性降下物、チェルノブイリで被ばくした人々の心臓病の増加したリスクに基づいている。(傍点引用者)(欧州放射線リスク委員会(ECRR)編 2011：117-119)[19]

もちろん、ICRPとECRRのどちらの見解が科学的に見て正しいかに関する判断をくだすのがここでの目的ではない。重要なのは、これらの相反する見解を、労災認定の場において、どのように参照するのが社会的に見て妥当であるかという点である。

まず、指摘できるのは、原発労働者の多様な健康被害にたいする低線量被曝の影響が争点化されている現況下にあって、主として参照されているのが、低線量の確定的影響や非ガンの確率的影響を仮定に組み込んでいない研究だというのは、あまりにも説得性に欠けるということである。

それだけでなく、このような参照の仕方を行うことが、結果として、労災の申し立て理由となる疾病の範囲を限定する(したがって、ここでも労働者の労災申請／受給の権利が狭められる)とともに、「放射線管理の万全神話」を延命させることに貢献していると言わざるを得まい。

以上、見てきたように、原発労働者が、労災を申請したくてもできない、そして、たとえ申請してもなかなか認定されないという事情の背景には、複数の要因が構造的に存在していることがわかる。このような「私たちが、ある種の関係性のなかにおかれると、個々人のなかの偏見や差別意識の有無とは無関係に、差別に加担させられたり、差別を引き起こしてしまうことがある」という側面に着目することによって、こうした現象を私は構造的差別と呼んでいる[20]。

組織的な「事故隠し」と「労災隠し」

だが、じつは、さらに露骨な「事故隠し」や「労災隠し」が横行しているというのが、労働者のあいだでは半ば公然の秘密となっている。

たとえば、梅田さんも、私たちにこんなことを述べていた。

たまに、腹が痛い、風邪ひいた、こういうことが（作業員の）宿舎のなかで発生すると、隣が病院ですけど、そこに行かれない。全部、電力会社の指定した病院じゃないと、（受診）できない。それがちょっと不思議やったですね。

また、先のＳさんも、つぎのように語っている。

原発の作業員ちゅうのは、もぅ、月に一回必ず定期検診をうけるでしょ、病院で。だから、そのときに、正確に（検診結果を）出してるかどうか、なんとも言えない、それは。○○病院いうのが主にうけるでしょ、○○病院の医師そのものがやで、それに専門家がおるかというそうでもない。もぅ、とくにあぁいう、地方の病院では、医者はしょっちゅう代わってきますやろ。専門、放射能とか専門の医者はまったくいない。だけ、関電が、こういう数値調べてくれと、いう項目しか調べないいうことやと思うんですよ、僕は。だから結局、それで高血圧になったとか、そういうデータは出さんと思うんよ、それは。みずから出す必要もない（笑）。関電指定の病院ですから、ね、なかなか出ませんわ。

そして、以下は、ジャーナリストの堀江邦夫が、じっさいに原発内で作業中に肋骨を骨折する事故にあったときのエピソードである。

病院にむかう車のなかで、（下請け会社の）安全責任者は『治療の件だけど……』と、つぎのようなことを話し始めた。『労災扱いにすると、労働基準監督署の立ち入り調査があるでしょ。そうすると東電に事故のあったことがバレてしまうんですよ。……ちょっとマズイんだよ。それで、まあ、治療費は全額会社で負担するし、休養中の日当も面倒みます。……だから、それで勘弁してもらいたいんだけど、ねえ』

そして彼は、二、三年ほど前に福島原発内で酸欠事故が発生し、『そのときには新聞にジャンジャン書き立てられて、そりゃあ大変でしたよ』とつけ加えた。

なぜ彼がこの例を引き合いに出したかは、明らかだ。もしあんたが労災でなければいやだと言い張ったなら、事故が公になり、東電に迷惑をかけることになる。そうなれば、会社に仕事がまわってこなくなり、最終的には、あんた自身が仕事にアブレることになるんだぜ——ということを暗にほのめかしているのだ。（堀江 1979＝2011：203–204）

「原発労働の安全神話」が「神話」であるにもかかわらず、維持され続けてきたのには、さらに、このような背景もあったのである。

6　科学のフラジリティと〈わかりえぬもの〉

「これまで積み上げてきた理論が、ガラガラと崩れていく気がした」

これは、ある地震学者が、東日本大震災の発生をまったく予測できなかったことについてもらした述懐である。(21)

とりわけ、日本の地震学が、「原子力発電所の安全に、お墨付きを与える役を担ってきた(22)」ことを考えあわせれば、これはたんに、一研究分野に固有の問題としてすませるわけにはいかないだろう。

ともかく、私たちは、東日本大震災と原発事故をへて、これまで科学の「権威」によって信じさせられていた事柄のなかにも間違ったものがあること、そしてさらに、その科学によっても〈わかりえぬもの〉が膨大に存在していることを思いしらされた。

その意味で、科学がいかに脆弱なものであるかを、私たちは、この目で、この体で、実感したのではなかったか。そして私には、この科学という存在に内在する脆弱性（フラジリティ）を認めようとしない思考こそが、じつは、「原発の安全神話」の成立に大きくかかわっていたように思われてならない。

どういうことか。

その点を明らかにするためには、3・11をへたのちにも、「理論がガラガラ崩れる」どころか、科学に内在するフラジリティに気づくことなく、低線量被曝の問題を「哲学」としてあっさりと切り捨て、そのうえで科学への信頼を熱く語っているつぎのような放射線科医の主張を引用するのが手っとり早かろう。

> 低い線量の被曝について、広島・長崎のデータに基づいて、しきい値があるのかないのかをずっと論争しています。しかし、疫学としても、データ数が足りませんから、わかりません。わからないのでどう考えるか、低線量被曝でも、線量と発がんの関係が比例する（直線関係）を想定するというのが、さきほどの『直線しきい値なし仮説』です。しかし、データによって関係を実証することのできない、低線量被曝の人体影響は、科学ではなく、リスク管理上の『哲学』であります。要は、人体に影響が出ると実証できる範囲が科学なのですが、しかしそれが不可能な範囲について規範を持ち出そうとするのは哲学です。（中略）この科学と哲学の混同が問題で、多くの学者が二〇ミリシーベルトといった低線量被曝の危険性を、あたかもデータが存在するかのように語っています。しかし、それは本来言えないことなのです。（傍点引用者）（中川 2012：40）

この言説が、「原発の安全神話」と相同的なのは、第一に、〈わかりえぬもの〉を極力、科学的な思考の範囲内から取り除こうとする、病理的ともいえるほどの潔癖さにおいてであり、第二には、〈わかりえぬもの〉を暗示させるデータの存在をことごとく否定しようとする頑強な意志においてである。

こうした主張を表明した医師の意図がどこにあるかとはべつに[23]、結果として、上記のような言説が、前節でみた労災不支給という厚労省の決定に根拠づけを与えるのみならず、原発における杜撰な放射線管理や危険労働の問題を放置してきたことを正当化するものであることは、もはや多言を要しないだろう。

とはいえ、ここでいう科学とは、もちろん、自然科学のことだけではない。

「原発3・11事件以前は、労働者の声っていうのは、もぅ、なんにも（上げることが）できませんでした。」

このような梅田さんの発言から、改めて気づかされたこと。

それは、私がはじめにあげておいた問い、すなわち、原発技術の不完全性にかんする研究や、原発と差別の結びつきを指摘する議論は、一九九〇年代までにほぼ出つくしていたにもかかわらず、なぜ、原発政策がそのまま推進されてきたのか、という問いへのヒントが、そこにあるのではないか、ということである。

研究者、技術者、ジャーナリスト等によって、たしかに原発問題は明らかにされてきていた。しかしながら、肝心の原発立地地帯の住民の声や、原発労働者の声は、なかなか聞こえてこなかった。

ということは、原発問題研究と原発問題の当事者の間に、十分なコミュニケーション回路が存在していなかったということではないのか。

私見によれば、反原発研究は、原発反対派の住民の方に寄り添おうとしたために、結果として、積極的に原発を誘致しようとした住民の切実な思いにまでは十分に迫りきれなかったようにみえる。

たとえば、開沼博の『「フクシマ」論　原子力ムラはなぜ生まれたのか』は、原発推進派の論理に肉薄しようとした、その点では数少ない貴重な仕事の一つではあるが、最終的に、中央にたいする地方の「自動的服従」という、いわば外在的な説明で終わってしまっているのは残念なことである（開沼 2011：終章）。

また、原発労働を対象とした研究については、さらに大きな空白が存在していると言わざるをえない。この小論で引用した30年前の労働状況と、Sさんの語る今日の労働状況とのあいだに、いったい、どのような原発労働自体の転変があったのか／なかったのか、さらに、作業員の採用や処遇にどのような改善がなされたのか／なされなかったのか、について是非とも明らかにされる必要があるだろう。

その意味で、今後、社会科学の文脈においても、〈わかりえぬもの〉としての〈現場からの声〉といかに対峙していくかが、一層重要になってくるように思われる。

謝辞

この小論の執筆にあたっては、全国大学人権教育交流会の主催した講演会・シンポジウム・フィールドワークに多くを負っています。それぞれの場所で有益なお話を聞かせていただいた皆さんに心から感謝いたします。また、福井へのフィールドワークを企画するとともに、梅田さんとの出会いのきっかけをつくってくださった加藤昌彦さん、関連資料を提供してくださった日野謙一さんに感謝します。

注

（1）じっさい、後述する「国際放射線防護委員会（ICRP）」における「防護」の意味は、「放射線」の影響からの人間の防護のことである。

（2）東電福島第一原発の事故当日、事故の収束にむけた対策をとるうえで、最も重要な原子炉の構造が記載された詳細な図面が原子力安全委員会に存在しなかったことに起因する致命的な混乱をめぐって、斑目元委員長によるつぎのような弁明がある。

「こんな事態に備えて図面ぐらい用意しておくべきではないのか、杜撰じゃないかと思う読者もおおいことでしょう。これには一応、きちんとした理由があります。原子炉はテロに狙われやすい施設だということです。図面が簡単に入手できるようでは、テロリストの手に渡る危険性も増します。もし、そうなれば図面を分析して弱点を見つけだし、破壊活動を仕掛けてくるかもしれません。原子力施設それ自体も、部外者には、それぞれの部屋や通路を教えないようにしており、写真撮影もごく一部に限定されています」（傍点引用者）（岡本 2012：45）。

これはまさしく、原発事故による放射線から周辺住民を「防護する」よりも、テロリストから原発を「防護する」ことの方が優先されてきていたことを示す、端的な証拠にほかなるまい。

（3）そうした認識の溝を埋めるうえで山下・開沼編（2012）は、重要な試みといえる。

（4）従来の「エスノグラフィ」が、異文化を他者の視点から描きだそうとしてきたのにたいして、「ソシオグラフィ」は、当事者の視点を重視しつつ社会関係を描出・分析することをめざしている。詳しくは、三浦編（2006a）を参照のこと。

（5）わずか五〇キロほどの海岸線に、六箇所、一五基の原発や原子力施設が集中しているために、俗に「原発銀座」と呼ばれる。原発の密集度では、国内随一であり、万一事故が起こった際には、「関西の水がめ」である琵琶湖への放射性物質汚染が懸念されている。

（6）それは端的に、被害の把握や情報伝達、避難指示、避難行動といった、原発事故にたいして事前に構築されていた対応策が、現実的にほとんど機能していなかった点に見てとれるだろう。

（7）三浦編（2008b）、三浦（2009a）を参照のこと。

（8）前者については、高橋・天笠・西尾（2012）、石橋（2012）、後者については、樋口（1981＝2011、1987＝2011）、八木（1989＝2011）、加藤（1993）、清水（1994）を参照のこと。

（9）Sさんには、三週間前に開催された全国大学人権教育交流会の講演会・シンポジウム「大学における人権教育の、これまでとこれから――受け継いでいくこと、共有しあうこと――」（二〇一一年八月二七日、於関西学院大学大阪梅田キャンパス）で登壇していただいていた（演題は、「福井県の原子力発電と被差別部落」）。

（10）本節における梅田さんにかんする記述は、注記した箇所以外は、福岡地裁に提出された『意見陳述書』（二〇一二年五月九日付）、および全国大学人権教育交流会の講演会「原子力発電所問題について考える――原発労働の現場から――」（二〇一二年五月二〇日、於関西学院大学大阪梅田キャンパス）における梅田さんの講演（「原発被曝人生――私が労災申請をした理由と提訴への決意――」）の内容にもとづいている。なお、梅田さんの講演要旨と『意見陳述書』は、上記講演会で登壇いただいた木村公一さん（福岡国際教会牧師）の講演録（「『禁断の木の実』としての核エネルギー――被曝下請け労働者の現場から――」）とともに、全国大学人権教育交流会から発行された冊子（講演録）に掲載されている。

(11) この点については、以下のような新聞報道が参考になる。「（前略）鉛カバーを使った被曝隠しが発覚した当初、東電には特殊ケースとして片付ける空気が強く、再発防止への動きは鈍かった。ところが八月に入り、東電社員と下請け作業員ら計三人がＡＰＤ（線量計）をつけずに働いたことが相次いで発覚。保安院や厚生労働省から再発防止を迫られ、『対策が遅れていた面がある』と方向転換を余儀なくされた。しかし、（中略）作業現場では下請け会社ごとに少人数のグループで働くことが多く、口裏を合わせられたら簡単には見抜けない。（中略）新たに被曝線量のデータチェックも始めるが、これもグループ全体で不正をすれば『検出は難しい』（東電）という。監視強化だけでは、被曝隠しは完全には防げないのが実態だ。背景には、作業員の不安定な雇用環境がある。法令や大手企業が定める年間被曝線量の上限を超えた場合、東電や大手企業の社員はほかの職場に回してもらえるが、数か月の短期雇用の下請け作業員たちは、補償もなく、雇止めにされる恐れがある。厚労省や保安院も被曝隠しの技術的な防止策を東電に求める一方、雇用の安定化までは踏み込んでいない。雇用のしくみを見直さない限り、監視の目をくぐって被曝隠しに走る作業員は出てくる。」（傍点引用者）「被曝隠し　根絶に壁」『朝日新聞』大阪本社版、二〇一二年八月一四日付

(12) たとえば、福島原発について、次のような報告がある。「木村さん（仮名）が『ＩＨＩ』（石川島播磨重工）の下請け労働者として福島原発で働いていたときのことだ。そこの労働者たちは、現場に着くとポケット線量計やアラーム・メーターなどをゴム手袋に詰め、それをバリア（木製の箱）の下に隠してから作業にとりかかっていた。五〇ミリレム（引用者注　五〇ミリレム＝〇・五ミリシーベルト）のアラーム・メーターが一〇分で〝パンク〟するような高線量エリアで、一時間から二時間の作業。それでいて、ポケット線量計の報告は、二〇～五〇ミリレム程度にしておいたという。」（堀江　1979＝2011：225）

(13) こうした原子炉直下での作業について、森江も、以下のように書いている。「この一連の作業は、現場が高線量率であることと慎重を要することから、多数の労働者が投入される。この作業がはじまると、ドライウェル入口に設けたバリヤの中は労働者でいっぱいになる。ビニールスーツを頭からかぶり全面マスクをつけてシールすると、呼吸は苦しく汗が流れ出る。能率は通常作業の三分の一だろう。シールが悪いとそこから放射能が入り込み、内部被曝の原因になる。作業中に息苦しくなって全面マスクをはずしてしまう労働者もおり、これら炉心関係の労働者の体内放射能は通常より高くなっている。」（森江　1979＝2012：47）

(14) 「労災おりぬ原発労働者」『毎日新聞』西部本社版、二〇一〇年九月一六日付。

(15) じっさい、原告の側には、長崎大より三〇年前に測定したホールボディカウンターのデータをもとに内部被曝に関する新たな解析結果（コバルト五七・五八・六〇、マンガン五四、セシウム一三七など、通常では人体から検出されない放射性核種を検

出）が二〇〇八年にもたらされている。その測定結果とともに、梅田さんを診察した長崎大医学部国際ヒバクシャ医療センターの医師による「……当時、悪心、全身倦怠感、易出血性などの症状があり、病院の検査で白血球減少を指摘されており、急性放射線症候群に近い被曝があった可能性は否定できない。心筋梗塞の発症は、（諸要因に加え）一九七九年当時の被曝が関与している可能性は否定できない」といった主旨の所見、意見書をそえて、二〇〇八年、松江の島根労働基準監督署へ労災申請がおこなわれた。

(16)　しかも、そのうちの三例は、ＪＣＯの臨界事故に関するものである。

(17)　労災認定訴訟の記録としては、岩佐裁判の記録編集委員会編（1988）、嶋橋（1999）がある。

(18)　この点については、中川（2011）、矢ヶ崎・守田（2012）を参照のこと。

(19)　なお、グールドとゴールドマンも、同様な観点から、「低線量放射線の健康への影響に関する研究の大部分」が、「広島と長崎の体験によるものであり、高線量放射線被曝による癌死数から論理的に引き出され」たものであった点を批判して、そうした「論理的推論ではなく」、「統計学者がする」ような方法をとることにより、「原子力施設や核兵器施設から低線量放射能の漏洩が起きると、その後に決まって多数の『過剰死亡』が確認された。」と述べている（グルード＆ゴールドマン 1990＝2008：2）。

(20)　詳しくは、三浦（2006a, 2009a）を参照のこと。

(21)　「大地に聞く2　理論はガラガラ崩れた」『朝日新聞』大阪本社版二〇一二年一〇月三一日付。

(22)　「揺らぐ地震学1『専門外』原発にお墨付き」『朝日新聞』大阪本社版二〇一一年一〇月一七日付。

(23)　中川（2011）をはじめとして、彼の一連の発言が、放射線への過剰な恐怖をとりのぞき、被災者のストレスを減らそうとする善意からなされていることは理解できるが、善意から出た行為が差別に加担することが往々にしてあるというのが、構造的差別という考え方の核心にあることを強調しておきたい。

第3章　風評被害のポリティクス
――名づけの〈傲慢さ〉をめぐって

1　放射線被曝による健康被害を考えることの困難さ

「美味しんぼ騒動」と福島復興再生特別措置法

二〇一四年の四月末から五月にかけて、『週刊ビッグコミックスピリッツ』誌上に掲載された『美味しんぼ』(第六〇四話　福島の真実二二：四月二八日発売・同二三：五月一二日発売)で登場人物の行った発言が、福島県、双葉町、大阪府・大阪市、さらには内閣官房長官や多数の関係閣僚、そして放射線の専門家等からも激しい抗議や批判を受けるという出来事があった。

抗議のタイミングが雑誌の発売当日という迅速さはもちろん、地方政治はもとより国政の場まで巻きこんだいわば国家規模での批判の高まりは、それ自体、きわめて異例な事態であった。

そこで問題とされた発言とは、たとえば「鼻血や疲労感で苦しむ人が大勢いるのは被ばくしたから」「福島では、同じ症状の人が大勢いますよ」「今の福島に住んではいけない」「福島を広域に除染して、人が住めるようにするなんて、できないと私は思います」といったものだった。

これにたいして、福島県は、ホームページや雑誌の発売元である小学館宛ての文書のなかで、この件にたいする県の見解を次のように主張している。

> これらの表現は、福島県民そして本県を応援いただいている国内外の方々の心情を全く顧みず、殊更に深く傷つけるものであり、また、回復途上にある本県の農林水産業や観光業など各産業分野へ深刻な経済的損失を与えかねず、さらには国民及び世界に対しても本県への不安感を増長させるものであり、総じて本県への風評を助長するものとして断固容認できるものでなく、極めて遺憾であります。（傍点引用者）[1]

そうして、作中人物の発言が「風評を助長する」と判断した理由として、本誌が多数の読者をもつこと、そして、「原発事故により放出された放射性物質に起因する直接的な健康被害が確認された例」がないことをあげていた。

また、菅官房長官も、五月一二日の記者会見の席で「住民の放射線被曝と鼻血に因果関係はないと、専門家の評価で明らかになっている」と断言する一方、安倍首相にいたっては、後日、訪問先の福島市で、今回の事態をうけて「根拠のない風評に対し、国として全力を挙げて対応する」と表明している。[2]

すなわち、一国の首相が、原発事故後に生じた諸々の深刻な身体症状が放射線被曝と関連するものではないかと疑う被害住民の声を、ことごとく「根拠のない風評」にすぎないとして切り捨てるとともに、そうした発言が今後なされることがないよう「国として全力を挙げて対応する」と述べているのである。

この「国として全力を挙げて対応する」という表現は、まさに、こうした「風評」にたいする政府としての危機感の表れといってよい。いや、それどころか、このような表現に込められた言外の意味をこそ、私たちはしっかりと聞き取る必要があるだろう。つまり、これまでも、「（こうした「風評」がくれぐれも生じないように）国として全力を挙げて対応」してきたにもかかわらず、この大事な時期に、あろうことか国民的な支持を集める作品のなかに表現されてしまったことへの苛立ちがそれである。

ここで、「国として全力を挙げて対応」してきた事柄とは、いうまでもなく放射線医学や放射線防護学の専門家たちを動員して推進してきた「放射線安全論」の流布や普及のことであり（島薗 2013）、さらに、「この大事な時期」とは、福島復興再生特別措置法（二〇一二年三月三一日施行）の基本理念にのっとり定められた「福島復興新指針（原子力災害からの福島復興の加速にむけて）」（二〇一三年一二月二〇日）にもとづき、避難解除区域における避難住民の早期帰還政策が二〇一四年四月から本格的に開始された直後という意味である。

この特別措置法では、福島の復興及び再生を、これまで原子力施策を推進してきた国の責任のもとに成しとげるという目的（第一条）にむけ、「避難解除等区域の復興及び再生の促進」、「原子力災害からの産業の復興及び再生の推進」と並んで、「放射線による健康上の不安の解消」が基本方針にあげられていた（第五条）。そして、じつは、この最後の点への対応策を記した以下にあげる第四十七条の条文こそ、先の首相発言にあった「国として全力を挙げて対応する」ということの内実を示しているといってよい。

> 国は、原子力発電所の事故により放出された放射性物質による汚染のおそれに起因する健康上の不安を解消するために、低線量被ばくによる放射線の人体への影響その他放射線に関する国民の理解を深めるための広報活動、教育活動その他の必要な措置を講ずるものとする。（第四十七条　国民の理解の増進）（傍点引用者）

このような方針が、先述の「放射線安全論」の延長線上にあることは、もはや明らかであろう。というのも、「被曝量が一〇〇ミリシーベルト以下では、健康に影響はありません」という見解に象徴される政府の依拠する「放射線安全論」においては、あくまで「汚染のおそれに起因する住民の健康上の不安の解消」が目的であって、「汚染の事実に起因する住民の健康上の被害」など、そもそもあるはずのないもの、もっと言えば、けっしてあってはならないものだからである。

しかし、『美味しんぼ』の表現が波紋を広げた理由は、それだけではなかった。放射性物質で汚染された環境にたいして除染等の措置をほどこすことによって「安全性」を確保し、いざ、住民に早期の帰還を促しながら避難解除等区域の復興及び再生事業にとりかかろうとした矢先に突きつけられた、「今の福島に住んではいけない」「福島を広域に除染して、人が住めるようにするなんて、できないと私は思います」といった発言は、そうした政府の復興政策を根本から批判するものであったこと。それこそが、自治体や政府高官がこぞって過剰な反応を示した主な理由であったといえよう。

だが、それにしても、いかに多くの読者をかかえているとはいえ、たった一つの文芸作品でなされた表現にたいして、あれだけの非難や抗議が国家権力の中枢から寄せられたのは尋常なことではない。まるで、先の第二次世界大戦中における国家的な言論統制が復活したかのようではないか。

いや、先の時代の言論統制が主として上から強圧的になされたのにたいして、この原子力時代の言論統制の特徴は、かつての「原発の安全神話」がそうだったように、科学技術・政治・経済・法律・社会・文化にかかわる大掛かりなシステムによってその支配の正当性が調達されてきた、という点にある。つまり、日本の原子力政策における支配構造は、言論の統制とシステムへの信頼感の醸成という二面性のもとに維持されてきたということができる。

そして、いまや、「原発の安全神話」に代わって（というか、川内原発の再稼働を皮切りに再び「原発の安全神話」が復活されようとしている今日では、むしろ「ともに」と表現すべきなのかもしれないが）、新たな「放射線の安全神話」が多くの国民の心をとらえはじめている。

私見によれば、そうした「原発の安全神話」や「放射線の安全神話」と不可分に結びつきながら、これらの「神話」を人びとの心のなかに浸透させていく役割を担ってきたのが「風評被害」という出来事とその認識だったということができる。

この小論は、そうした事態が招来されることになった原因を、「風評被害」という多義性と曖昧性をもった言葉と認識のなかに探求する試みである。(3)

〈被曝を避ける権利〉が不在の国から

この「美味しんぼ騒動」によって顕在化され、社会的に注目されるようになった事態は、しかしながら、じつは原発事故が発生した直後から、すでにじわじわとはじまっていたことを次の記述は教えてくれている。

現在、汚染の状況や被害について語ること、避難を語ることについて、国民（住民）全体があまりに敏感、ナーバスになっていると感じます。／汚染や被害を語ることで、福島の人々が傷つくという考えがあります。たとえば、『福島市や郡山市は子どもが住みつづけられる場所じゃない。避難すべきだ』とか、『浪江町にはもう帰れない、二度と住めないだろう』などという発言に対しては、『なんて酷いことを言うのだ』との反応が返ってきます。／私自身、妊婦だったころ、仕事で福島市に行かなければならなかったとき、『福島市は線量が高いから行きたくない』と話をしたことがあります。すると『住んでいる人に失礼だ』と叱責されました。ここでいう『失礼』とは、いったい何を意味するのでしょうか。これが、避難を大々的に語れない問題の根幹とつながっているのではないでしょうか。汚染を語ることが、なぜ、住んでいる人を傷つけることになるように感じてしまうのでしょうか。（傍点引用者）（菅波 2012：30）

この文章の著者である菅波香織は、東日本大震災が発生した二〇一一年当時、自身も妊婦であり、また、乳幼児をふくめた4児の母としていわき市内で弁護士をしていた。原発事故の後、いったんは避難したものの、子どもの通う学校の再開をうけて三月末には帰宅。しかし、それからは、当時、依然として毎時一マイクロシーベルトの空間線量のあったいわき市内にあって、そこが「子どもと生活してよい場所なのかどうか」判断しようにもできず、深い迷いにとらわれる日々だったという。

そんな生活のなかで、菅波は次第に「いわき市では、被曝を最小限にしようと生活することがタブーになってきた」と感じるようになる。それは、上述のように、そうした「被曝を避ける」行為が、もっと線量の高い地域に住んでいる人たちを「傷つける」ことになるからだが、それだけではなく、福島に残っている自分たち自身にも、「避難すると決めることができない」でいるという点で自己責任があるとみなされ、防護にむけた積極的対応をしにくくなるからである。

なぜ、そのようなことになってしまうのか。菅波は、「汚染を語り、被曝にたいする不安を語れる環境がまったくない」という現状を憂いながら、その原因を次のように的確に指摘している。

> これは、国の放射能を気にしないようにとの方針のもと、可能な限り放射能から身を守りたいという当然の気持ちを持つことができない空気があるからだと思います。／行政は、『放射能よりストレスのほうが身体に悪い』というメッセージを大々的に発しています。とくに子どもへのストレスをかけないために、大人が不安を感じてはいけないと、放射能の不安を感じること自体が禁じられているように感じます。（菅波 2012：32）

つまり、行政から発せられる「放射能よりストレスのほうが身体に悪い」というメッセージ、すなわち、これまで私たちがみてきたような「放射線安全論」こそが、菅波が求めてきた〈被曝を避ける権利〉を侵害ないし否定してしまっているというのである。

こうした認識によりながら、菅波は、震災直後に立ち上げた「福島の子どもたちを守る法律家ネットワーク（SAFLAN）」の仲間たちとともに、〈被曝を避ける権利〉の必要性と、それに依拠した様々な諸権利（「避難を語る権利」「避難（するか留まるかを選択）する権利」「汚染や被害を語る権利」「移住する権利」「帰還する権利」等々）の確立を求める運動をすすめている。

ここでは、「避難する権利」が求められている背景に注目してみたい。その点について同ネットワークの河崎健一郎は、「自主避難者」が抱えざるをえなかった困難に触れながら、次のように述べている。

> 政府は避難指示区域内の人たちに対しては一定の避難誘導をおこないましたが、その外側に居住する人びとに対しては、むしろ、『安全だ（から避難するな）』というメッセージを発し続けました。／自主避難者の多くは、避難に際して、政府の支援を期待できる状況ではありませんでした。避難によって仕事や家庭を失うかもしれない。避難先での生活のめどが立たない。それでも避難するかどうか、十分な情報が与えられないまま、決断を迫られるむずかしさがありました。（中略）／もっとも大きな障壁となったのは、『街を捨てて逃げるのか』、『風評被害を煽るな』という有形無形の周囲からの圧力であったといいます。（河崎 2012：8）

このように、政府が「避難」というとき、基本的に、政府の指示にしたがった避難しか念頭におかれていなかったのであり、言い換えるなら、政府にとって、原発災害に因る避難とは、あくまで政府の指示に従う「義務」の範囲にとどまり、避難という行為を、個々の住民が主体的な判断のもとにおこなう「権利」だとする発想は皆無だったということなのである[4]。このような認識自体、まさに驚くべきことではあるが、それ以上に重要なのは、こうした認識を過去のこととしてすますわけにはいかないという点である。なぜなら、今日、立地点の自治体に事故時の避難計画の作成がゆだねられているが、それも不十分なものであり、いったん、原子力災害が生じてしまえば、政府が同様な姿勢で不十分な避難指示をだし、住民はそれに従うのみといった関係が繰り返されることは目に見えているからである。

そして、「避難する権利の不在」とともに、他方での「風評被害を煽るなといった周囲からの圧力」が、自主避難を試みる人たちや、被曝を避けようとした人たちを追いつめていった。

では、そのような状況のなかで、「風評被害」という言葉は、いったいどのようなメカニズムのもとで現実にたいして大きな影響力を及ぼしていったのだろうか。次節では、その点について考察していく。

2　「名づけ」の危機、あるいは「名づけの胎盤剥離の光景」

「名づけるとは、物事を創造または生成させる行為であり、そのようにして誕生した物事の認識そのものであった」と、思想史家の市村弘正は書いている（市村 1996：134）。

それでは、「風評被害」という名づけによって、この社会に創造または生成された物事とは、いったい、どのようなものであり、そしてまた、それによって新たに誕生した物事の認識とは、いかなるものだったのだろうか？

ただ、「風評被害」という名づけの行為を探求するのは、けっして容易なことではない。その理由は、「風評被害」という名づけの行為によって創造または生成させられた物事は、けっして一様のものではなかったからである。

この点にかかわって、市村は、さらに次のように書いている。

いまや、私たちの『名づけ』に対して、世界あるいは物事の秩序は応答しなくなっているのではないか。（中略）名前の次元への私たちのこだわりや、貼りかえられる名前に対する敏感さは、おそらくこのような疑念を裏書きしている。／そうであるとすれば、この『危機の瞬間』に際して、名前をもって物事に相対してきた人間の基本的な経験の有様と、ほかならぬその『名づける』という行為の基底がいわば胎盤剥離しつつあることを見定めなければならないだろう。（市村 1996：133）

私の見るところ、今日の日本社会における「風評被害」の主だった用法は、大きく三つに分けて考えることができる。それらは、現実には明確に区別されず半ば無自覚に使用されているが、それぞれ著しく内容や性質を異にしている。

そして、これが本章における核心的な主張なのだが、私は、それらのいずれの用法にかんしても、「風評被害」という名づけはふさわしくないと思っている。もっと妥当な名づけがあるはずなのに（そして、人びとも「風評被害」という名づけにたいする「世界あるいは物事の秩序からの応答不能」に疑念をいだきはじめているのに）、依然として「風評被害」という名づけが濫用されていること、そこに、放射線被曝による健康被害を考えることの困難さをもたらしている原因の一つがある。

さて、三つの用法のうちの第一番目のものは、すでに前節でみてきた。前節で「風評被害」といわれていたのは、福島県やそこに住む人たちにたいして、根拠のない一定の烙印づけがなされることによって生ずる精神的・社会的・経済的被害のことであった。もちろん、これは、風評被害が生ずる恐れがあると主張する側に立った定義であり、本当に「根拠がない」といえるのかどうかについては最終節で検討することになろう。

それはともかくとして、「根拠のない一定の烙印づけにより精神的・社会的・経済的被害がもたらされる」といったある種の社会現象については、私たちはすでに、もっと適切かつ一般的な用語をもっていたではないだろうか。そう、「差別」とか「社会的排除」という言葉がそれである。

にもかかわらず、なぜ、一部の人びとは、それをわざわざ「風評被害」と呼ぼうとするのだろうか？　論点を先取りして、私なりの答えを述べておけば、市村のいう「名前をもって物事に相対してきた人間の基本的な経験の有様」と「『名づける』という行為の基底」とが「胎盤剥離」しつつあるような言葉こそ、じつは、ある種の政治的な立場から強権を執行しようとしている人たちにとっては、使い勝手のよいものだからである。

じっさいに私たちは、「風評被害」という認識が、放射性物質の汚染による健康被害を過小に評価することにつながったり、原発事故から生じた加害責任を他者に転嫁するために用いられているケースを指摘することになるだろう。

このような、これまで（たとえば「差別」とか「社会的排除」といった）別の表現で呼びならわされてきた物事が、「風評被害」という新しい名前に呼びかえられることでもたらされた（前節でみたような）「危機の瞬間」や、そこから生みだされた「名づけの胎盤剥離の光景」をあらためて見つめなおすこと。それが、この小論における重要な課題となる。

3　「風評被害」という認識がもたらしたもの

原子力政策と「風評損害（被害）」

さて、「風評被害」の二番目の用法は、その被害内容を経済的被害のみに限定するものである。この用法にかんしては、長年にわたりこの問題を研究してきた社会心理学者、関谷直也によるコンパクトな定義がある。ただ、その定義を検討するまえに、原子力政策と「風評被害」との緊密な関係性を指摘した関谷の主張に耳を傾けておく必要がある。

風評被害は、もともとは原子力が関係する事故で問題になりはじめた。「安全である」にもかかわらず、事故が起きた周辺の土地の関係者や地元の漁業者が経済的被害をこうむること、またその被害が原子力賠償法で補償されないことが問題になったのである。／日本で風評被害といって差し支えない現象は、一九五四年に起きた第五福龍丸被爆事件後のいわゆる「放射能パニック」が最初である。その後、七四年の原子力船「むつ」の放射線漏れ事故や原子力関連施設の立地にともなうこととして問題となっていった。／それが九〇年代後半には、ナホトカ号重油流出事故や所沢ダイオキシン報道という、原子力以外の環境問題や災害でも問題になった。そして九九年の東海村ＪＣＯ臨界事故では、大規模な放射性物質の飛散はなかったにもかかわらず一五四億円もの経済的被害（補償されたもののみ）が生じた。こうして、いくつかの事件や事故を経て、『風評被害』という言葉が定着していったのである。（傍点引用者）（関谷 2011：11–12）

「風評被害は、もともとは原子力が関係する事故で問題になりはじめた」という指摘は、私にはとても新鮮だった。そして、ここで重要なのは、「『安全である』にもかかわらず、（中略）経済的被害をこうむること」と、「その被害が原子力賠償法で補償されないことが問題になった」という二点だろう。

どうやら私たちは、関谷のおかげで、この原子力政策の文脈における「風評被害」の名づけの歴史の一端に触れられそうである。そこには、以下のように、「法律で定義されていない経済被害への補償をいかにすべきか」という問題関心があったという。

なお、風評被害については、この（ＪＣＯ臨界）事故の前までは、事故と民法の不法行為（他人の権利を侵害し、損害を負わせる行為のこと）の間に相当の因果関係があるものに関し、被害をこうむった人に補償されることになっていた。八一年の敦賀原子力発電所事故などでは、民事訴訟として支払われていたのである。だが、ＪＣＯ臨界事故以降、科学技術庁に設置された原子力損害調査研究会において、「風評損害（法律分野では「風評被害」ではなく「風評損害」という言葉が使われる）」について議論され、従来の解釈を変更し、風評損害も原子力損害賠償法の「原子力損害」に含まれるとの見解が示されることとなった。／風評被害はもともと、原子力損害賠償法などで定義されていない経済被害をどのように補償すべきか、法律上は民と民の間の問題として議論される言葉だった。それが、ＪＣＯ臨界事故をきっかけとして、行政上認められる現象となった。すなわち、放射性物質による汚染の影響がなかったとしても、食品や商品などに経済的被害が起こる――このことがはっきりと認識されるようになったのである。（傍点著者）（傍線引用者）（関谷 2011：22-23）

つまり、従来は民法の不法行為との関連で定義されていた「風評被害（損害）」であったが、「放射性物質による汚染の影響がなかったとしても、食品や商品などに経済的被害が起こる」という新たな認識ができあがることによって、「原子力損害」の一部として法的に位置づけられるようになったという。

このような「風評被害（損害）」にかんする「解釈の変更」は、従来、加害責任が曖昧だった経済的被害への対応として、事業者や政府が責任を負うということを明らかにした点で、一定の意義をもっていた。

これは、再解釈後の新たな意味での「風評被害（損害）」という名づけが、事業者や政府が責任を担うという認識を生みだしたケースだということもできよう。ただし、同時に、この「風評被害」という名づけこそが、そうした事業者や政府の加害責任を他者に転嫁していくという皮肉な効果を生むことにもなったのであったが……。

誰にとっての、いかなる被害か？

そして、関谷は、このようなプロセスを経て形成されてきた「風評被害」の内容を、次のように定義する。

ある社会問題（事故・事件・環境汚染・災害・不況）が報道されることによって、本来「安全」とされるもの（食品・商品・土地・企業）を人々が危険視し、消費、観光、取引をやめることなどによって引き起こされる経済的被害のこと。（関谷 2011：12）

この定義の特徴の一つは、汚染の影響がなかったことを前提にして被害内容を経済的被害に限定したことである。

こうした前提と限定がおかれたことが、この概念と「放射線安全論」とのあいだに何らかの親和性を醸しだすことになった点は、注意を要する。だが、それだけでなく、こうした理論構成が、（「放射能よりも風評被害の方が怖い！」といった生産者の声に象徴されるような）汚染による実質的な被害よりも間接的な経済的被害の方を重視する、ある種の転倒を引き起こしている事例を私たちはさらに次項でみていくことになるだろう。

そして、もう一つの特徴は、「風評」という言葉から「根拠のなさ」という意味合いがすっかり取り払われたことである。じつは、この後者の点こそが、私が、関谷の研究対象とする経済的被害を、「風評被害」と呼ぶことにためらいを覚える大きな理由である。

この点について関谷は別の論考において、「風評被害の原因を、『うわさ』、『事実ではないこと』の『誇張』といった単純な認識で考えると、『風評被害』の発生の意味を捉え誤ってしまう」として、「『環境汚染の存在』は事実である」という観点から、「風評被害」を、「『大量の報道』を原因として、人びとが食品・商品・土地に悪いイメージを持ち、それらを忌避する『経済的被害』である」と定義しつつ、「強いていうならば、『風評』とは悪評、わるい世評という意味」であると述べている（関谷 2009：102, 111, 121）。

また、それは、彼自身による、自己の定義にたいする次のような注釈からも、端的に窺われるところである。

> ややこしいのは、この「本来安全」というのは、「科学的に安全」という意味ではない。あくまで、ある立場の人にとって主観的に安全かどうかということだ。／どういうことかというと、経済的被害を受けた食品・商品・土地について、「事実上汚染があった」「安全でない」とされる場合は、「事実上の被害（公害、環境汚染）」であり、「風評被害ではない」とされる。たとえば、所沢ダイオキシン報道における所沢産の野菜は、「安全だ」という立場がとられた場合には「風評被害」となり、「人体に影響がある」「危険である」という立場がとられた場合には「風評被害ではない（実際に汚染があった）」とされる。（傍点著者）（関谷 2011：27–28）

このように、同じ一つの出来事（たとえば、所沢ダイオキシン報道）をとってみても、一定の安全性の基準、それも「科学的な」基準というよりは共同主観的な基準を根拠として、ある現象が「風評被害」になったり「事実上の被害」になったりするというこの事態は、まさに、「風評被害」が、たんなる「（根拠のない）風評によってもたらされた被害」などではなくて、安全性の基準設定をめぐるポリティクスのなかで構築された被害という側面をもつことを示している。

つまりは、低い安全基準に依拠する立場からは「風評被害」と呼ばれる物事も、安全基準を厳しく設定する異なった立場からすれば、「汚染による事実上の被害」となるということである。このような事態こそ、まさに、放射線被曝による健康被害の問題に端的に見受けられた事柄であった。そして、この安全基準をどこにおくかによって賠償総額が大幅に変動するために、賠償責任を負う側は、このたびの東京電力や政府のように専門家を動員してでもできるだけ安全基準を低く設定するようめざすことになる。ここに、政府が「放射線安全論」に固執する一つの大きな理由がある。

ただし、そもそも以上のような現象を、「風評被害」という言葉をもちいて説明しようとすること自体に無理があると言わざるをえない。なぜなら、「風評被害」とは、低い安全基準に依拠する立場からの一方的なものの見方を反映して名づけられた物事のことだったからである。そして、その名づけの背後には、「汚染の影響はなかったのに」悪評に惑わされて、パニックを起こしたり、過剰に反応したりする、いわば自律性を欠いた消費者像が隠しもたれている点も、指摘しておかなければなるまい。

それでは、反対に、厳しい安全基準を採用する側の人たちにとっては、このように「風評被害」と名づけられた物事は、いったいどのように見えているのだろうか[5]。

このように考えてきて、あらためて気づかされたこと。それは、「風評被害」という現象が、生産者と消費者のあいだでは、まったく違った相貌を呈して現れてきているということである。それなのに、なぜ私たちは、これまで「風評被害」の被害者というと、農林水産業者をはじめとして流通業者や観光業者を主たる対象とみなしてきたのだったろうか。

この点について、神里達博は、行政と生産者と消費者のそれぞれの立場性や思惑を斟酌しつつ、原子力災害を例にあげて次のように説明している。

> 低線量放射線の被曝とそれに伴う疾病の因果関係は、可視化されえない。ゆえに、食中毒などとは異なり、放射線の汚染については、少なくとも単体の食品や個人の発症についての責任は立論すること自体不可能である。一方で、生産者の被害は容易に可視化される。この非対称性が、消費者よりも生産者よりの行政姿勢を強める契機になることは、否定できないだろう。［ちなみに、一般に生産者は、このような非対称性の存在を無視したうえで、「風評被害」という言葉を使うことが多いように思われる。逆に、同じ事態を消費者の側から見ると、多くの場合この非対称性が強く意識されている。したがって、代替可能性が高い商品ほど、将来の「泣き寝入りリスク」を避けるべく、消費者は購買行動を変えることになるのだ］。（傍点引用者）（神里 2013：28, 43.［ ］内は注からの引用）

なるほど、この生産者と消費者の立場の非対称性にかんする分析は、非常に説得的であった。このような非対称な関係性のなかで、生産者の側からみると「風評被害」であったものが、消費者の側からみると、ある種の理性的なリスク回避行動の結果にすぎないことが見えてくる。しかも、それだけではない。神里の観点をさらに徹底させてみれば、消費者側にとっても、商品を購入するにあたって、代替商品の情報を集めたり購入するために事故前に比べて何倍もの労力を注がなければならなくなるだけでなく、将来の「泣き寝入りリスク」まで背負い込まされてしまったという点において、正真正銘の被害が存在していたという事実も見えてこよう。

ところが、そうした消費者等の放射能汚染にたいする自衛的な行動が、これまで、あたかも「風評被害」を引き起こす元凶であるかのようにみなされてきた。(6) そのことのもつ重い意味については、次々項でふれることになる。ともかく、ここでは、「風評被害」という名づけが、①生産者の側の被害のみに焦点をあてることによって、消費者の理性的なリスク回避行動や、消費者側の被害を見えなくさせている点、および、②それによって、安全基準をめぐるポリティクスの過程自体を見えなくさせている点、を指摘しておきたい。

さて私たちは、「風評被害」という概念が、本来、「放射性物質による汚染の影響がなかった」と共同主観的に判断可能な状況においてはじめて使用できる概念であったことを押さえたうえで、あらためて次項において東京電力福島第一原子力発電所の原子力災害が発生した直後の時期へと立ち戻ってみることにしよう。

大規模な原子力災害下における「風評被害」認識の転倒

（略）福島県沿岸では、原発事故で放射性物質が大気中に排出されたため、（漁業者に）風評被害が広がる恐れも出ている。（（　）内引用者補足）（傍点引用者）（『毎日新聞』二〇一一年三月一五日付　東京朝刊　総合面二四頁）

（略）風評被害も懸念される。県産品の取引を行う、いわき市の中央卸売市場は、原発から五〇キロメートル以上離れているが、市場関係者によると『農家には「福島」というだけで買い手がつかなくなるとの不安を口にする人もいる』という。／福島県の農林水産部の（中略）（担当者）は、『放射能の影響が懸念される地域はほとんどの人が避難しており、現実に汚染された農産品が出荷されることはないが、その外側の地域の農産品への風評被害が非常に心配』と話している。（（　）内引用者補足）（『読売新聞』二〇一一年三月一六日付　東京朝刊　五頁　ヨミダス歴史館より引用）

東京電力福島第一原発の事故を受け、鹿野道彦農林水産相は一五日、同原発周辺を産地とする農水産物の被曝（ひばく）実態を把握するため、食品衛生を所管する厚生労働省、放射線の測定を担う文部科学省などに協力を要請した。食の安全を確保し、生産者の風評被害を避けるのがねらいだが、調整は難航している。（傍点引用者）（『朝日新聞』二〇一一年三月一六日付　朝刊　九頁　聞蔵Ⅱビジュアルより引用）

二〇一一年三月一一日に原発事故が発生してから、主な全国紙上における「風評被害」という言葉の初出は予想以上に早く、事故から四～五日後に配信された上記記事にみられる。そして、これ以降、連日のように紙上では「風評被害」の文字が躍ることになるだろう。

だが、……ちょっと待ってほしい。ここで言及されているのは、原子力事故にともなう経済的被害としての風評被害のことであるから、少なくともこの言葉を使う際には、（関谷の定義に従うなら）「放射性物質による汚染の影響がなかった（つまり、食品や商品は安全である）」という共同主観的判断があることが前提となるはずである。

ところが、これらの記事が書かれた三月一四日から一五日とは、いったい、どのような時期だっただろうか？一四日には、（三日前の一号機の水素爆発につづき）三号機で水素爆発が発生、さらに、その影響でベント弁の壊れた二号機がメルトダウンを起こし翌一五日に格納容器の損壊により大量の放射性物質が午前、午後の二度にわたって放出されていた。そして、福島原発の半径二〇キロから三〇キロ圏内の住民に屋内退避の指示が出されたのも、この間のこと。

さらに、この時点では国民に知らされていなかったが、二号機から二度にわたって放出された大量の放射性物質は、早朝より、いわき市↓茨城県↓栃木県↓千葉県北部↓東京都方面へと、夕方から翌朝にかけては、浪江町↓飯館村↓伊達市↓福島市方面へと、三〇キロ圏をはるかに超えた地域に放射性降下物による深刻な被害をもたらしたのだった。また、のちに政府が検討した「最悪のシナリオ」、すなわち、住民避難区域は半径二〇〇キロ以上、首都圏を含む三〇〇〇万人の避難といったシナリオも、使用済み核燃料プールのある四号機建屋での水素爆発をふくむ、一四日から一五日にかけて生じたこれらの事態の延長上に想定されたものだった。

もちろん、福島原発の事故がこのような危機的な状況にあるという「正しい」知識が国民に提供されていなかったのだから、「二〇キロ圏の外側は安全」ないしは「三〇キロ圏の外側は安全」といった時々の政府の発表を信じて、それらの「安全な」地域にかんする「風評被害」に言及してどこが悪い？　という立場もたしかにありえよう。

しかしながら、政府の決定によって一七日から福島県および原発の周辺自治体ではじめられた農産物の抽出調査で、「食の安全を保ちつつ、根拠のない風評被害を避けるねらい(7)」の調査により、一九日になって原乳やホウレンソウから暫定基準値以上の放射性ヨウ素が検出されると、「酪農家や農家からは『(放射性物質による) 影響を受けていない地域も(県内に) あるのに』など、風評被害への懸念と困惑の声が聞かれた(8)」という事態を前にして、何かが転倒してしまっているのではないか、と感じるのは私だけではないだろう。

こうした成り行きに、本来の思考のあり方から逸脱した何らかの転倒が感じとられた理由。それは、第一に、風評被害とは、まずは、対象の商品や食品の放射能汚染が存在しないか、あるいは問題にならない程度であることが明らかになって(ということは、一定の安全性が共同主観的に共有された状態になって)、はじめて云々できるものであることと。したがって、第二には、このたびのような大規模な原子力災害においては、風評被害について懸念する以前に、何よりもみずからの作物や商品にたいする放射能汚染による被害の程度を、最初に確認しなければならないはずだからである(9)。

とはいえ、原発事故から一週間もたたないこの時期に、まだ放射能の測定体制もできあがっていない段階で安全性の確認をすること自体、無理だったに違いない。

いや、だからこそ、私は、この時期に風評被害への懸念が早々と表明されていたことに違和感を抱いてしまうのだ。まるで、「原発事故の発生」や「放射性物質の飛散」といった事態が、条件反射的に「風評被害への恐れ」をもたらしているようではないか。そこで、抜け落ちてしまっているのは、「（当該の風評被害の恐れのある）作物や商品にかんする放射能汚染の有無や程度にかんする確認作業」である。そして、そうした確認作業もできない段階においては、緊急に問われているのは、「出荷をするか、あえて出荷を自粛するかの判断」の方ではなかっただろうか。

こうした一見些細な出来事のなかにも、「風評被害」という認識に色濃くまつわりついている、経済的な被害の重要視と、健康被害への軽視という姿勢が認められる。じっさい、この項のはじめに引用した新聞記事についてみても、「風評被害」について人びとが発言するとき、そこでは「（肝心の食品や商品が）安全かどうか」についての具体的な確認作業はきれいにスキップされてしまっているのがわかるだろう。[10]

ただし、このたびの原子力災害下にあって生産者が「風評被害」を早々に口にしたことについては、もっと別の解釈も可能である。

たとえば、みずからが扱っている農林水産品が、放射性物質による汚染の被害を受けている（／これから受ける）かもしれないという最悪の事態をまえにして、むしろ、「風評被害」という状態は、すくなくとも産品の安全性を担保してくれるという点でまだはるかにましな状況に感じられたのかもしれない。とはいえ、「風評被害」という名づけによって商品の安全性が担保されるという発想自体が、また別種の倒錯をはらんでいるのではあったけれど。

じつのところ、次項で検討する事例は、そうした倒錯性とけっして無関係ではないだろう。

原子力損害賠償紛争審査会による「風評被害」再定義の問題点

いったい、どうしてこのような転倒した事態が生じてしまったのか。その淵源をさぐっていくと、私には、原子力災害による被害のうち、経済的被害のみを「風評被害（損害）」と名づけることによって、その他の健康被害や精神的被害から分離したところに原因があったのではないかと思われてきた。その経緯について、関谷は次のように書いている。

戦後から高度成長にかけての時代は、環境や食品汚染などがもたらす健康被害そのものが大きな問題で、経済的被害の問題は二義的に扱われてきた。しかしその後、環境や食品汚染などの直接的な被害者、犠牲者が相対的に少なくなったことから、それまで副次的な問題であった経済的被害がクローズアップされてきた。すなわち、身体的被害から経済的被害へと問題が移ってきたのである。（関谷 2011：33）

これを逆の面からみれば、「風評被害（損害）」という認識が誕生することによって、放射能汚染のもたらす健康被害や精神的被害といった身体的被害が、反対に、二義的に扱われてしまう結果を生んだといっても過言ではないだろう。

じっさい、「風評被害」という認識は、過去数十年にわたって消費者の側の健康被害の問題を切りすてるか、過小評価することに貢献してきたのだった。

そうした動向からの一つの帰結を、私たちは原子力損害賠償紛争審査会（以下、「原賠審」と略記）によって示された「中間指針」（二〇一一年八月）のなかに見いだすことができる。なお、原賠審とは、「原子力損害の賠償に関する法律」により、このたびの原子力災害にかんして、補償すべき被害の範囲に関する指針を決定するために文部科学省に設置された機関である。

この「中間指針」のもつ特徴は、損害項目の記述（全五三頁）のなかで、全体の七〇％弱を「政府の指示等に係る損害」（避難指示や出荷制限指示等）がしめており、その次にくるのが「風評被害・間接被害」の三〇％強、そして、「放射線被曝による損害」にいたってはたったの一％弱（なんと半頁！）、という構成自体のうちにはっきりと表れている。

すなわち、この指針の特徴をまとめれば、第一に、圧倒的な部分が経済的被害への損害賠償の記述でしめられており、放射線被曝による損害（健康被害）についてはほんの数行でおわっている点[11]、そして第二には、政府の指示によらない住民の主体的な判断にもとづく行為によってもたらされた損害（たとえば、「自主避難による損害」）についてはまったく言及されていない、という点を指摘することができる。[12]

ここに私たちは、政府の依拠する「放射線安全論」と同様の立場が、原賠審においても貫かれていることを容易に確認できるはずである。いや、先述したように、むしろ「放射線安全論」に政府が固執する理由の一つに、この賠償問題があったというのが事実なのであるが。

さて、この「中間指針」において、原賠審は、「風評被害」を次のように定義した。

> 「風評被害」とは、報道等により広く知られた事実によって、商品又はサービスに関する放射性物質による汚染の危険性を懸念した消費者又は取引先により当該商品又はサービスの買い控え、取引停止等をされたために生じた被害を意味するものとする。（原子力損害賠償紛争審査会 2011a：40）

原賠審によって、「風評被害」が、このように定義されていること、そして、さらに損害項目の重要な柱とされていることにたいして、私たちはもっと驚くべきではなかろうか。というのも、ここに示されている被害は、まさしく「（原発事故によって放出された放射性物質の汚染による）事実上の被害」にあたるものだからである。

それに関連して、賠償の対象とされる「本件事故と相当因果関係のある」風評被害の「一般的な基準」についても、次のように定められている。

> その一般的な基準としては、消費者又は取引先が、商品又はサービスについて、本件事故による放射性物質による汚染の危険性を懸念し、敬遠したくなる心理が、平均的・一般的な人を基準として合理性を有していると認められた場合とする。（傍点引用者）（原子力損害賠償紛争審査会 2011a：40）

このように定義された「風評被害」が、関谷の定義と似て非なるものであることは、もはや多言を要すまい。それは、第一に、「本来『安全』とされるもの」という条件が完全に取り払われたことによって、そして、第二には、「平均的・一般的な人を基準として、合理性を有していると認められる心理」によって引き起こされた被害だとされたことによって。

というわけで、本章における「風評被害」の三番目の用法としては、この原賠審による定義を取り上げることになる。

だが、そもそも「平均的・一般的な人を基準として合理性を有していると認められる心理」によって引き起こされた被害を、「風評被害」と呼ぶことが、はたして妥当であるだろうか。じっさい、原賠審の委員もその点に気づいていたようで、次のような弁解的な注釈を残している。

> このような（放射性物質による汚染の危険性を懸念し、敬遠したくなる心理が、合理性を有しているという）理解をするならば、そもそも風評被害という表現自体を避けることが望ましいが、現時点でこれに代わる適切な表現は、裁判実務上もいまだ示されていない。（原子力損害賠償紛争審査会 2011a：41）

ここにあるのは、原発事故の損害賠償をめぐって、人びとの経験と名づけの行為とが、根本的な「剥離」を起こしている光景だといってよい。

そして、こうした光景をまえにして、私たちに直言できるのは、ここで問題にされているような被害は、けっして「風評被害」などという言葉で呼ばれてはならず、人びとに放射性物質による汚染の危険性を懸念させるような状況を引き起こした「原発事故による直接的な被害」として語るべきものだということである。

すなわち、原賠審の指針において「風評被害」とされている物事にたいして、より適切な名づけを行うとすれば、

「原発事故に直接起因する、政府の指示等に係わらない損害」ということになるだろう。

にもかかわらず、「風評被害」という言葉が、公的な用語として依然として使われ続けている。そのことのもたらすマイナスの社会的効果について、最後に次の二つの点にまとめておこう。

第一に、原発事故にかかわる加害責任の問題である。

この点についてはは、すでに調麻佐志が、「風評被害」という言葉の濫用は、本来の東電や国の責任を曖昧にしてしまうことにつながりかねないと、次のように述べていた。

（原発事故による）農林水産品汚染の第一義的責任は東電および政府にある。そうであるなら、産品が売れないことによる経済的被害の第一義的責任も東電および政府にあるだろう。風評被害という言葉の濫用は、この第一義的な責任を棚上げにしてしまう。（中略）風評被害という言葉は、本来「安全」なもの、すなわち、実態に基づいていい換えるならば、「政府の設定した暫定基準値を（おそらく）下回る汚染レベル」の食品を購入しないことによって経済的な被害者が発生することを意味し、暗に購入を躊躇する消費者が「加害者」であることが示唆されてしまう。（調 2013：74–75）

だとすれば、本来「安全であるといえない」ような汚染の恐れのある商品を買い控える行為の帰結にまで「風評被害」という呼称をもちいることは、加害責任の一層の棚上げとなるどころか、消費者にたいして東京電力や国の事故責任を転嫁することにほかならない。

第二には、「放射線安全論」との関連にかかわる問題である。

政府の機関である原賠審が、「放射線安全論」に強く拘束されていることは、すでにみてきたところである。そのため原賠審は、損害賠償の枠組みを策定するにあたって、「風評被害」の項目において、「放射線物質による汚染の危険性」には着目するものの、その危険性を認識するのは、あくまで「(基準とする)平均的・一般的な人の心理」の水準にとどまっており、原賠審として、現実の汚染の危険性の有無やその程度にかんする独自の判断をくだすところまでは踏み込もうとしていない。

もしかすると、その点が、原賠審が「風評被害」という用語を使っている理由の一つかもしれない。それは、生産者からみれば、「風評被害」という命名によって、商品の安全性(もしくは、少なくとも安全性のイメージ)が担保されるという利点にもなっただろう。ともかく、こうした経緯によって、「中間指針」における賠償項目では、たとえば避難指示の遅れやヨウ素剤の服用指示の欠落等による「放射線被曝による損害(健康被害)」がまったく考慮されない内容になっており[13]、その点で、(当然とはいえ)政府の主導する「放射線安全論」の枠組みから一歩たりとも外へ出るものではないといわざるをえない[14]。

4　「風評被害の差別論」批判

「根拠のない風評」の根拠のなさ、あるいは政治《ポリティクス》としての「事実の解釈《リアリティ》」

『DAYS JAPAN』(二〇一四年七月号・八月号)が、チェルノブイリや福島において実施した原発事故後の住民の健康状態にかんするアンケート結果を掲載している。

それによると、「事故後一週間に体に感じた変化」について尋ねたところ、チェルノブイリでは、原発周辺の複数自治体住民(年齢等の情報はなし)のうち、「鼻血が出た」に二割前後、「異常な疲労感を覚えた」に六割前後の回答があったという。また、福島でも同様な質問にたいして、「鼻血が出た」に子どもの二割弱、「異常な疲労感を覚えた」に大人の五割弱の回答が、また、「事故後二週間から現在までに体に感じた変化」として、「鼻血がでることが増えた」に子どもの四割弱の回答があったという[15]。

また、福島県によって原発事故後から行われている「県民健康管理調査」では、本格的なアウトブレイクが来年（二〇一五年）以降に予想される甲状腺がんについて、すでに多数の症例が報告されている。福島県県民健康管理調査検討委員会の発表したデータ（二〇一四年二月）によると、その内訳は、二〇一一年度分（原発の近隣市町村）について一四例（四万一五六一名中）、一二年度分（中通り地域）について五〇例（一三万九二三九名中）、一三年度分の一部（福島南東部・福島北東部）について一〇例（八万八五五四名中）の、計七四例に達しているという（津田 2014：279）。

それらのデータ分析をおこなった津田敏秀は、甲状腺がんの多発と原発事故との因果関係を否定するさいに援用されてきたスクリーニング効果説を批判しつつ、次のように二〇一四年の三月時点で結論づけていた。

> 福島県における甲状腺がんの発生は、外部比較による発生率比の著しい上昇がこれまで示されてきたが、今回、内部比較でも被ばく量に沿ったと思われる有病オッズ比の明瞭な上昇がみられた。これは、スクリーニング効果だけでは、甲状腺がんが数多く発見されているという多発を説明することがまったくできないことを示しており、今後福島県において、放射線被ばくによるがん発生に対する対策立案とその実行の必要性が強まったと言える。（傍点引用者）（津田 2014：282）

そうして、「100 mSv（一〇〇ミリシーベルト）以下で被ばくによるがんが発生することは、理論的にも、あるいは診断放射線、原子力施設周辺の被ばく等々数多くの報告から、経験上も示されている」（（ ）内引用者）としたうえで、彼自身が二〇一三年五月にいちはやく福島での甲状腺がんの「多発」を指摘したさいに対策として提唱した診断範囲の拡大や医療体制の確立といった事項（津田 2013）について、より具体的な提案（たとえば、原発事故発生時点での一九歳以上への検診対象者の拡大、福島県のみならず隣接する栃木県・茨城県・宮城県南部への検診地域の拡大、甲状腺以外のがんやがん以外の疾患への調査や対策の立案、来年以降の多発の可能性に備えた医療資源の点検と装備等の提案）をするとともに、今回のデータ分析から得られた新情報、すなわち、空間線量が高い地域に住み続けることが発がんにもたらす影響の問題にふれながら次のような新しい提案を行っていた。

> （空間線量の増加が発がんに影響していると考えられる地域については）妊婦、乳児、幼児、小児、青年、妊娠可能性のある女性という優先順位で、避難も含めたさらなる放射線防護対策の検討がなされるべきである。全住民の避難等には困難な課題が多いが、実現可能な部分から少しだけでも実行が試みられるべきである。少なくとも、20 mSv以下の地域に検討されている若年層も含めた帰還計画は延期すべきである。帰還計画が「100 mSv以下の被ばくでは放射線によるがんが出ない」という誤った考え方にもとづいているのならなおさらである。（傍点引用者）（津田 2014：282）

さて、このような情報をえたあとでは、私たちは、「鼻血や疲労感で苦しむ人が大勢いるのは被ばくしたから」「福島では、同じ症状の人が大勢いますよ」「今の福島に住んではいけない」「福島を広域に除染して、人が住めるようにするなんて、できないと私は思います」といった『美味しんぼ』の作中人物の発言を、「根拠のない風評」と切り捨てることなどもはやできないのではないか。むしろ、これらの発言にたいして「根拠のない風評」と論難する側にこそ「根拠のない」ことがいまや明瞭になってきたとさえいえる。

とはいえ、こうした形で、『美味しんぼ』への批判が的外れだったことが明らかになったとしても、現政権にとってはさしたる痛手とはならないだろう。なぜなら、「原発事故により放出された放射性物質に起因する直接的な健康被害が確認された例はない」「住民の放射線被曝と鼻血に因果関係はない」といった科学的立場にたつ専門家は依然として今日も多数存在しているわけだし[16]、たとえ甲状腺がんがアウトブレイクしたとしても、政府が原発事故との直接的な因果関係を否定し続ける限り、健康被害問題は（長期にわたる裁判闘争をつうじて賠償問題とともに）

未来に丸投げされることになり、結局のところ、現政権の維持存続という短期的目的にとりたてて支障とはならないからである。

むしろ、現政権がめざしている究極目標は、原子力政策の維持、さらには一層の推進であって、そのためには、放射線被曝による健康被害の問題が表面化してもはや否定しようがなくなるまでのあいだに、原発の再稼働や新設、核燃料サイクル事業の進展、電力自由化後の原発への優遇措置の策定等々といったかたちで既成事実を着々と積み重ねておくことこそが、彼らの戦略であるようにみえる。

そのような目的にとって、「放射線安全論」とならんで「風評被害」という言葉がいかに有効であるかは、この小論でみてきたとおりである。

すなわち、「風評被害」という名づけの歴史が明らかにしているのは、「現実」や「事実」の解釈が、科学《サイエンス》であるよりもはるかに政治《ポリティクス》であるということであった。それは、そもそも「風評被害」という用法が、（「放射線安全論」に典型的なように）他者による事実の解釈を別の立場から強硬に（非難をこめて）否定するという効果をもつ点に、端的にみてとれよう。しかも、そのように強権的に事実の解釈を覆すにもかかわらず、そのさいに、その根拠（ないし基準）がはっきりと明示されることはなかったのである。

その意味で、「風評被害」という名づけの行為は、①「根拠の明示されない『事実の解釈《リアリティ》』」を、②「強圧的に他者に押しつける」という二重の意味において〈傲慢さ〉をまとった行為だといえる。(17)

「放射線安全論」と差別の生成

甲状腺がんで手術した人は、裁判をおこしていてもおかしくありません。しかしむしろ、甲状腺がんで手術している人も、そのことを隠している状況です。実態を知りたいので、アプローチしたいと思っていますが、表に出たくない、と。それはこの問題の本質でもあると思います。福島県出身で、手術跡があるとなれば、チェルノブイリのときのようにひっそりと生きていかなければいけないというような、差別がおそれられているという状態なのだと思います。（今西他 2013：1379）

これは、福島県でボランティアの健康相談会をつづけている小児科医、山田真の言葉である。さらに、次のような甲状腺がんの手術をおこなった子どもの父親の証言によれば、こうした差別は、たんに人びとの心（差別意識！）の問題などではなく、その発生に行政や医療者がかかわっている点で、なんらかの政策的な背景があることがみえてくる。

震災三年目のときに、甲状腺の手術を受けた子どもの母親が、テレビに出ていろいろ話したらしい。そしたら、息子の手術をしてくれた医者から電話があり、『お前のところが取材を受けたんだろう』『そういうことをされては困る』と疑われ、ひどく迷惑したんだ。（青沼 2014：182）

こうした事態が生じてしまうのは、端的にいって、政府が「放射線安全論」のタテマエを頑なにくずそうとしないからである。そのために、行政や医師たちの側も、甲状腺がんの患者についての情報を公にしにくくなる。そのあげくの果てに、患者が存在しているという事実自体がタブー視されていく……。

私たちは、いま、まさに、甲状腺がんの患者の人たちにたいする差別が生みだされようとしている、その歴史的現場に立ち会っているといっても過言ではない。

ただし、ここでいう差別とは、露骨な差別意識をもっている人たちによっておこされる意図的な差別とは違っている。それは、「放射線安全論」というある意味、アカデミックで専門的な立場に、権力をもっている人たちが立ってしまうことによって意図しないところで引き起こされてしまう差別なのである。

したがって、医師や行政や科学者や政治家や国民のうち、だれ一人として、甲状腺がんの患者にたいして、差別しようとか、差別されても当然だ、などと思っている人はいない。それにもかかわらず、現に、病気のことを表にだせないとか、表に出したらだしたで、冷たい目で見られるといったかたちの差別が生じてしまっている。このような「私たちが、ある種の関係性のなかにおかれると、個々人のなかの偏見や差別意識の有無とは無関係に、差別に加担させられたり、差別を引き起こしてしまうことがある」という側面に着目することらよって、私は、こうした現象を「構造的差別」と呼んでいる（三浦 2006a）。

とはいえ、構造的差別は、そんなに珍しい現象ではない。むしろ、あらゆる差別は、本質的に、こうした構造的差別の側面をもっている。

たとえば、原発事故による汚染や被害を語ることは、福島県民を傷つけるとか、失礼である、差別である、といった議論があった。そして、そうした議論は、さらに、経済的損失をもたらすとか、県への風評を助長するのでケシカランという方向へ展開していった。しかしながら、じっさいに汚染や被害の実状をみてくると、むしろ、そのように一見したところ福島の人びとへの差別を批判しているかのような議論こそが、結果として、甲状腺がんの人たちへの差別や無理解を助長していることが明らかになってきた。

さて、それでは、このような構造的差別による被害（こうした事態こそ、言葉の真の意味で「風評被害」だと私は考えているが）を防ぐには、どのようにしたらよいのだろうか。

第一には、「根拠のある重要な事実」（たとえば、「汚染の実態」や「避難の必要性」がそれにあたろう）については、遠慮せずに堂々と語っていくべきだということである。もしも、それで人を傷つけたり、失礼だと感じさせたりすることがあったとしても、それが事実である限りは差別に至ることはないし、また、相手の人たちも時とともにその意味がわかって理解してくれるだろう。最悪なのは、「根拠のない事実」（「放射線安全論」！）を語ることによって、差別を生成したり助長したりすることである。

第二には、このような放射線被曝にかかわる構造的差別に対処していくためには、過剰にパターナリスティックな発想（「不安を解消する」「パニックを起こさせない」）にまかせるのではなしに、むしろ、私たちはまさに今、どのような危険や差別と間近に向き合っているかを認識しながら行動すること（そのような生の倫理を、私は「エッジを歩く」と表現している）が重要であろう（三浦 2009b；Miura 2014）。じっさい、原発事故の後に支援物資を受けとるために屋外に子どもを長時間並ばせて被曝させてしまった母親たちは、後悔とともに、「ただちに健康に影響はありません」ではなく、「（放射能の影響は）まだわからないから注意して」とか「飛散した放射性物質に注意してください」と言われていれば、今の不信感はなかったと述べている。(18)

私たちは、原子力発電というある種の環境政策が、このように身の回りに新たな差別を生成させつつあるという現実を直視する必要がある。じつは、その要因をなす低線量被曝や内部被曝の危険性への過小評価という事態もまた、原子力政策の推進にとって重要な戦略の一つであったことが、放射線被曝の歴史のなかで明らかにされてきた（中川 2011）。その帰結が、このたびの福島の子どもたちや若者たちの原発事故による被曝であるが(19)、同時に、50万人に達するといわれる原発労働者にたいする杜撰な放射線管理や安全教育の不徹底といった問題を引き起こしてきたことも忘れてはなるまい（八木 1989；樋口 2011；石丸他 2013；三浦 2013 本書第2章）。

風評被害という認識とその名づけが、放射線の健康被害を無化ないし過小評価するという点において、低線量被曝や内部被曝問題を隠蔽してきた原子力政策の正嫡であったことは、今や明らかである。そして、何よりも重要なのは、風評被害という名づけの〈傲慢さ〉は、たんにその強権的な側面のみに存在するのではなく、「根拠の明示されない『事実《リアリティ》の解釈』」（「放射線安全論」）への「信頼」を醸成してきた、私たち自身の〈傲慢さ〉でもあった、という点であろう。

注

（1）『週刊ビッグコミックスピリッツ』No. 25：397–8（2014. 6. 2.）.

（2）『朝日新聞』二〇一四年五月一三日朝刊、五月一八日朝刊（いずれも、大阪本社版）より引用。

（3）この試みを遂行するにあたっては、『環境社会学研究』第一八号の特集「環境社会学にとって『被害』とは何か」および第一九号の特集「複合過酷災害への応答——加害・被害の観点から」の二つの特集から、「風評被害」について論じるためには、「被害」問題についても同時に正面から検討していかなければならないことを教えられた。この論考では、「被害」と「風評被害」との裏表の関係を分析するための、私なりの枠組みを提示したい。

（4）この点については、原子力損害の賠償に関する法律にもとづいて、補償すべき被害の範囲に関する指針を決定するために文部科学省に設置された原子力損害賠償紛争審査会によって示された「中間指針」（二〇一一年八月）においては、政府による指示ないし自治体による要請のもとに避難した場合についてのみ賠償金の支払いが検討されていたこと、および、「中間指針追補」（二〇一一年一二月）において「自主的避難等対象区域」が新たに設定され、自主避難等について賠償の範囲が広げられた背景には、被害住民による粘り強い補償要求運動があったこと（大島・除本 2012；除本 2013）、などがその証拠である。

（5）同じ物事を見ているはずなのに、置かれた立場によって物事の見え方が変わってくるという事態に着目する現象学的アプローチから、「環境問題」と「差別問題」の複雑な絡まり合いを解きほぐそうとしたものに、三浦（2009a）がある。

（6）たとえば松田美佐は、風評被害を、「あらゆる情報に基づいて個人が採用する『合理的行動』が引き起こす予期せぬ結果」として、すなわち「予言の自己成就」という合理的選択理論に依拠して定義を試みているが、そうした観点から描かれる風評被害は、「報道などから得た情報をもとに個人が合理的に推測し、行った判断が的外れだっただけ」といったかたちで、松田の意図とはべつのところで、風評被害の原因を「消費者の失敗」に帰責することに加担してしまっているといわざるをえない（松田 2014：235–236）。

（7）『朝日新聞』二〇一一年三月一六日付　朝刊　五頁　聞蔵Ⅱビジュアルより引用。

（8）『毎日新聞』二〇一一年三月二〇日付　東京朝刊　社会面二三頁　（　）内引用者補足。

（9）こうした状況における消費者の「リスク回避行動」への対応として、NHKスペシャル「日本新生」取材班（2012）や五十嵐他（2012）は、みずからの生産物にかんする放射能濃度を測定して消費者に積極的に公開している生産者の実践を報告していて大変興味深かった。

（10）ただし、「食の安全を確保し」あるいは「食の安全を保ちつつ」といった新聞記事内の表現をもって、「安全かどうか」の確認作業も抽出調査では同時に含意されていたのではないか、と疑問を抱かれる向きもあるだろう。しかしながら、ここで政府のいう「食の安全の確保」とは、食品が安全であるかどうかを確認することではなく、食品が安全であることを確認することだった。こうした発想こそ、福島県の「県民健康管理調査」などの他の「放射線安全論」に依拠した政策に共通して見受けられるものである（日野 2013）。

（11）ここでの「ほんの数行」の内容は、「本件事故の復旧作業等に従事した原子力発電所作業員や自衛官、消防隊員、警察官又は住民」の損害が対象とされているのみで、避難の遅れや安定ヨウ素剤の服用の欠落等によって住民が受けた放射線被曝による損害等については、まったく触れられていない。

（12）注（4）を参照のこと。

（13）この点について、『国会事故調査報告書』は、「本事故後の各市町村の対応において、住民に対してヨウ素剤の服用指示がなく、住民の初期被ばくの低減措置が取られなかった責任は、緊急時に情報伝達に失敗した災害本部事務局医療班と安全委員会、そして投与を判断する情報があったにもかかわらず服用指示を出さなかった県知事にある」としている（東京電力福島原子力発電所事故調査委員会 2012：414）。

（14）なお、原子力損害賠償紛争解決センターがホームページで公開している「和解案提示理由書」や「和解事例の抜粋」をみても、この傾向はいささかも変わっていない。

（15）チェルノブイリの調査では、回答者数は二万人を超えている（七月号）。福島の調査は、大人約二〇〇人、子ども約一五〇人から回答をえている。なお、このデータは「福島の母四四〇人の証言集　福島原発事故後の生活・子どもの健康」にまとめられている（八月号）。

（16）たとえば、福島県で「県民健康管理調査」を実施している福島県立医科大学も、原発事故による放射線被曝と甲状腺がんとの因果関係を認めていない。

（17）そうした行為の典型は、安倍首相によるＩＯＣ総会（二〇一三年九月七日於ブエノスアイレス）での発言（「汚染水による影響は、福島第一原発の港湾内の〇・三平方キロメートルの範囲内で、完全にブロックされています」）に端的にみることができる。この発言によって、原発からの汚染水の流出にたいする国際的な懸念を権力的に封じ込めることに一時的には成功したが、じっさいには、汚染水の流出は続いていることが明らかになっている（神田 2013a, 2013b）。

（18）『DAYS JAPAN』八月号（二〇一四年）。

（19）なお、その後の動勢については、日野・尾松（2017）、榊原（2021）、吉田（2023）を参照のこと。

第2部

〈問い〉と〈対話〉としての社会史

第4章　歴史は逆なでに書かれる

――オーラル・ヒストリーからの社会科学認識論

1　歴史叙述《ヒストリオグラフィ》の一形式としてのオーラル・ヒストリー

この小論は、オーラル・ヒストリーと社会科学的な認識との関連について考察しようとする試みである。(1)

オーラル・ヒストリーとは、簡略に定義づければ、〈過去の出来事にかんする体験や伝聞をもとに語られる歴史〉のことである。しかしながら、「オーラル・ヒストリー」の用法は多岐にわたっているので、あらかじめこの語の用法をつぎの三つに区分しておきたい。

(1)　使用される言語が音声言語であって、しかもそれによって表出された内容が、文字化以前の段階にある歴史叙述（口頭での歴史語り）

(2)　上記(1)から得られた歴史的データ（音声データのみならず文字化されたデータも含む）

(3)　上記(2)を用いて文字によって書かれた歴史叙述

じっさいには、歴史学においては、オーラル・ヒストリーが、純粋に（1）の意味で使用されるケースは少なく（むしろ、人類学で展開されてきた「無文字社会の歴史」などがこれにあたろう）、（2）ないし（3）の意味で用いられることが多い。ただし、本章においては、オーラル・ヒストリーによってもたらされるデータから、どのような「事実」が明らかになるのかに焦点をあてることになるので、むしろ、この（1）の側面が重要になる。

そして、この（1）の側面に着目することによって、私たちはオーラル・ヒストリーという歴史叙述（historiography）の形式上における特徴を、つぎのように指摘することができる。

第一に、音声言語によって叙述された（＝語られた）歴史であるがゆえに、その内容や表現が、語られる場の構成（どこで、だれにむけて語られたか）や時間的な文脈性（いつ、どのような状況において語られたか）に大きく依存することになる。したがって、同じ話者であっても、場所が変わったり、時間が経過するなかで、語られる内容が変化していくのは、それ自体が、口述による叙述形式であるという性質上、しごく当然なことなのである（叙述内容の一回性と可変性）。

第二に、話者にとっての個人史的な要素がふくまれることをつうじて、語り手のパースペクティヴ（問題関心）や個性、さらには当事者性が前面にでることが多い。また、主として当事者によって保持されていた記憶（my story ないし our story）にもとづきながら語られるという点では、「歴史」の原義である his-story（他者についての歴史）が誕生する以前の段階にある、ということもできる。逆にいえば、オーラル・ヒストリーは、「歴史」の未生の場所において営まれている、あらたに「歴史」を生みだそうとする創造的な実践として性格づけることもできよう。

第三に、現在を起点として、過去へさかのぼっていく叙述スタイルがとられることが多いという点があげられる。それは、「わしが、もっと若かったころの話やけどな……」とか「いま、こうやってふっと思い返してみると……」といった定型的な文句が歴史語りのはじめに決まってさしはさまれるところに、端的にみてとることができる。

このような特徴をあげてみると、私たちは、オーラル・ヒストリーというものが、自分たちがよく知っている歴史の概念とは、ずいぶん異なった相貌を呈していることに気づかされないだろうか。

それもそのはずで、先ほどあげた（1）の用法に従うかぎり、オーラル・ヒストリーにおいて叙述された（＝語りだされた）内容は、語られた瞬間からもう、音声の消滅とともに聞き手のなかに断片的な記憶を残すのみで消えさりはじめている。たとえ、録音をしたとしても、再話は何度でも可能であるからそれが唯一のバージョンとはならないし、語られるたびに内容が変化するのであれば、どれが確定版であるともいいがたいといった、研究者からみるとなかなか難しい性格をそなえている。

じつのところ、実証主義的な立場においては、もっぱら記憶に依存しながら生みだされるオーラルなデータが身にまとうこうした曖昧性や可変性といった性質は、歴史研究における大きな弱点とみなされてきた。それゆえに、いまだにオーラル・ヒストリーは、方法論的に歴史学の鬼子の位置におかれているといっても、さほど間違いではないだろう。

しかしながら、歴史学のなかでも、民衆史や社会史の登場とともに、厳密な史料批判に依拠した実証主義歴史学が、当初から文書史料の豊富な政治史や外交史の領域に偏りがちであったことへの批判が提起されるようになってきた。

たとえば、社会史家の二宮宏之は、そうした実証主義歴史学に特徴的な歴史的思考のあり方を、認識論的側面に着目しながらつぎのように分析している。

先に引用したフェステル［ド・クーランジュ］の主張にも見られる通り、実証主義の歴史家にとっては、歴史はただただ史実確定の作業なのであり、すべては知ることにおいて終るのであった。そして、この知るための手段として、彼らはもっぱら文書史料に依拠したのであった。このような歴史にたいする態度から、彼らの歴史認識には、いくつかの特徴的な傾向が生まれることになる。

第一には、文書史料によって確認されるのは、一般に、一つ一つの孤立した史実であるから、それらはすべて相互の関連性なしに個々ばらばらなものとして捉えられてしまうこと。

第二には、文書の形で記録に残りやすい、歴史の表層に現れる事件が注目され、歴史がもっぱら『事件史』――具体的には政治史や外交史――として構成されがちであること。

第三に、進化論的思考・決定論的思考の暗黙の影響の下に、個々の事実の因果連関が、単なる時間的前後関係に還元されてしまい、歴史が、継機する諸事実の記述としての『編年史』と化してしまうこと。その結果として、諸事象の説明原理は、もっぱら『起源論』あるいは『系譜学』のうちに求められていること。（傍点原著者）（二宮 1986, 24）

ここで二宮は、実証主義歴史学が、歴史叙述をおこなうにあたって「史実」確定の水準におけるある種の「厳密さ」を追求してきた代償として、歴史の「説明原理」の水準において、「個々の事実の因果連関が、単なる時間的前後関係に還元されてしま」うといった短絡や、その結果としての「『起源論』あるいは『系譜学』」による説明への依存が認められる、という指摘をおこなっている。

この「史実」確定の水準と、歴史の「説明原理」の水準とを、分析的に切り離して考えようとする二宮の視点は、私たちの視界を一挙に明るくしてくれるように思われる。

というのも、たしかに、オーラル・ヒストリーから得られたデータは、実証主義的な意味での史料批判には耐えられないかもしれない。

しかしながら、私見によれば、オーラル・ヒストリーという歴史叙述の一形式のなかには、私たちが歴史という存在を、さらにはその歴史を生みだしている現代社会を理解するうえで、従来の実証主義的な研究の厳密さが見逃してきた、あるいは、そもそも実証主義的研究によっては把握困難であるような、ある種の「説明原理」が内在しているように思われるからである。

したがって、次節では、実証主義歴史学とオーラル・ヒストリーの歴史叙述にたいして異なった「説明原理」をもたらしている、それぞれの時間意識を比較検討することからはじめることにしたい。

2　歴史叙述を嚮導《きょうどう》する二つの時間意識

私たちの日常的な感覚においては、歴史といえば、過去から現在へと連綿とつづくものとしてイメージされている。

それは、なぜだろうか。

私は、そこに私たちの歴史認識か形成されるさいの、実証主義歴史学からの奥深い影響を認めないわけにはいかない。それを確認するためには、実証主義的歴史の普及版、ないしは啓蒙版である歴史教科書をひもといてみるのが手っ取り早かろう。

じっさい、「日本史」とか「世界史」といった教科書に書かれている歴史には、つぎのような一つの明確な特徴が認められる。

それは、多種多様な歴史教科書の目次を比較すると一目瞭然なように、すべての歴史教科書が、原始→古代→中世→近世→近代→現代という一方向的かつ単一な時間軸にのっとって記述されている、という点である。

じっさいに、歴史教科書をひもといてみると、数千年、いや、数万年前に人類史の起点があり、それ以降、現代

図4－1　（実証主義的歴史における時間意識）

に至るまで人類あるいは（諸）国民の歴史が連綿とつづいているかのように描かれている。そこでは、歴史というものが、過去から現在に至る単一な時間の流れであることは、もはや自明なこととみなされている。

そのような、実証主義的な歴史における時間意識を図示すると、以下のようになるだろう（図4-1）。

そして、私たちは、このような歴史的時間の感覚に慣れきってしまい、たとえば、歴史的な事件Aが起こった原因を、歴史年表にある直近の事件Bや事件Cに求めるような思考様式を、学校教育のなかで、無意識のうちに身につけてきはしなかっただろうか。これが、二宮のいう「進化論的思考・決定論的思考の暗黙の影響の下に、個々の事実の因果連関が、単なる時間的前後関係に還元されてしまい、歴史が、契機する諸事実の記述としての『編年史』と化してしまうこと」の、典型的な例にあたるだろう。

それではつぎに、実証主義的歴史における時間の流れ（図4-1）にたいして、あたかもそれに逆行するかのような反対方向の時間の流れ、すなわち、オーラル・ヒストリーに特徴的であるような現在から過去へむかう時間の流れについて考えてみよう。

現在から過去へとむかう時間の流れを私たちがいきいきと実感するのは、わすれていた記憶が、なんらかのきっかけによって、とつぜん意識にのぼってくるようなときだろう。たとえば、高校の同窓会で久しぶりに出会った級友たちとの語らいのなかで、高校生活における様々な出来事がまるで昨日のことのようにありありと思いだされるように……。あるいは、現代のいじめ報道にふれたのをきっかけにして、昔、小学校時代に塾で受けていたいじめの記憶がなまなましく甦ってくるように……。

こうした記憶が想起されるメカニズムを社会学的に考察したモーリス・アルヴァックスは、私たちが営んでいる社会生活自体が、記憶を生成させ、かつ、変容させる力をもっていることを、つぎのように指摘している。

> 子供は成長するに従って、とくに成人になると、最初のうちはそのことにはっきり気づかないでいるにしても、より明確で反省的な仕方で、彼が属しているこれらの集団の生活と思考に参加するのである。彼がその過去について抱く観念が、それによってどうして変様されないでいられようか。彼が獲得する新しい観念、事実についての観念、あるいは反省や考えが、どうして彼の想い出に反作用しないでいられようか。われわれが何度も繰り返し述べたように、想い出とは大部分、現在から借用した所与の力を借りて過去を再構成することであり、その一方では、以前の時代になされた別の再構成によって準備された過去の再構成である。そのためかつてのイメージは、すでに著しく変えられている。たしかに、記憶によってわれわれは、われわれの昔の印象のあるものと直接再びつながりを持つのだとしても、想い出は定義上、われわれが物語や証言や他人の打ち明け話などの助けを借りて反省することにより、われわれの過去のあるべき姿について思い抱く多かれ少なかれ正確な観念とは、区別されるのである。(傍点引用者)(アルヴァックス 1989：72)

ここで述べられているのは、記憶のメカニズムであるとともに、私たちが前節で確認してきたような、その歴史叙述が記憶への準拠を特徴とするオーラル・ヒストリーのメカニズムにかんする指摘でもあるといってさしつかえないだろう。とりわけ、記憶が、過去についての「正確な観念」ではなく、「現在から借用した所与の力を借りて過去を再構成すること」であるという主張は、オーラル・ヒストリーの本質をとらえており、後論との関連で重要である。

ただし、ここでは、実証主義歴史学の時間意識との対比のもとに、オーラル・ヒストリーを駆動させている時間

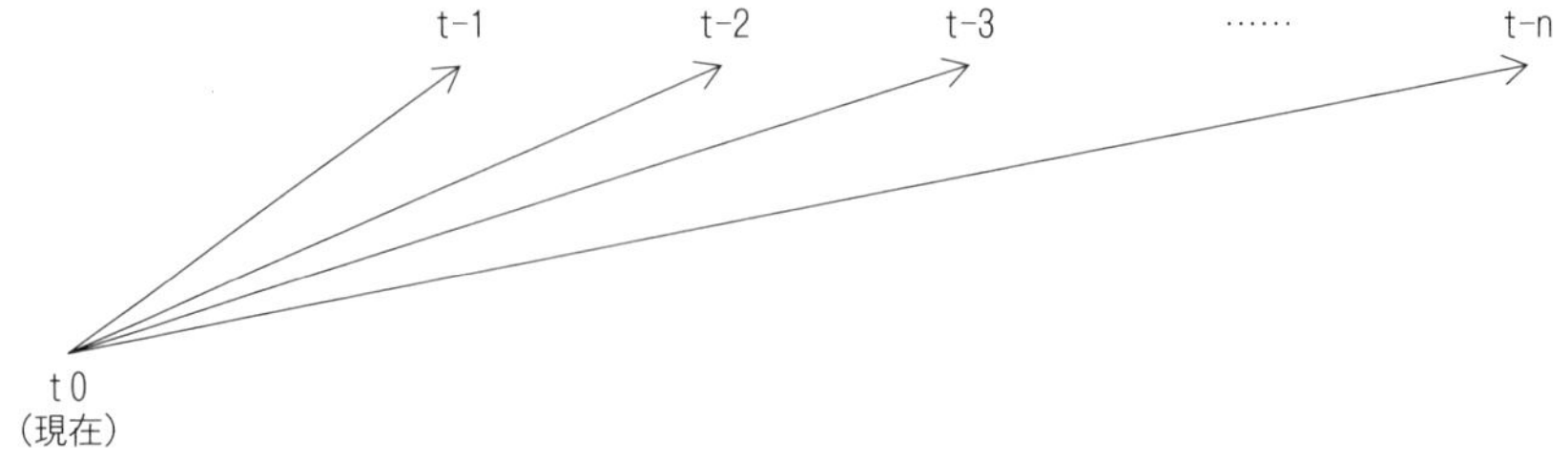

図４－２　（オーラル・ヒストリーの時間意識）

意識の特徴を押さえておきたい。

アルヴァックスによれば、記憶とは、現在からする「過去の再構成」のことである。したがって、記憶を想起するときには、それが過去のいかなる時点の記憶であろうとも、想起者、そして、オーラル・ヒストリーの語り手がいだいているのは、つねに、過去のそれぞれの時点へと向かう現在を起点とした時間感覚である。そうした、オーラル・ヒストリーの時間意識を図示すれば以下のようになるだろう（図４－２）。

このような時間意識に依拠するオーラル・ヒストリーが、どのような「説明原理」を内在させているかを問うのが、私たちにとってのつぎの課題である。

そのまえに、あらためて、図４－１の実証主義的歴史における時間意識と図４－２のオーラル・ヒストリーの時間意識とを見比べていただきたい。

過去から現在へとむかうたった一本の時間と、現在から過去へと放たれた無数の時間。

これは、さながら、オーラル・ヒストリーが、実証主義的な歴史的時間を逆なでているようではないか。

３　歴史を〈逆なでる〉ということ

私は、「歴史を逆なでる」という表現を、イタリアの社会史家カルロ・ギンズブルグの論集『歴史を逆なでに読む Leggere la storia in contropelo』から、すこしばかり変形＝拡張したかたちで借用している。そして、じつは、当のギンズブルグ自身も、この言葉を最初につかったドイツ生まれの哲学者ヴァルター・ベンヤミンの用法を、フランスの社会史家マルク・ブロックの影響のもとにいささか変更して用いていると述べていた。

このように書くと、なんだかそうそうたる研究者の後塵を拝しているようで面映ゆいが、ギンズブルグの日本語版論集を編んだ上村忠男によると、本書の表題は著者が希望したものではあるが、「[訳語における]『逆なでに(in contropelo)』という破格表現の使用については他に妙案が思い浮かばなかっただけで、特別な理由はない。寛恕願いたい。」(ギンズブルグ 2003：301)とあるので、もしかすると、この訳語に魅せられてしまった私の日本語感覚の方にこそ問題があったのかもしれないのだけれど。

それはともかくとして、この論集によせた序言のなかで、ギンズブルグは「逆なでに読む」という表現の由来について、つぎのように述べている。

> 「歴史を逆なでする」というのは、ヴァルター・ベンヤミンの歴史哲学テーゼのひとつに出てくる言葉である。わたしはマルク・ブロックの没後に出版された著書『歴史のための弁明あるいは歴史家の仕事』の一節を考慮して、この言葉に少しばかり変更をくわえて採用する。中世における人びとの生き方と考え方にかんする証言を聖人伝のようなまったく別の目的のために生まれたテクストのうちに探し求めることは、ブロックによれば、「データにたいする知性の大いなる復讐」をなしている。そして、これこそは、証言の音域を拡大して、特定の史料が生産された地平の内部に閉ざされたままでいるのを避けようとする、歴史家たちの傾向を特徴づけているものなのであった。異端裁判記録についてのわたしの逆なで的な読みと、この経験によってうながされた省察とは、ブロックのきわめて密度の濃い考察のなかに込められていたもろもろの含意を——完全に自覚していたわけではないにせよ——体系的な仕方で展開させたものであったと、いまではわたしは考えるにいたっている。(傍点引用者)(ギンズブルグ 2003：8)

ギンズブルグが、「逆なで的な読み」という表現をもちいるとき、その念頭にあったのは、史料を解読する方法のことであった。彼は、中世のベストセラーであった聖人伝を、カトリック教会による聖人崇拝を拡大しようとする意図とは異なった観点から読むことによって、そこに、当時の人たちの心性（どんな考え方・感じ方をしていたのか）を知るための比類のない史料的価値を見いだすことができるとするブロックの主張に同意しつつ、史料にたいする「復讐的」ないしは反逆的な読みの重要性を強調する。

ここで批判の対象になっているのは、研究者が無心に（先入観なしに）史料を読み込むことによって史料自体に語らせるという、実証主義歴史学の方法である。そのような史料批判の方法では、史料をそれが「生産された地平の内部」に閉ざしてしまう、というのがギンズブルグの危惧するところであった。

それでは、史料をそれが生産された地平から解放することを目的とした、「（史料を）逆なでに読む」行為とは、ギンズブルグにとっては、具体的にどのようなものだったのだろうか。

その点にかんして、つぎに、ギンズブルグが、一六・一七世紀の異端裁判記録を解読することをつうじて著した『ベナンダンティ』（ギンズブルグ 1986a）を例にひきながら、「（史料を）逆なでに読む」行為について回顧的に説明している箇所を引用することにしたい。

なお、ギンズブルグのこの研究は、サバトや悪魔との契約、性的オージーといった悪魔的魔術の観念は、聖職者から農民へ一方的に注ぎ込まれたものであるとするノーマン・コーンらの通説にたいして、悪魔学的観念の受容にあたっては、農民が保持している民俗レベルの農耕信仰が重要な役割を果たしていたことを指摘しただけではなく、のちには、そうした悪魔的魔術の観念の創出にも生きた農民信仰がかかわっていたとする新たな観点を呈示している。ただし、こうした論点については本書の次章（第5章）を参照していただくとして、ここでは、ギンズブルグのいう「史料を逆なでに読む」ことのもつ意味に迫っていきたい。

> そこでわたしのケースについて振り返ってみるならば、問い——魔術の嫌疑で告発された女や男たちの信仰内容、そしてあったとすれば行動様式は、どのようなものであったのか?——がまず最初にあり、これにつづいて、じつに豊富な史料、二世紀以上にわたってフリウーリ地方の異端裁判所によって積み重ねられてきた記録作業との出会いがあったことがわかる。しかしながら、その記録作業は迫害を目的として生産され利用されてきたものであって、わたしの目的とは遠く隔たったものであった。それどころか、いくつかの面で、正反対のものであった。したがって、わたしは史料を逆なでに読むすべを学ばなければならなかった。すなわち、それらを生産してきた者たちや利用してきたものたち——一方では異端裁判官と裁判所の書記、そし他方では(まれにではあるが調書のコピーを入手することができた場合には)弁護人と被告——の意図に逆らって読むすべを学ばなければならなかったのである。(ギンズブルグ 2003:7-8)

このように、ギンズブルグもブロック同様に、史料を生産したり利用した人たちの意図に拘束されずに(「逆らって」)読むことの意義を強調している。ただ、私がここで注目したいのは、彼らの意図に逆らうために、ギンズブルグが書物のなかで積極的に一六・一七世紀の異端審問官や農民たちとの対話を試みている点である[2]。

そして、あらためてここで、歴史の本質とはこのような〈現在と過去の対話〉であるということを想起しよう。そのうえで、二〇世紀後半の歴史家であるギンズブルグによって一六・一七世紀の史料が「逆なでに」読まれるというとき、私には、ギンズブルグが逆なでているのは、史料だけでなく、数世紀にわたる時間の流れそのものにみえてくるのである。じっさい、ギンズブルグは、つぎのようにも述べていた。

> ほぼ一世紀前、ベネディクト・クローチェは、歴史研究において重要なのは問題、つまりは、史料にたいして立てられる問いであって、この問いかけがなければ(実証主義者たちが素朴にも信じているのとは逆に)史料は沈

黙したままであろう、と書いた。（中略）今日では、これらの言明は一面的に映る。たんなる問いからだけでもなければ、たんなる史料からだけでもなくて、両者の絡みあいのなかから、歴史家の仕事は生まれるのである。

（ギンズブルグ 2003：7）

したがって、歴史を〈現在と過去の対話〉としてとらえるとき、そこで交わされている対話とは、現代の「問い」をもって過去へと遡及した歴史家と、過去に生きた人びと、および（彼らが生産したり利用した）「史料」とのあいだの対話である、といえるだろう。

その意味で、歴史を書く＝語るという（歴史を叙述する）行為は、その本質において、〈（現代の「問い」をもって）過去を振り返る〉という実践を不可欠なものとしている。私が、ギンズブルグの「歴史を逆なでる」という表現に強く反応したのも、この〈逆なでる〉という表現に、〈（現代の「問い」をもって）過去を振り返る〉という実践を重ねて理解したからであった。

そして、じつは、私がこの論文でオーラル・ヒストリーの歴史叙述に着目したのは、オーラル・ヒストリーの叙述形式のなかに、歴史を〈逆なでる〉独特のメカニズムが埋めこまれていることを指摘するとともに、そのメカニズムを社会学的に分析するためであった。

しかも、そのメカニズムは、私には、歴史学にとってというよりは、むしろ、社会科学的研究にとってこそ、大きな意義をもつように思われるのである。

そこで、少々脇道にそれることは覚悟のうえで、つぎの節では、現代の原子力災害にかんする二つの社会科学的言説をとりあげながら、社会科学において〈歴史的思考〉が見舞われている認識の危機という混乱のただなかにおいて、オーラル・ヒストリー的な叙述形式が現代社会においてもつ意義を再確認して、最終的な分析へとつなげていくことにしたい。

4　原子力災害をめぐる二つの言説

つぎに引用する言説は、いずれも一昨年（二〇一一年）の春に発生した東京電力福島第一原子力発電所の過酷事故にたいして言及したものである。片や、政治的言説、片や、司法的言説といったように異なる領域に属するものだが、両者を比較することをつうじて、今日の社会科学が見舞われている〈歴史的思考〉をめぐる認識の危機の一断面が、いっそう鮮明に私たちのまえにたち現れてくるように思われる。

［言説1］

今後、原子力政策を進めていく上において、あの過酷事故によって、いまだに避難生活を強いられている方々がたくさんいらっしゃることを忘れてはならないと思います。その方々のお気持ちを常に念頭に置きながら政策は進めていかなければいけないと私は肝に銘じております。

当然、原発については安全第一が原則であります。その安全性については、原子力規制委員会の専門家に判断を委ね、新規制基準を満たさない限り、再稼働については再稼働しない。これが基本的な私たちの立場であります。

原発輸出については、東京電力福島第一原発事故の経験と教訓を世界と共有することによって、世界の原子力安全の向上に貢献をしていく。そのことが我が国の責務であると私は考えています。今般の中東や東欧への訪問においても、各国から我が国の原子力技術への高い評価があったのは事実であります。原子力輸出については、こうした相手国の意向や事情を踏まえながら我が国の技術を提供していく考えであります。（傍点引用者）(3)

［言説2］

わたしが一番驚いたのは、（東電福島第一原発の事故での）全電源の喪失なんです。これにはびっくりした。一時的な電源喪失なら、原発に関する国の審査指針も想定しています。ところが、すべての電源を失うということではないんですよ。わたしが原発訴訟を担当したときも、全電源の喪失はまったく頭にありませんでした。今回の事故が起きてから初めて知ったのですが、米国では、当然のように全電源喪失を想定しているそうですね。そういうことを知ると、裁判官時代のわたしには原発への関心や認識に甘さがあったかなと思うのです。（中略）福島の事故を見たあとの原発訴訟では、これまで想定しにくかったこと、あるいは想定したくなかったことまで考えざるを得なくなるでしょう。それと同時に、差し止め請求の場合の「危険の切迫」という要件も、従来のようなメルトダウンに至る切迫した「具体的危険」というような厳格なものではなく、もっとゆるやかなものになっていくと思います。（傍点引用者）（磯村・山口 2013：15, 33–4）

これら二つの言説は、どちらも福島での原発事故を、現在の時点にたって真摯に振り返ろうとしている（かにみえる）。にもかかわらず、言説のもたらす効果という点からすると、原発政策のあるべき将来像について、両者がまったく異なった方向性をめざしているのは明らかである。じっさい、前者が、原発の再稼働や原発輸出に積極的に取り組もうとする立場を公言しているのにたいして、後者は、原発の差し止め請求基準の緩和をつうじた脱原発への道すじを模索している。

今日、原子力災害にたいする事前から事後にわたるさまざまな対策の緊要性が社会的に共有されているなかで、なぜ、かくも大きな方向性の違いが、（それ自体が社会科学的な認識であると同時に、社会科学的な研究対象でもある）これらの言説上に生じてしまっているのだろうか。

とりわけ、ここで私が留意したいのは、「（原発における）安全第一の原則」や「世界の原子力安全の向上への（国家としての）貢献」という言明を背後で根拠づけている事実認識と、「原発に関する国の審査指針も（事故が起こるまで）全電源の喪失を想定していなかった」という発言を背後で根拠づけている事実認識とは、同じ「事実」といいながらも、じつは大きく異なる諸事実の集合からなっているように思われる点である。そして、かくも重要な事実認識の違いが、公然とつき合わされ論議されうるような場が、今日の日本社会において、どこにも存在しないという現状にたいして、私たちは、社会科学にたずさわる者として、もっと驚いてよいのではなかろうか。

たとえば、今年（二〇一三年）七月の参議院選挙においては、原発問題にかんする国民の関心は高かったにもかかわらず、原発のコストや安全性を吟味したうえでの国家の将来的なエルネギー政策上の原発の位置づけにかんする議論は、ほとんど争点にならなかった。その背景には、以下のデータからも読みとれるように、国民のなかで、脱原発への志向性と、「原発の活用」を経済政策（「アベノミクス」）にもりこんだ安倍内閣への支持率が、いずれも高くなっているというねじれの構造を見てとることができる。

原子力発電所を段階的に減らし、将来はやめることに賛成ですか。反対ですか。
賛成　72%　反対　21%
安倍内閣を支持しますか。支持しませんか。
支持する　71%　支持しない　18%
（朝日新聞世論調査、二〇一三年五月～六月実施）
『朝日新聞』二〇一三年六月二六日付　大阪本社版

この小論では、最終節において、このような事実認識にみられる相違や混乱を、たんに原発政策にかんするイデオロギーの違いに帰してすますのではなく、そもそもこれらの言説に相違をもたらした言説編成上の機制にまで立ち返って考えてみることになるだろう。

その点で、重要になってくるのが、過去を振り返るという行為のもっている多義性と、それが呼びよせる政治性についてである。というのも、この二つの言説においては、原発事故や、それを引き起こすことになった過去の原発政策にたいする振り返り方が、根本的に異なっているように見受けられるからである。

それでは、それぞれの言説に反映されている過去を振り返るという行為について、私たちは、いったい、どこが、どのように違っていると分析できるだろうか？　と、このように考えてみて、気づかされたこと。それは、今日の社会科学においては、そうした事態を把握するための有効な理論的枠組が、いまだに十分に保持されていない、という事実であった。

じっさい、これまで社会科学は、（研究者も含めて）世の中の人びとが、いったい、過去をどのように振り返ろうとしているのか、といった事柄について、一部の例外[4]をのぞいては、さしたる関心をはらってこなかったようにみえる。そして、私には、そのことがさらに、冒頭に述べたような社会科学において「〈歴史的思考〉が見舞われている認識の危機」を生んでいるように思われてならないのだ。

そこで、私たちは、オーラル・ヒストリーという叙述実践をつうじて、専門の歴史家ではなく普通の人びとが、過去をどのように振り返っているのか、そのメカニズムを明らかにしていこう。

5　オーラル・ヒストリーにおける〈問い–再解釈〉の連鎖の構造

社会科学の領域においてオーラル・ヒストリーを実践している人びとは、専門的な歴史学者ではないことが多い。しかしながら、彼らがおこなっている実践は、やはり一つの歴史を創造する行為にほかならない。したがって、桜井厚が述べているように、オーラル・ヒストリーを語る人も、それをインタビューする人も、ある意味で〈歴史家〉といっても間違いではなかろう（桜井 2010）。つまり、オーラル・ヒストリーは、原理的には〈二人の歴史家〉による合作なのであった。

その〈二人の歴史家〉による共同作業がどのようなものであるかについては、この節の後半で分析を加えるとして、そのまえに、オーラル・ヒストリーを語る〈一番目の歴史家〉に注目してみたい。

オーラル・ヒストリーの語り手である〈一番目の歴史家〉がおこなっていること。それは、自分が過去において体験したり見聞きしたことを、現在という時点において、みずからの記憶をたどりながら、聞き手にむけて語るという営為である。

したがって、〈一番目の歴史家〉がおこなっているのも、ギンズブルグらのような専門的な歴史家と同様に、たしかに〈現在と過去の対話〉であるし、さらにいえば、〈（現代の「問い」をもって）過去を振り返る〉という実践の一形式であるといえそうである。

ところが、両者のあいだには、根本的な違いが存在している。

というのも、専門的な歴史家においては、振り返る対象である過去の事象とは、過去に生きた人びとや彼らによって残された史料であるという点で、基本的に、他者の歴史であるのにたいして、オーラル・ヒストリーが振り返ろうとしている対象は、自分もしくは自分たちの歴史だからである。

このような両者の本質的な相違を確認したうえで、あらためてギンズブルグが、史料をそれが「生産された地平の内部」に閉ざしてしまわないために、史料と問いとの絡み合いが重要だと述べていたことを思い出していただきたい。

それでは、オーラル・ヒストリーの語り手である〈一番目の歴史家〉にとって、史料に相当するものは何だろうか。それは、端的にいって、自分の、もしくは、自分たちの過去における体験そのものだろう。

とすると、〈一番目の歴史家〉は、体験を「それが生まれた時代や状況の地平の内部」に閉ざしてしまわないために、過去における体験と現在の問いとの対話を、なんと自分の内部でおこなっていることになるのだ。しかもそれは、過去のあらゆる時点での自分ないし自分たちの体験を対象としながらも、歴史の専門家が史料との対話にかける長い時間をついやすことなく、むしろオーラル・ヒストリーにかんする発話をおこなうその都度その都度に、まさしく瞬時におこなわれる〈現在の問いと過去における複数の自己ないし自分たちとの対話〉なのであった。

先に、アルヴァックスによる、記憶とは過去についての「正確な観念」ではなく、「現在から借用した所与の力を借りて過去を再構成すること」であるという主張を引用したが、どのようにして、そのような「過去の再構成」が生じるのか、そのメカニズムの一端を右の分析は示しているといえるだろう。この点については、私も以前につぎのように書いたことがある。

> ［過去について］語られた内容は、語り手の現在の観点、すなわち現在の問題状況におおきく規定されているとのべた。それは、くりかえしになるが、語りという行為はつねに過去の事象にたいする再解釈（再再解釈、再再再解釈……）をふくんでいるということである。（中略）ただ、重要なのは、これらの解釈が表明されたそれぞれの時点において、そのときどきに語り手が抱いていた異なった問題関心が、解釈のなかにも侵入してきているという事実である。語りという行為のダイナミズムは、このように無限の再解釈の連鎖の途中で、そのつど現在の問題関心と過去へのまなざしが交差することによって、当の語り手にとってさえおもいがけない言葉が洩らされてしまう点にあるといえる。（括弧内引用者）（三浦 1998）（本書第7章：162）

たとえば、前節の事例にあげた［言説2］においては、〈現在と過去の対話〉をつうじての原子力政策にたいする解釈の変容を、端的にみてとることができる。その意味では、［言説2］は、きわめてオーラル・ヒストリー的な言説といえる。それにたいして、［言説1］については、原子力災害を経たにもかかわらず、原子力政策をあくまで推進していくという判断に、いささかの迷いもみられないのは、なんとも奇妙なことではなかろうか。原子力災害などなかったかのようであり、まるで他人事のような言及の仕方ではないか。

いったい、［言説1］のような語り口は、いかにして可能になっているのだろうか。

このような問いを抱きつつ、私たちは、オーラル・ヒストリーにおける、もう一つの主要な機制、つまり、〈二人の歴史家〉による共同作業という側面について分析を試みたい。

オーラル・ヒストリーが語られる現場では、私たちが〈二番目の歴史家〉と呼ぶ聞き手（研究者や聴衆）がさまざまな質問を投げかけ、〈一番目の歴史家〉がそれに答えていくというかたちで、語りが進行していく。

しかし、もちろんそれは、聞き手が語り手から過去の事実を聞きだしていくといったような、実証主義歴史学が想定してきたような営みではない。私たちは、すでに、〈一番目の歴史家〉が、過去のさまざまな時点において、みずからのなかで、自分の体験や過去の事象への再解釈をくりかえすことによって、過去のイメージを再構成し、変形してきていることを知っているのだから。その意味で、桜井厚が指摘するように、「語りは過去の出来事や語り手の経験したことというより、インタビューの場で語り手とインタビュアーの両方の関心から構築された対話的混合体にほかならない」（桜井 2002, 30-31）というべきだろう。

では、このとき、語り手と聞き手のあいだには、いったい、どのような関係性が形成されているのだろうか。いや、桜井の表現を借りてもっと具体的に問うとすると、語り手の関心と、聞き手の関心とは、どのようなかたちで影響をあたえあっているのだろうか。

その点については、ホルスタインとグブリアムの著書『アクティヴ・インタビュー』が参考になろう。本書は、社会調査において、回答者が、それまではもっぱら「受動的な『回答の容器』」とみなされることによって、「認識論的に受動的で、情報の産出には関わっていない」存在として位置づけられてきたことを批判し、具体的な調査過程において情報産出に関与してきた調査対象者の能動性（アクティヴィティ）をはじめて理論的に跡づけた作品である。

ここで、著者たちが批判の対象にあげる「回答の容器アプローチ」とは、つぎのような前提に立つ調査方法のことである。

> もしもインタビューの過程が「マニュアルに従って」なされ、非指示的で、バイアスのかかっていないものだったとしたら、調査対象者は、彼ら自身の内部に保存しているだけであると想定されているもの、つまり、調査の対象となる混ぜもののない事実と経験を適切に口に出すようになるとされる。情報の汚染はインタビューの環境や、インタビューへの関与者、それにインタビューのやりとりから発生するのであって、理想的な条件のもとでは、調査対象者から発生するのではない。むしろそうした条件のもとでは、彼らは求められれば真実の報告を提出するというのである。（傍点引用者）（ホルスタイン&グブリアム 2004, 30–31）

このような調査方法としては、質問紙票をもちいたサーベイ・インタビューが典型的なものである。そこでは、基本的に、一問一答型形式のインタビューが採用されるが、その特徴を図示すればつぎのようになろう（図4–3）。なお、Qは質問者、Aは回答者を、数字はトピックの別を表している。

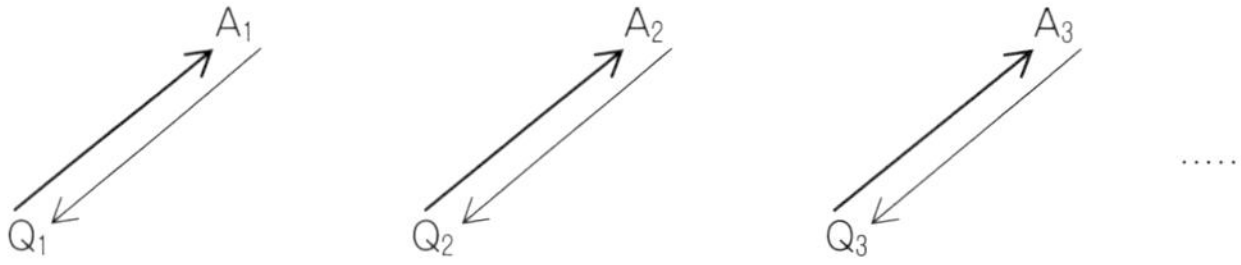

図4－3　一問一答型インタビュー

しかしながら、ホルスタインらは、彼らが前提とするアクティヴ（能動的）な調査対象者イメージを、伝統的な「回答の容器」という受動的な対象者イメージに対置しながら、そうした「理想的な条件」は、調査者にとってはもちろん、回答者の側にもそもそも成りたちえないものであると、つぎのように述べている。

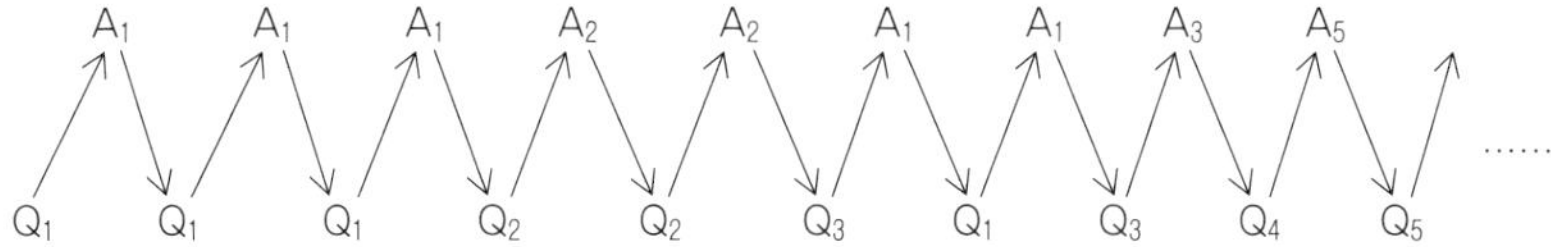

図４－４　会話型インタビュー

> インタビューの回答者という役割の背後には、つねに調査「対象者」のモデルが隠れて存在している。インタビューを認識論的な活動として考えていくと、インタビュアーが回答者とどのように関わっているのか問題にする必要が出てくる。（中略）回答者の背後に想定されるアクティヴな対象者は、事実と経験の内容を保存しているだけでなく、まさに回答としてそれを提供する過程において、それに何かを建設的に付け加えたり、何かを取り去ったり、変えたりするのである。（中略）このアクティヴな対象者は、回答者の役割をとる前にも、あるいはその最中にも、そしてその後でも、さまざまな経験をつなぎ合わせ、組み立てている。回答者である彼や彼女は、社会の一メンバーとして、回答者がインタビュアーに伝達するべき知識を仲介したり、変更したりする。つまり、彼や彼女は、「もうすでにいつも」意味の積極的な作成者なのである。回答者の回答が、いつでも組み立てられたり、変更されたりする以上、回答の真理値が客観的な回答の容器の中にあるものとして対応したからといって、それが真理値であると単純に判断することはできない。（傍点引用者）（ホルスタイン＆グブリアム 2004：28–29, 31–32）

すなわち、調査対象者とは、調査者から回答者に指名されたり依頼されたりすることによってなるものではなく、「インタビューが展開していく文脈との関連で相互行為的に構築されていく」（ホルスタイン＆グブリアム 2004：48）ものであり、そこでいわれているインタビューとは、もちろん、一問一答型のそれではなく、つぎに図示するような会話型にものになる（図4–4）。

ここで、調査対象者のアクティヴさは、トピックの切り替えが、インタビュアーの側からだけではなく、回答者の側からも積極的になされていることに見てとることができよう。たとえば、質問者が提示した新しい3のトピックの質問にたいして、回答者が勝手にトピック1の話題にもどったり、質問者による4のトピックについての問いを無視して、回答者が別のトピック5の話題について語り始めたり、といったように……。このようなトピックの切り替えは、一見したところ、ささいなことに思われるかもしれない。

しかしながら、これまでの議論をもとにいえることは、こうした回答者におけるトピックの切り替えとは、オーラル・ヒストリーの文脈でいえば、〈一番目の歴史家〉からみたときに、それは、「自己の問い」（なぜ、そして、なにを、私は語るのか?）と「他者（質問者）の問い」（なぜ、そして、なにを、相手は聞こうとしているのか?）とのあいだの、また一つの新たな対話にほかならないという点である。そして、そこでの対話とは、もちろん自己の問いを深化させる生産的な出会いになる場合もあれば、異なった問のあいだの衝突やすれ違いといったことに帰結することもありうるのだが……。

さて、以上の議論から、私たちはこの小論の一つの課題であった、オーラル・ヒストリーの叙述形式のなかに埋め込まれている〈歴史を逆なでる〉メカニズム、言い換えれば、〈(現代の「問い」をもって) 過去を振り返る〉メカニズムの独特さを、〈(自分ないし自分たちの過去の体験にかんする) 問い—再解釈〉の連鎖の構造のなかにみることができるように思われる。

すなわち、オーラル・ヒストリーが語られる場においては、語り手と聞き手の対話のなかで生みだされた新たな問いのもとに、過去の体験や出来事にかんする再解釈がなされていくが、じつは、そうした(語り手と聞き手の対話のなかで生みだされた新たな問いのもとに、過去の体験や出来事にかんする再解釈がなされていくという) 経験は、語り手にとっては、過去にすでに数えきれないほどおこなわれてきており、したがって、語り手のなかでは、その都度その都度、こうした過去の経験が再帰的に呼びだされていると考えるべきなのである。

こうした〈(自分ないし自分たちの過去の体験にかんする) 問い—再解釈〉の連鎖の重層性に思いをめぐらせるとき、私たちは、めまいのような感覚におそわれないだろうか。

だが、そうした問いと再解釈の反復は、じつは私たち自身が、ふだんごく普通におこなってきていることなのであった。

そうして、結局のところ、オーラル・ヒストリーが開示する過去にかんする事実とは、〈問い―再解釈の無限の連鎖の末端の部分における再解釈によって生みだされた過去についてのイメージ〉ということになろう。いわゆる実証主義歴史学が探究する「事実（過去に本当にあったこと）」とは、そうした再解釈の連鎖のこだまの彼方にほのみえるものであり、また、そのような仕方でしか本来、到達できないものだというべきだろう。

6　〈過去とフレキシブルに対話する人間〉モデル

オーラル・ヒストリーはもちろんのこと、あらゆる歴史研究において、そこで明らかにされる「事実」とは、けっして過去の出来事にかんする事柄だけではない。なぜなら、歴史が〈現在と過去の対話〉の産物だとしたら、歴史研究は、過去のみならず現在の諸事象にたいしても、あらたな光をあててくれるからである。そうした点で、本章で検討してきた、歴史研究を嚮導する時間意識や、〈過去を振り返る〉という実践のあり方などは、歴史研究から明らかになる現在にかんする諸「事実」だということができよう。

そしてさらに、私たちは、オーラル・ヒストリーという営みから、「〈問い―再解釈〉の連鎖の構造」といった事実的な言明のみならず、学問的で、より抽象化された社会科学の人間モデルを導きだせるように思う。それは、名づけて、〈過去とフレキシブルに対話する人間〉モデルとでもいえるものだ。

人間とは、たえざる過去との対話をつうじて、現在の自分たちのいる位置を確認し、また、未来を構想して生きていく存在である。

そのさいの過去にたいする接近の仕方は、もちろん、人それぞれに多様であるだろうが、本章の議論との関連において、つぎのようにおおざっぱにモデル化してみよう。

①過去を現在との関係において可変的にとらえる場合と、固定的にとらえる場合

②自分ないし自分たちとのつながりが感じられる過去の場合（「自分もしくは自分たちの歴史」）と、つながりが感じられない過去の場合（「他者の歴史」）

③体験（声）をとおして過去へ接近する場合と、史料（文字）をとおして過去へ接近する場合

本章で言及した事例でいえば、オーラル・ヒストリーは、①②③のそれぞれ前者にあたり、実証主義的歴史は①②③のそれぞれ後者にあたる、ということになろうか。

そして、唐突に聞こえるかもしれないが、私には、4節で呈示した原子力災害にかんする二つの社会科学的言説が、この二つのモデルにあまりにもぴったりとあてはまるように思われてならないのである。

［言説2］は、3・11の原発事故を契機として、事故前に裁判官として原発の差し止め訴訟を担当していたころの体験を振り返りながら、原発の安全対策にかんするその頃の自分自身の認識の甘さを率直に吐露している。そして、そのころに定められていた原発差し止めのための要件についても疑念を呈しつつ、当時の国の原発にかんする審査基準の妥当性の問題にまで迫ろうとしている。

ここでは、過去がじっさいにそうであったものとは別の形でありえたかもしれないということが（過去の可変的な把握）、原発差し止め訴訟を担当した立場から（「自分もしくは自分たちの歴史」）、地声が聞こえるような語り口で切々と述べられている。

それにたいして、［言説1］に特徴的なのは、3・11の原発事故が起こる前についての言及がまったくないことである。自身が第一次内閣のときに、原発の安全対策にたいしてどのような発言をしてきたか、あるいは、原発政

策にどのようにかかわってきたのか、まったくふれられていない。そうして、避難生活者への配慮と原発輸出の決意という、矛盾をふくんだ言葉が、ただ羅列されているだけである。

ここでは、過去は言及されないことによって、首相の原発政策へのかかわりが事故とは無関係なこととして正当化されてしまっており（過去の固定化と他者化）、第一次内閣時代に首相を務めた者としての肉声がまったく聞こえてこない文章となっている。

それでは、この二つの言説にたいして、かくも大きな過去の振り返り方の違いをもたらした、言説編成上の機制とは、なんだったのだろうか。

その点について、私は、一問一答型のインタビューと、会話型インタビューの違いに原因の一つがあるのではないかと考えている。

じっさい、［言説1］は一問一答型の記者会見において発せられたものであり、聞き手が聞いているのは現在の原発政策についての首相の見解であって、過去の政策についてではなかった。

おそらく、ここに、トピックを切り替える余地のない一問一答型のインタビューの限界があるのであって、トピックが聞き手や語り手の関心によってめまぐるしく変わる会話型インタビューとの違いは歴然としていよう。じっさい、一問一答型のインタビューにおいて、回答者は、他のトピックへの移行をはじめから禁じられているのだが、それは、逆にいえば、その他の関連するトピックについて語ることを期待されていないともいえるのだ。

だが、このような、いわゆる「回答の容器アプローチ」は、今日のような錯綜した問題状況においては通用しなくなっているのは明らかである。その典型的な例が、同じ4節に引用した世論調査だろう。

脱原発の志向性と、原発を推進する安倍内閣への支持が、どちらも高くなるというねじれの構造を解き明かすためには、〈過去とフレキシブルに対話する人間〉モデルを有するオーラル・ヒストリー的なアプローチこそが必要だろう。

注

（1）なお、本章は、演繹的方法や帰納的方法に依拠する実証科学的な社会学方法論にたいして、私があらたに提唱した体験型社会学（三浦 2010、本書第1章）にかんする方法論的な議論の続編にあたるものである。

（2）もちろん、その対話とは、私流の言葉でいえば、双方のすれ違いを前提にした〈対話〉なのであるが（本書第1章、第8章を参照）。

（3）安倍晋三首相の発言、二〇一三年六月二六日記者会見（「首相官邸」ホームページより引用）。

（4）ここで「一部の例外」とは、歴史的な社会研究や、ライフ・ヒストリーないしオーラル・ヒストリー研究に携わってきた人たちのことである。

第5章　民衆文化の自律性と文化的ヘゲモニー
——サバト、あるいは集団的アニミズム

1　ギンズブルグ再考

イタリア東北部、オーストリアとユーゴスラビアに接する所にフリウリと呼ばれる地方がある。その地の大司教庁文書館の棚に長く置き忘れられていた異端審問記録の山の中から、ある奇怪な農耕信仰が四〇〇年の歴史の闇をくぐり抜けてわれわれの前に姿を現わした。

その信仰は「ベナンダンティ Benandanti（善をなす者）」と称する男女たちの結社によって担われている。彼らは教会暦にある四季の斎日期間中の木曜の夜、隊長に召集されて野原（牧草地）や畑へ出かけて行き、悪をなす魔術師《ストレゴーネ》や魔女《ストレーガ》と戦いをする。ただし体は眠ったままで、魂に変じて兎や猫、野鼠の背に乗って（あるいは動物の姿に変身して）夜空を飛んで行くのである。ベナンダンティはウイキョウの枝をもち、魔術師はモロコシの茎をもって打ち合うが、ベナンダンティの側が勝利すれば豊作となり、負ければ飢饉になると信じられている。彼らが身につけている特殊な能力は、その出生時に羊膜にくるまれて（それは「シャツを着て」と表現されるのだが）生まれてくることに由来するものと考えられていた……。

ギンズブルグ（C. Ginzburg）によって著わされた『ベナンダンティ』(1)が、その資料の特異性と方法論の独創性とによって、わが国の多方面にわたる研究者に衝撃をもたらしたことは記憶に新しい。資料の特異性とは、右のような農耕的豊饒儀礼を首尾一貫した証言の形で保存しているということのみでなく、ほぼ四分の三世紀にわたって断続的に執り行なわれた異端審問のなかで、そうした農耕的信仰や呪術がしだいに悪魔的魔術《ストレゴネリーア》（悪魔崇拝）へと変容していくプロセスが詳細に記されていたことによる。だが、ギンズブルグの真骨頂は、文化的ヘゲモニー論に依拠しつつ行なわれた民衆レベルにおける悪魔的魔術の形成に関する解釈にみることができる。

悪魔的魔術とは魔女集会（サバト）を中心に悪魔のミサ、性的オージーなどから成り、一六・一七世紀西欧における魔女迫害はこの異端信仰の実在を前提として執り行なわれたのであった。これまでこの悪魔的魔術の観念は中世以来の悪魔学の系譜に属するものとして捉えられることが多く、コーン（N. Cohn）のように、サバトを聖職者や判事の強迫観念や恐れの投射でありまったくの妄想《ファンタジー》の産物とする見方もある。しかしその場合には、この観念の農民への流布は聖職者から一方的に注ぎ込まれたものとして説明されざるをえなくなる（コーン 1983）。それに対して、ギンズブルグは審問記録の分析から、一七世紀の中葉にフリウリ地方に広く伝播をみた悪魔的魔術は、変形した既存の豊饒儀礼のうえに伝統的な悪魔学の概念が接ぎ木されたものであると主張する。ここには、カトリック教会による文化的支配を受容する土壌として農耕信仰の果たした役割への認識がある。そして、『ベナンダンティ』はもっぱらこのような観点から、農耕信仰がしだいに変質し教会のヘゲモニー下に組み込まれていくプロセスとして読まれていると言ってよいだろう。

ところが、本書の刊行から一八年後に発表された論考において、ギンズブルグは新たな興味深い指摘を行なっている。すなわち、魔女集会のステレオタイプについて、それを聖職者と農民との間の「妥協の文化的形成」によるものとして捉えるべきであるというのである(2)。この主張には、以前のパースペクティヴからの重要な変化が示唆されている。なぜなら、教会による文化的支配の受容のみならず創出に対しても、農民信仰が深く関与しているとする見方につながるものだからである。ただ、ギンズブルグ自身は、この変化が秘めている意味合いを十分に展開していない。

もちろん、農民信仰による自らの固有の論理にもとづく悪魔的魔術の受容という見解だけでも、従来の魔女研究にとって画期的意義をもつことは疑いえない。しかし、以下でわれわれが目ざそうとするのは、サバト観念の創出に対する農民信仰の側からの寄与という観点から『ベナンダンティ』を読み直すことである。そうすることによって、カトリック教会による支配の正統性がいかにして生きた農民信仰の発揮する文化的造形力に依拠しつつ調達されたかについての一つの地域限定的な仮説を導くことができるだろう。

2　農村の呪術と魔女迫害

まず、当時の農村のなかへ足を踏み入れてみよう。そこは至るところ魔女や魔術師が棲み、日々呪術や妖術に満ちた世界である。人びとは自然のわずかの変化からも幸運や不幸の兆しを読み取ろうと努め、そのようにして飢饉や疫病に絶えず脅かされた不安定な生活の先行きを占いながら生きている。そこでおこなわれる呪術は、聖職者や教養層が思い描いた悪魔との契約や瀆聖《とくせい》などから成る悪魔的魔術とはまったく似ても似つかないものである。魔術師や魔女たちがかける妖術とは、たとえば霰《あられ》や雹《ひょう》を降らせて畑の作物を損なわせる、家畜の乳を止め、あるいは不妊にする、人を不具にする、子供を病気にさせるといった農民の日々の生活に直接関連した切実な事柄である。悪魔的魔術の観念がすでに聖職者の頭の中で硬直しステレオタイプ化していたのに比べて、これらはそのつど農民たちによって生きられた呪術にほかならない。こうした呪術が、厳しい農耕生活と村内の緊張した人間関係への集団的な対応の長い営みのなかから醸成された世界観であり、生活の思想とさえいえるものであることは強調されてよいだろう。(3)

さて、ベナンダンティはこれらの魔術師と戦い、飢饉から村を救い豊かな収穫をもたらす再生の司祭の役割を果たしている。彼らのもつという特殊な能力には、合戦の夜の脱霊と霊魂の姿での滑空のほか、死者と会う能力、妖術の病を治す能力とともに、誰が悪をなす魔術師であるかを見分けるという能力もあるのだが、彼ら自身は決して他者に妖術を仕掛けることはしない。この点でベナンダンティは自らを魔術師と峻別しており、明らかに白呪術師として立ち現われているのである。ただ、当時すでに豊饒儀礼としての魔術師との戦いという信仰は、この結社の成員内に限定された形で保持されていたようであり、他の村人にとっては彼らと魔術師との区別が曖昧なものであったということは後論との関連で重要である。ベナンダンティ自身、審問官や村人からの複雑な圧力を受けて徐々に自らを魔術師と同一化していくことになるからである。

しかし、とりあえずイタリアを離れここで確認しておきたいのは、一六、一七世紀西欧で宗教改革と密接に絡みつつ多発した魔女迫害が、このような農村の精神風土のなかでおこなわれたということである。つまり、一方に妖術をなす魔女や魔術師たちがおり、もう一方に彼らから被害を蒙ったと信じ、あるいは蒙ることを恐れた農民たちがいる。だが、それだけでは魔女迫害が一定期間に集中し、多数の農民が告発という形でそれに加担したことの説明とはなるまい。なぜなら、農村の魔術師ははるかに古い歴史をもっており、この時期に初めて現われたわけではないからである。たしかに、宗教改革以後、諸教会によってもたらされた農村キリスト教化のための精力的な布教活動と呪術に対する抑圧の強化という事態がある。しかし、農民を教会の目論みに積極的に加担させるには、伝導師の説く悪魔的魔術の観念はあまりに農民の心性や精神世界と無縁なものであったことはすでにみた。それゆえ、魔女迫害を支えた農民のことを考えようとすると、村落内部での「魔女」の急激な増加や悪魔的魔術の伝播ないし形成といった問題の考察が不可欠となる。

こうした課題については、北フランスを対象とするミュシャンブレ（R. Muchembled）の理論的仮説が、ギンズブルグとはまた異なった観点に立つものではあるが、われわれの関心に深くかかわる卓見と問題点をともに含んでいるので、ここで簡単に検討しておきたい。まず卓見の方だが、彼は魔女迫害の説明を裁判官の態度や信念に求める考え方を退け、次の三点から考察すべきであるとする。第一に、当時の聖俗の指導階層にとって反‐宗教改革や絶対王政の基礎を固めるうえで農村の文化的征服が急務であったこと。その際、農村部への支配を浸透させていくには既存の閉鎖的（と映った）民俗や俗信、呪術的信念などが大きな障壁として捉えられたために、それらへの執拗な攻撃が加えられることになる。第二には、キリスト教化と文字文化《アルファベティザシオン》の普及にもとづく農村の文化変容《アキュルチユラシオン》の進行。これにより村落内で逸《いち》早く「教養」を身につけた支配層や富農が先兵となり、呪術や俗信にかかわる口承文化の中心的な担い手である女性層に矛先が向けられる。第三は、農村内の人口の増大や経済悪化による社会経済的危機の発生と、それに伴う地域権力闘争の激化である。「財産の侵害」に対する過敏な反応が生じるとともに、富農層の間に村内の極貧（とくに老女）層への恐怖心が広まり迫害に輪をかけた(4)。

以上のように要約されるミュシャンブレの指摘には、村落内で働く魔女迫害のメカニズムについての重要な知見がみられる。とりわけ、迫害の要因として村落構造の変動に伴う社会関係の歴史的変化と、文化変容によってもたらされた村内部の文化的葛藤とがあげられていることは注目に値しよう。しかしながら、ミュシャンブレはエリートの文化による民衆文化の抑圧を強調するあまり、迫害を担った農民心性の理解に不十分な面を残しているように思われる。魔女と支配層の間に立って魔女を告発した農民たちの行動についての説明は、富裕層への従属、魔女への恐れ、あるいは自分が魔女とされることの回避といった心理的ないし社会的利害にかかわるネガティヴなものに留まっている。それは彼が村内の文化的葛藤を、階級対立の問題に還元してしまったことによっている。

この時代、文化変容の影響の下にあるのは村内のほんの一握りであり、大半の農民は魔女と同じ俗信の世界にどっぷり浸っていた。彼らが悪魔的魔術の実在を信じ魔女告発に乗り出すには、文化変容によって教え込まれただけではない彼らの思考様式にも馴染んだ観念が共有されていなければならなかったろう。つまり、民衆文化の変容やその内部での葛藤への認識がミュシャンブレには欠如していたのである。この点に踏み込むためには、民衆文化

（ここでは農民文化）の多様性の前提のもとに、社会変動や支配的文化との錯綜した関係のなかで民衆文化自体の孕《はら》むダイナミズムを把握すること（そしてそれに伴う文化変容概念の拡張）がなされなければならない。

3 口承文化と重層化されたアニミズム

再びイタリアへ戻るにあたり、魔女迫害の地域差については十分に留意しておきたい。個々の村落の社会–文化的変動の程度により迫害のまったくおこなわれなかったところも多くある。また、巨視的にはその地域の魔女追及の厳しさは宗教改革の激しさに比例するとはいえ、魔女迫害の燃えさかった大陸中部に比べて南欧ではきわめて緩やかな告発しかなされず、審問官にも冷静に審理しようとする姿勢がみられた。この点ではフリウリ地方も例外ではなく、ベナンダンティへの迫害もそれほど見受けられず、拷問の方法も採用されていないところから、彼らの証言にはかなりの信憑性が望める。ベナンダンティの審問記録が、農民信仰の独自の対応のあり様を明かしてくれる非常に稀有な事例となった所以である。

もっとも審理の間中、審問官から絶え間なく加えられていた誘導尋問への圧力は過小に見積もることはできない。ギンズブルグによって見いだされた文書に初めてベナンダンティに関する記載が現われるのは一五七五年のことで、妖術の犠牲者を治療し、夜には魔術師や妖精たちとうろつき回るという噂のあるパオロ・ガスパルットという男が召喚され、例のごとくの夜の合戦について告白した形跡がある。しかし、彼がもう一人のベナンダンティとともに本格的な審問に付されたのは五年後のことである。審問官もはじめは彼らの証言に好奇心を示すのみだが、「天使」という一言が発せられるや態度を豹変させ証言の誘導に腐心し始める。「天使」を悪魔と認めさせるのを皮切りに、伝統的な悪魔崇拝の枠内に組み入れようとしたのである。じっさい彼らはその強引な誘いに乗せられて魔術師との夜の集会が悪魔のサバトであったかのような告白をしてしまう。ところが奇妙なことに、その証言はいつの間にか悪魔学の本筋をはずれてまた元の農民信仰の表明に戻っていくのであった……。

権力を前にしての、その当人には意図されずにおこなわれるこうした控え目だが執拗な無意識の抵抗は、農民文化の固有の論理に根ざしたものといえるだろう。たしかに、ベナンダンティの夜の集会は木曜夜の魔女たちの宴《サバト》を連想させるが、審問官とベナンダンティの語る二つの集会の間には何としても架橋しがたい文化的隔たりが介在している。まず、夜の集会にはサバトを構成する悪魔との契約や瀆聖《とくせい》、棄教といった要素はまったくみられない。これは先にみたように、農民の呪術が悪魔的魔術とは異質な体系をもつことにかかわっている。そのうえ当時の審問官側の支配的な学説では、サバトへ行き悪魔と交わるのは生身の人間であるとされており、魂の離脱というベナンダンティの主張には認めがたいものがあった。ところが、農民の間には霊魂の離脱についてのベナンダンティ信仰の範囲を越えたより広い民間信仰が流布していたのである。

われわれが農民文化に固有の論理と呼ぶものは、この霊魂が肉体を離れて小動物などの物質の形をとるという一種独特なアニミズム信仰や独自の呪術観念にかかわっている。しかしもう一つ、農民の識字率の低かったこの時代において生活文化の生産・再生産や継承の中核を担っていた口頭伝承の多岐にわたる働きも忘れることができない。先の二人のベナンダンティは結局正式破門は免れ、六か月の禁固刑の後赦免《しゃめん》されている。また、彼らに続いてその後のほぼ半世紀の間に行なわれた数々の裁判はほとんどが結審まで至っていないという。審問官も、自らの図式への押し込みに失敗するや無関心になった。この期間、ベナンダンティの無意識の抵抗を可能にしたのは、ギンズブルグの強調するように彼らの農耕信仰が「化石化した迷信や、遠い過去のもはや死に絶えた訳の分からない遺物ではなく、生命力あふれる信仰」であったからであり、その生命力を支えているのが農民文化に内在するこれらの要素であった（ギンズブルグ 1986a：149）。

民俗宗教、あるいはもっと広く民間信仰が、化石とならず生きているとはどのような状態をいうのだろうか。ギンズブルグの呈示する判断基準は、おそらく無数の裁判記録との格闘から得られたものなのだろうが、われわれの既成観念に根本的な疑問を突きつける。彼は、その宗教が説教や印刷物、芝居といった教養層の文化からの統合や均質化の影響を逃れえているなら、表明されている信仰が個人的および地域的要因によって変容を遂げていればいるほどその宗教は生命力をもっているというのである。これは、これまで往々にしてとられてきた民間信仰を静態的で均質的なものとする見解や、民間信仰への個人の埋没といった先入見に対する反省を迫るものと言えよう。実は、こうした民間信仰に変容への力を及ぼし絶えざる更新をもたらしているのが、それぞれの地域ごとに、畑や寄合い、教会のミサや広場、夜の集いなどで馴染みの方言による語らいを通じて受け継がれてきた口承文化なのである。この変容への力とは、大地に根を張る農民文化の自らの論理にもとづいて異種の文化要素に再解釈をほどこす翻案能力のことであり、これによってベナンダンティ信仰とキリスト教との混淆も成し遂げられたのであろうし、また後にみる悪魔的魔術の諸概念の受容においてさえ同様のことがいえるだろう。(5)

たとえばガスパルットは自分がベナンダンティであることを母親から知らされた経緯を、次のように述べている。

> 天使の現われる一年ほど前だったが、おれの母さんがおれが包まれて生まれてきたシャツをくれて、このシャツはおまえと一緒に洗礼を受けている、そしてミサを九回あげてもらい、お祈りと福音書の言葉で祝福も受けているんだよ、と教えてくれました。そしておまえはベナンダンティとして生まれた、大人になったら夜、外出することでしょう、その時はシャツを身につけてゆきなさい、ベナンダンティと一緒になって魔術師たちと戦うことになるのだから、と言いました。（ギンズブルグ 1986a：29）

羊膜という呪物が介在しているだけに、この信仰の伝承において母親の占める比重は大きい。そのことを考慮に入れると、ベナンダンティ信仰が成員内に限定されていたとみるには留保が必要だろう。母親は必ずしもベナンダンティであったわけではない。それにこの伝承過程にはさらに、産婆や出産に立ち合う近隣の女たちが絡んでいる。

どこそこの家に生まれた子がベナンダンティだったという噂は、密やかにしかし厳かさを忍ばせながら口から口へと囁かれ、村中の女たちに（そして一部の男たちにも）知れわたっていったに違いない。また、必ず四季の斎日の木曜夜に起こるという魂が抜け出す前にベナンダンティを襲う心身の衰弱と深い昏迷を伴った強梗症《カタレプシー》の存在も、これが単なる精神病理を越えたその土地に住む人びとに共有されている文化的伝統にかかわる事柄であることを示していよう。

ここで確認しておきたいのは、この信仰を支える裾野の重層性ということである。悪をなす魔術師と戦い村に収穫をもたらすという豊饒儀礼の意味合いをしっかりと踏まえているベナンダンティたちがいる。そこまで詳しくは知らないが、ベナンダンティとして生まれた者は、夜、霊となって飛んで行き魔術師と戦うらしいというほどの認識をもった女たちがいる。さらに人間の霊は肉体を離れ、物質の形をとるという広範なアニミズム信仰がそれを取り巻いている。こうした状況の理解のためには、古野清人の提起した「集団的アニミズム」の概念が示唆的である。彼は、デュルケム（E. Durkheim）のマナイズムを宗教現象の普遍的説明とはなりえないとして退けた後アニミズム概念の復権を唱えたが、その際タイラー（E. B. Tylor）に色濃くみられる個人心理学的な解釈もまた厳しく批判した。すなわち彼によれば、アニミズムはいかなるものであろうとその基盤に集団的な信仰や感情の伝統を保持しているため必然的に制度的アニミズムである。精霊観念が異なった様式、異なったカテゴリーによって理解されるというように、それは集団ごとに固有の構造を有するのである（古野 1973）。

しかし、一つの社会集団（この場合はフリウリという地域集団）の内部においても、アニミズムは異なる制度化の諸相のもとに現われている。つまり、かなり制度化されたシャーマニズム的形態をまとうベナンダンティ信仰から、きわめて制度化の緩やかな（しかし制度化されていることには変わりのない）一般のアニミズム信仰までが織り合わさりながら存在しているといえよう。このようなアニミズムの重層化は信仰のもつ生命力の証左であるし、また同時にそのなかに悪魔的魔術形成の一つの要因が潜んでいたのでもあった。

4 「妥協の文化的形成」としてのサバト

審問官のたたみかける誘導尋問にも、その神話的な豊かさと口承文化に深く根ざした伝承とによって自らの信仰を守り抜いてきたベナンダンティが、ある時期を境として悪魔のサバトの情景を自発的に語り始めることになる。それは説教師や聴罪司祭による長年にわたる布教の成果がようやく現われたようにもみえる。しかし、フリウリ地方の農村で惹き起こされた出来事ははるかに複雑であって、この事例に関してはミュシャンブレのいうようなエリート文化による農民文化の抑圧といった上からの一方的な文化変容として説明しきることはできない。

一六二〇年代に入ると、ベナンダンティに対して魔術師であることを認めさせようとする多様な圧力が村人の間から湧き起こる。言うまでもなく、ベナンダンティは魔術師と違って人に妖術をかけることはない。しかし、妖術の犠牲者を治療するという特殊な能力のために、一般に「善良な」魔術師と見做される傾向が生まれた。その背景には、以前は村の繁栄に利する白呪術とそれに敵対する妖術・邪術との間に画されていた区別がしだいに混同されていく農民の呪術観念における緩やかな変容を想像してみることができるが、これは同時に根本的な変化でもある。こうした状況に遭遇したベナンダンティのとった行動がまた興味深い。彼らは自らが魔術師でないことを誇示するかのように、夜の夢の中で戦った魔女や魔術師を公然と告発し始めたのである。だが、思いがけない反動を彼らは蒙る。告発された者たちはもとよりのことその他の農民の間でも村の秩序を紊乱《ぶんらん》するという理由でベナンダンティへの敵意が募ったのみでなく、にせの呪術を使う者として魔術師でさえない単なる「犯罪者」と見做され始めたのである。

こうして魔術師でもないのに魔女を見分け妖術を解くといういかにも矛盾した性格を捨て去るようにという圧力が、いまや審問官のみならず村人からも寄せられるに及び、ベナンダンティは魔術師になるかそれとも「ならず者」となるかの二者択一を迫られる。そこで選択された魔術師として生きる道は、悪魔的魔術に関する告白を自らおこなうに至る決定的な一歩となった。ただし、審問官による魔術師というラベルの単なる押しつけとは異なって、「ならず者」と見做されるのを潔しとしないベナンダンティとしての自負が働いていたことは重要である。そして、彼らを非難する村民の側にも、呪術観念の変容や村落の秩序維持という独自の理由があった。これらのことは、農民の文化や社会生活上の論理の一端が悪魔的魔術の農民レベルにおける受容過程に深く絡んでいることを示している。

自らを魔術師と認めたベナンダンティが悪魔のサバトへ参加した旨をすすんで語り始めるのはもはや時間の問題である。一六三四年には伝統的なサバトに関する首尾一貫した証言が初めておこなわれている。彼らがサバト観念を受容するにあたりすでに夜の集会が存在していたことは、ここにおいて大きな意味を帯びてくる。彼らはたしかに木曜の夜、昏迷状態で野原での集会に赴き「跳んだりはねたりして気晴らしを」していたが、いまやそこへ魔術師や魔女として行かなければならない。そういえば、混濁した意識のなかでその場に悪魔のような物影を見なかったとも言い切れない。そのようななかで「悪魔に身を委ね、神の信仰を否定した」こともあたかも事実のように告白される……。こうしてベナンダンティ信仰は悪魔的魔術との重なりを増していく。しかしそれでも、サバトへ行くのは魔女の連れてきた雄山羊に「魂がその背に乗り、体はその場に残」してであったり、「悪魔の力で」猫に変身してであったりする。そして、自分たちのもつ妖術の治療能力も「悪魔が教えてくれた」ものとして説明されることになる。これらの事態は、ベナンダンティ信仰が悪魔的魔術の格好の受容器としての役割を果たしつつ、信仰自体はその断片を名残りに留めるのみで衰亡の淵に立たされてしまったことの現われとして理解することもできる。じっさい、ギンズブルグは、『ベナンダンティ』においてはそうした認識に傾斜している。

だが、ベナンダンティの側からみれば、右の事態は悪魔的魔術の観念のなかへの自らに近しい要素の組み込みを成し遂げえた例と言えなくもない。そして、さらに考察の対象をベナンダンティ信仰から農民信仰へと拡大してみるとき、農民信仰の働きはそれ以上の重要な意義を帯びてくる。「妥協の文化的形成」というギンズブルグの新たな観点はまさにそのことを示唆していよう。彼はそこでサバトのステレオタイプの創出にかかわる農民と聖職者の間の「妥協」の内実として、二つの出自をまったく異にするイメージの融合を指摘する。すなわち、一つは判事、審問官、学者などの知識人の文化に起源をもつもので、棄教や瀆聖《とくせい》によって入信する悪魔のセクトが実在するというイメージ。もう一つが、フォークロアの文化に起源をもつもので、特定の男女が並はずれた能力を有し、深い昏迷状態のなかで動物に変身したりそれに乗ったりして死者の世界へ赴き、ついには共同体に繁栄をもたらすというイメージである（Ginzburg 1984：348）。この「妥協」という捉え方が真に革新的であるのは、二つの文化を対等な立場において考察できるパースペクティヴの出現を予感させるからである。ただし、ギンズブルグは、妥協としてのサバト観念の「文化的形成」がどのように行なわれたかについて直接言及してはいない。

けれども著書には、そうした問いに答えるためのいくつかのヒントが書きおかれている。「文化的形成」という表現に含意されているのは、単に二つの文化要素の混合とか融合とかいう静態的な状態ではない。あえて言えば、象徴化への力学が問題とされているのである。聖職者の呈示したサバト観念の大半は農民世界と無縁なものだったけれども、なかには農民の期待や欲望に強く訴える部分もあった。とりわけサバトと結びついた富や快楽のイメージは、日々欠乏に脅かされている農民に聖職者の思惑を超えた独自の願望を仮託させることによって、サバト像を民衆の間で自律させる一つの契機となったように思われる。もちろん、その背後には、生産の豊饒から富の蓄積へという価値観の緩慢な変化を予想することができる。また、悪魔との契約という考え方が、依然として呪術が盛行しておりながら呪力の根拠についての信仰が薄れつつある状況に遭遇した農民たちによって、呪術へのより「合理的」な説明として採用されていったとしても不思議ではない。そして、魔女が深夜、悪魔から与えられた馬や、軟膏を塗った杖に乗って空を飛ぶという悪魔学のイメージは、明らかに離脱した魂が小動物の形をとって滑空するというアニミズム信仰に依拠しての象徴化の所産にほかならない。

しかも、これまで注意を促してきたように、「文化的形成」の一方の極に位置するはずの聖職者の悪魔的魔術の観念がすでに硬直し形骸化しかけていたことを思い合わせるなら、それに生気を吹き込み甦らせたのは農民の側の信仰や生活体験であったと言わざるをえないだろう。たしかに、ベナンダンティ信仰は衰微の方向を辿り続けたが、より広範に流布していた魂の飛行についての集団的アニミズムが依然として生命力を持続していたこと、そして、さらに意識の奥底に沈澱しているベナンダンティの夜の集会についての集合的記憶の存在、これらのことが前節でみた口承文化のもつもう一つの能力である記憶の変形作用にもとづく文化的な造形力と相俟って、民衆のなかのサバト像を生み出す大きな要因となっていたということができよう。

5　結　び

——文化的支配の歴史社会学へ

このように、サバトを農民と聖職者との「妥協」の産物とみることによって、魔女迫害を支えた農民の精神的基盤に関しては、N・コーンのようにサバトを判事の強迫観念に帰する立場や、ミュシャンブレのように聖職者の文化による民衆文化の抑圧を強調する立場よりも、はるかによく理解することができる。こうしたギンズブルグの発想に導かれて『ベナンダンティ』を再読するなかからわれわれの得ることのできた、教会の文化的支配のメカニズムを解き明かすうえで有効と思われる理論的パースペクティヴを、最後に二、三あげておきたい。

第一は、聖職者や教養層の文化と農民の文化との対峙の複雑なあり方を把握するとともに、とくにその際後者の文化に固有の論理を明らかにすることである。カトリック教会は常に圧倒的な権力を保持していたけれども、けっして自力で（自らの文化の民衆への一元化によって）農民支配を成し遂げたわけではない。農民の側からは個々の風土のなかで培われた経験や信仰、儀礼などの枠を通して正当化がなされている（たとえば、ベナンダンティの農耕信仰とキリスト教の混淆、サバトの観念とフォークロアの信仰との融合）。そこには二つの文化の間での意図されざる共謀があるのだが、看過してならないのは農民文化は常に教会からの抑圧や統制のもとにおかれているということである。ここに支配的文化と民衆文化という二分法的認識が依然として堅持されるべき理由があるが、問題は、そうした圧倒的な抑圧のもとに置かれておりながら、農民の文化はなぜ支配の正統性の創出に共謀させられてしまうのかという点にある。これを解明するために農民の呪術や儀礼のもつ意味の豊かさや、口頭伝承に担われた文化の生産・再生産の様式といった、文字を介する知識人の文化とは大きく異なっている農民文化の固有の論理を知る必要があった。これらの文化の間で多様に働く力学を明らかにしていくのが文化的ヘゲモニー論の課題となる。

第二には、農民文化内部における葛藤の発生と教会による文化的支配との関連を、歴史的な時間経過のなかで究明することがあげられる。フリウリ地方でのサバト観念や悪魔的魔術の形成や普及は、審問官や教会からの圧力、ベナンダンティ信仰、さらにより広い民間信仰、そして村落内の社会関係などのおのおのが影響し合う社会—文化的な力学関係のなかで把握することができる。とくに、ベナンダンティ信仰と一般農民のアニミズム信仰との間に生じる乖離を指摘するために、集団的アニミズムの概念を用いてそれぞれの制度化の相違に伴う信仰の内容や変化の波長にみられる差異に着目した。そうすると、半世紀にわたり屈することのなかったベナンダンティの農耕信仰がほころびをみせ始めるきっかけとなった、豊饒儀礼を司るベナンダンティと魔術師との村民による混同とそれに対するベナンダンティの過剰な反応という事態は、村民の側での農耕信仰の稀薄化や呪術観念の変容とベナンダンティにおける信仰の存続という、二つの信仰や観念の間の変容速度の懸隔《けんかく》に由来するものとして理解できるのであり、単に村落内の階級対立ということのみによっては説明できない。また、サバト観念の受容にかかわってベナンダンティ信仰の夜の集会の存在が大きな役割を果たした後、この信仰は衰退に向かうなかで、今度は農民レベルでのサバト像の形成に関して依然として広く流布していた魂の飛行についてのアニミズム信仰が作用を及ぼしている。ここには、農民文化内において波長を異にして進行する信仰や呪術観念、富についての意識などに関する複数の自生的な変化によって生み出された文化的な葛藤状態が、支配の圧力と偶然の呼応を示しつつ悪魔的魔術形成の磁場に働いているさまが見受けられる。ともかく、教養層の文化からの圧力のなかで農民文化にみられる内発的な変容も、文化変容の重要な要因であることは、十分理解される必要があろう。

それと並びわれわれは農民文化の秘めもつ象徴形成力や口承文化に具わった認識や記憶の変形能力について言及してきたが、第三には、そうした農民文化のダイナミズム（あるいは民俗の歴史的形成）と文化的ヘゲモニーとの関係が、きわめて歴史的で状況依存的なものであることを指摘できる。換言すれば、そのような農民文化によって正統性を付与されているヘゲモニーの状態とは、確固とした不動のものではなく、むしろ社会‐文化的力学の歴史的均衡状態といってもよいのであって、常に不安定の芽を育てているのである。その根本的な原因は、はじめにあげた支配的文化と農民文化との間の本質的な相違に求められよう。たしかに、農民文化は悪魔的魔術にすり寄っていったが、そこには農民の生活体験に根ざした独自の願望や期待が込められていたのであり、それゆえ民衆のなかでのサバト像の自律もみたのである。こうした農民の間での象徴化への力と支配の戦略との隔たりは状況によって大きく変わりうる。農民が支配に従うか抵抗を示すかは、まさにその時々の社会‐文化的力学関係に依存するのである。

以上が、近世イタリアにおけるカトリック教会の文化的支配のメカニズムについての農民の側からする簡単な見取り図であるが、こうしたパースペクティヴは、日本の近代化過程における宗教的な文化的支配の研究にとっても参考になろう。とくに集団的アニミズムの概念は、各地域ごとの固有のアニミズム信仰の把握にとっても有効だと思われる。(6)

注

（1）Ginzburg（1966＝1972）。翻訳は、ギンズブルグ（1986a）竹山博英訳とギンズブルグ（1986b）上村忠男訳とがある。ここでは、引用は主として前者の翻訳に依ったが、全体的な訳語については適宜後者を参照した。

（２）　Ginzburg（1984：341）。なお、この観点がもつ意義の理解にとって、上村忠男「訳者解説――ギンズブルグの意図と方法について」（ギンズブルグ 1986b）所収、および、関一敏（1986）が参考になった。

（３）　このような呪術や儀礼はしばしば不十分な技術として貶価的にみなされてきたが、むしろそこに蓄積された豊かな意味や知恵こそ再評価されるべきだろう。こうした視点からの民衆宗教研究の見直しとしては、Davis（1974）が示唆的である。

（４）　Muchembled（1978）の5章、およびミュシャンブレ（1973）を参照のこと。

（５）　ギンズブルグの口承文化への関心は、本書の段階では萌芽的だが、後のギンズブルグ（1984）において鮮明に現れている。とりわけ、後者の書物のなかで、もしも書き残された記録のみに依拠するなら、支配的文化の重さを不当に誇張してしまうことになるとして、口承文化の研究における「通常の基準とはことなる検証基準」の必要性が説かれているのは注目に値する（1984：284）。さらに後に提起された「徴候――推論的パラダイム」論（ギンズブルグ 1986）は、明らかに、その新たな検証基準にかかわりをもっている。民衆文化の研究に、民衆知が蓄えてきた易占的、狩人的、観相学的方法をもってのぞむことは、考えてみれば最も妥当なことであるが、従来のアカデミックな方法との接合にはなお問題が残る。

（６）　この点については、近代日本における霊魂の支配‐被支配関係において、各地方のアニミズムやシャーマニズム信仰が、民衆の側の抵抗の核にあったという川村邦光の指摘は興味深い（川村 1986）。また、集団的アニミズム概念は、日本人レベルの議論におけるよりは、各地域の個性の探求の方向で用いられるべきだろう。その豊かな可能性を、たとえば、石牟礼（1986）は暗示しているように思われる。また、魔女研究の最新動向については、池上（2024）および小林（2015）で詳細に紹介されている。

第6章 儀礼のメタ規範と暴力の政治
——シャリヴァリ儀礼の転用をめぐって

「みんな、いま、どっちの方へ行ってる?」……「やっと、穀物通りの方へやってきた! 背中合わせに坐っているわ!」……「ロバに二人が背中合わせになって、肘をお互いに結びつけているわ! 女が頭のほうへ向き、男が尻尾のほうに向いてるの」……「男は青い上着とカシミヤ織りの脚絆をつけている。黒い頬髭をはやして、赤ら顔。仮装人形(stuffed figure)だわ、面(falseface)までかぶってる」……「女のくびはむきだしで、髪は結んで、うしろに櫛がさしてあるわ。暗い褐色の絹の服を着て、白い靴下と、色ものの靴をはいてるわ」

「あれはあたしのこと!」彼女は顔をまっ青にしていった。「行列(procession)—世間の悪口(scandal)—あたしと、あの人の人形(effigy)なのよ!」……「もう無駄よ!」彼女は金切り声をあげた。「ドナルドはあれを見るでしょう。—そして、肝をつぶしてしまうでしょう——もう、あたしを愛してくれないでしょう——ああ、あたしを殺すわ—あたしを殺すわ!」……ルセッタの目は、急速に近づいてくる激しいお祭り騒ぎ(revel)の光景にまっすぐ注がれていた。おびただしい灯りが、二つの人形を不気味にくっきりと照らしだしていた。この二人の犠牲(victim)が誰であるか、見あやまるようなことはありえなかった。……ルセッタは、狂ったように笑い声をたて、それから床にどさっと倒れた。……ほとんど彼女の倒れた瞬間、あの騒々しいお馬なぶり(skimmington)の音楽がはたとやんだ。皮肉な笑い声(sarcastic laughter)のどよめきは、ざわめきとともに遠ざかり、足音は衰えた風のさやぐ音のように消えていった。

『カスターブリッジの町長』T・ハーディー（1971）より

1　シャリヴァリの謎

長い歴史のなかで、シャリヴァリほど毀誉褒貶のいちじるしい習俗もめずらしい。社会史や民衆文化論の興隆にともなってシャリヴァリの再評価が進められたのは、ほんのここ四半世紀のことである。それまでは、さまざまな支配勢力から猥雑、異教的、不謹慎、不道徳、珍奇、危険といったラベルをはられ、もっぱらおとしめられる一方だった。だが、ようやく汚名がそそがれるかにみえたときには、数世紀にわたって保たれてきたその命脈もすでに尽きはてようとしていたのである。

シャリヴァリ（charivari）とは、「騒がしい物音」や「どんちゃん騒ぎ」をさすフランス語で、特定の人物を嘲弄するために家のまわりに集まった人びとが、鍋、釜、金だらい、包丁、角笛、大鎌などを即席の楽器にみたてて打ち鳴らしてたてる騒音のことである。こうした嫌がらせ目的の騒音をさす言葉は他のヨーロッパ諸国にも広く見受けられ、イギリスでは rough music, ドイツでは Katzenmusik などと言い習わされているが、それぞれの地域社会についてみると、さらに無数の方言語彙が存在している。また、騒音にくわえて、相手をロバや棒にのせて衆人環視のもとで引き回すといった慣行（フランスでは asoada, イギリスでは riding the stang, skimmington などと表現される）も随時ともなわれている。

シャリヴァリという儀礼習俗の不思議は、まずは、即興性と周到な準備との奇妙な混合、攻撃性と祝祭性との随意な往還のうちにみうけられる。また、儀礼形態（仮装での練り歩き、騒音をたてての嘲弄、当人ないし身代わりの引き回し等）にみられる変化の遅さ、ないし持続性と、儀礼の対象や標的とされるもの（再婚、性的逸脱、夫をなぐる妻、妻に従順な夫、妻を虐待した夫、スト破り、商店・工場主、政治家・役人・徴税請負人等の不人気な公的人物）の地域と時代による大きな変化とがともにあわせもたれているのも、この儀礼の不可思議さを助長する性格の一つである。シャリヴァリ儀礼におけるこれらの特徴は、いったいいかにして生じてきて、民衆文化のいかなる特性を体現しているのだろうか。内外における研究の進展にもかかわらず、この点については、まだ充分な説明がなされているとはいえない。

そうした背景には、これまでのシャリヴァリの基本認識に次の二つの問題があったように思われる。

その一つは、シャリヴァリを「制裁儀礼」とか「敵対行為」とする見方である。たしかにシャリヴァリのなかには、ハーディーの小説に描かれたようなきわめて攻撃的でドラマティックなシャリヴァリがある。しかしその一方で、もっと穏健で、見方によってはたあいのないようなシャリヴァリが存在している。前者の場合には、三角関係のもつれに苦しむ薄幸の女性ルセッタが、シャリヴァリから受けた心身のショックのせいで流産による死をむかえたように、傷害事件や被害者の自殺が引き起こされたり、被害者の告訴から裁判沙汰になるケースもすくなくなかった。それにたいして、後者の場合は、シャリヴァリを仕掛けた側と犠牲者のあいだでなんらかの清算取引が行なわれ、両者のあいだで手打ちがなされると酒盛りやダンスの宴会によってシャリヴァリは平穏裏に終息した。従来の研究は、一般に前者を中心に論じており、後者は補足的にふれられるにすぎなかった。しかし私たちの見解によれば、それとは反対に、シャリヴァリ的暴力の本質は、仕掛ける側と犠牲者とのある種の共謀関係のうちにこそみいだせるのである。

もう一つは、共同体規範とシャリヴァリとの関係にかんするものである。これまでシャリヴァリが起こるのは、共同体規範にたいする「違反」ないし「逸脱」がおこなわれたときであると説明されてきた。しかし、ここでいわれる共同体規範を村掟のような確固とした持続性の強い規範として解釈すると、大きな間違いをおかすことになる。シャリヴァリが関与する規範は、もっと状況依存的で臨機応変にその強さや広がりを変え、たえず生成と消滅をくりかえしているような規範なのである。だから、たとえばおなじ姦通という行為でも、あるときには激しいシャリヴァリを引き起こし、あるときにはなんの関心もひかないということが、ごく普通にみられたのである。とすれば、あらかじめ規範の厳格さや既存性を与件としたうえで、そうした規範にてらして逸脱者を同定し制裁をくわえる機能をシャリヴァリにもとめるだけでは、肝心な部分を見落としてしまうだろう。その意味で、シャリヴァリは、生成変容をくりかえす規範の変動面とのかかわりにおいて考察されなければならない。

換言すれば、従来の儀礼研究には共同体の秩序を静態的にとらえる傾向があり、研究者は共同体秩序を共同体メンバーから超越したところに設定して議論を進めがちであった。しかしながら、共同体の秩序はメンバーの日々の営みのなかでつねに再確認や微妙な修正をこうむりつつ再生産されており、たとえ秩序を維持強化する機能をもった儀礼であっても、そこにはメンバー間の社会的対立が潜在的なかたちで存在していたのである。これらの点が見落とされた背景には、これまで儀礼研究が当事者の個々の実践や対応といったものを、一回的な歴史的行為としてとらえてこなかったことがあげられよう。

以上の論点を確認したうえで、本章では、つぎのように問うことからはじめたい。シャリヴァリ的な暴力は、当事者（仕掛ける側、被害者、近隣住民）によって、どのように生きられたのだろうか。そしてあらたに、民衆による儀礼の運用という考え方を提起することによって、今後、このシャリヴァリの対象の目まぐるしい変化を、民衆によるシャリヴァリ儀礼の転用という側面から説明していくための手掛かりを提出したい。そのさいには、シャリヴァリ儀礼の運用プロセスにはたらいている地域住民に共有された生活者としての〈直覚〉や〈理性〉に言及することになるし、さらには、地域社会の人間関係を生きぬくうえで彼らが駆使している政治技術のあり方を明らかにすることにもなろう。

ただ、当事者の側から儀礼の運用をみていくといっても、すくなくともつぎの三つの水準をあらかじめ区別しておかなくてはならない。第一は、象徴のレベル。第二は、〈関係性の政治〉のレベル。第三に、個人心理のレベル。ハーディーの小説の引用部は、明らかに第三のレベルに記述の照準があわされている。しかし、本論では、あえて第三のレベルにかかずらうことはせずに、主に第二の〈関係性の政治〉レベルに照準をおきつつ、必要なかぎりで第一の象徴レベルにも言及することにしたい。

2　アグネス・ミルズの受難、あるいは規範の生成

一七世紀の初頭、イギリスの片田舎で一人の女性をおそった荒々しいシャリヴァリは、いかにも民衆文化的な暗示にとんだメタファーをちりばめながらも、その女性の意志的な行動によって、私たちを〈関係性の政治〉の水準へとみちびきいれてくれる。

被害者の名はアグネス・ミルズ。「尻軽女」と呼ばれているところをみると、彼女には姦通の嫌疑がかけられていたらしい。しかも、シャリヴァリ参加者の数の多さからして、姦通の噂は近隣一帯にまで知れわたっていたのだろう。ところがミルズ夫妻は、のちにシャリヴァリの首謀者たちを相手どって訴訟をおこしている。以下に引用するのはM・イングラムの編集になるそのときの証言録の一部である。

一六一八年、カーン（ウィルトシャー）の一寒村、小さな市のたつカマーフォードで事件がおきた。その光景を生きいきと描写する証言が残っている。刃物師のトマス・ミルズは、妻のアグネスとともにこう証言している。

つい先日の五月二七日、水曜日のことでしたが、朝の八時か九時ごろ、クロップという名のカーンの若造がカマーフォードにやってきて太鼓を打ち鳴らし、おまけに三、四人の男と一二、三人のこどもたちまで引き連れていまして、そこでカマーフォードのラルフ・ウエルスティード、つまりわたくし本証人の大家なのですが、みずからカマーフォードにかかる橋のところまで行って、連中に、どういうつもりだ、と彼がたずねますと、連中は、ここには尻軽女（skimmington）の家があるからさ、と答えて彼のほうに近づいてきまして……

この一団は、戻るように説得されたが、

正午ごろ、カーンからカマーフォードに、またもやウィリアム・ワイアットと名のるべつの太鼓打ちがやってきまして、三、四百人もの人たちが一緒でしたが、そのなかには兵士のように鉄砲などの武器に身をかためた者もいましたし、一人の男など、馬にまたがり、頭には白いナイトキャップ、耳には二本のくつべらをさげ、あごには鹿の尻尾で作ったひげのまがいもの、服のうえには婦人の肌着をはおるというでたちですし、乗っている赤馬には一対の壺をくくりつけ、そこに醸造用のもやしのかすを詰めこみ、押しあいへしあいする人たちの頭のうえに撒きちらし、群衆のほうも彼の通るあたりに殺到するありさまです。この馬に乗った男やその仲間たちは、本証人の家のところで一斉に立ち止まると、武装している者は鉄砲をぶっぱなし、バグパイプや角笛を吹き鳴らし、なかには大小の鐘を打ちだす者たちもいましたが、熊手に引っ掛けた羊や鹿の角を高々とかかげてしめしますと……

彼らは石を窓に投げつけ、家に押し入ってきた。アグネス・ミルズは家から引きだされ、水のたまった穴に放りこまれ、踏みつけられ、ぶたれ、泥と汚物にまみれてしまった。しかし彼女を苦しめた人びとも、彼女を例の馬に乗せてカーンまでひきまわし、「さらし椅子のうえで洗ってやろう」とするもくろみまでは、ついに果たせなかった。（イングラム 1986：229–230）

なんとも形容しようのない騒然たる群衆ぶりである。それにしても、当のアグネス・ミルズは、つぎつぎと自分にふりそそぐ暴力の嵐をどのような思いで堪えしのんでいたのだろう。シャリヴァリ犠牲者がこうむった暴力の主観的経験にかんする問い。感情移入によって登場人物の心理を推察する小説的な方法をしりぞけるのは当然としても、この問いにたいして社会科学的にこたえるのはそれほどたやすいことではない。

たとえば、M・バフチーンの記号論的な分析を援用して、「泥と汚物にまみれ」たことにアグネスの民衆文化的な再生の徴を読みとるシンボリックな解釈も可能である。だが、結局のところ分析の水準が異なるとしか言いようがないのだが、そのような解釈ではアグネスの悲惨な経験を正面から受けとめることなどできようはずもない。だからといって、彼女の経験や伝統社会の生活自体を「悲惨」ととらえる、今日の私たちの感性の過去への投影も同様にさしひかえなければならない。

したがって、手掛かりは、彼女の行動そのもののなかにもとめられるべきである。

犠牲者であるアグネスの行動のなかには、どうも腑に落ちないところがある。なぜなら彼女には、あらかじめ群衆から身をかくし災難をやりすごすチャンスが何度もあったはずだからである。まずは、午前中の一回目の襲来のとき。それから、その後にそれを未遂におしとどめた大家の方から、なんらかの状況説明がもちこまれた（であろう）とき。さいごは、二度目の襲来時に、こちらをめざしてやってくる群衆の大音声や楽隊のたてる響きが、はるか彼方からかすかに聞こえはじめたそのときに。

ところがアグネスには、納屋にかくれるとか、森ににげこむとか、容易にできたはずのそうした行動をとった形跡がみられない。チャンスは一再ならずあったわけだから、足がすくんで動けなかったとも考えにくい。とすれば、彼女はあえて動かなかったと考えるほかないのではないか。それが、彼女のなかに意志的な行動をみる理由である。

しかしつぎに、彼女に危険をおかしてまでそうした行動をとらせたものは何だったのか、という疑問が生ずる。それには、二つの相反する仮定のもとで推論を進めていく必要がある。一つ目は、姦通の噂がたんなるデマであった場合。二つ目は、姦通の噂に実際なんらかの根拠があった場合。

このどちらであるかによって、彼女の立場は大きく変わってくるはずである。姦通の噂がニセ情報にもとづいた誹謗中傷であったなら、彼女が毅然とした態度をとったのもうなずける。とはいえ、これだけの大群衆をまえにして彼女が一歩もひこうとしなかったところをみると、彼女には事態をそれほど重大なことに感じていなかったふしがある。群衆の出方にたいするこうしたどこか楽観的な読みの背後には、シャリヴァリの本質にかかわるさらに深い事情があったのではなかろうか。しかし、この点についてはのちほどあらためて論ずることになろう。

この節で考察しようとするのは、この噂にたいしてアグネス自身に思いあたるところがあったような場合である。たとえば、カーンでの夫以外の男性とのしのびあいが発覚してしまったとか、あるいは彼女は生来あまり身持ちのよいほうではなかったとか。だが、こんな事情がある場合には、なおさら彼女が事前にシャリヴァリの群衆から身をかくそうとしなかったことが大きな謎となってくる。もしも、この期におよんでも彼女が毅然とした態度を保っていたとするなら、それは彼女が姦通という行為にたいしてさしたる罪悪感をいだいていなかったことの証左ではないか。とすれば、アグネスとシャリヴァリ連中とのあいだに姦通の是非にかんしてなんらかの認識の相違があったということなのだろうか……。

私たちは、いささか性急に議論を進めすぎたように思う。結論へ至るまえに、アグネスからはいったん視線をうつして、シャリヴァリを仕掛けた側からも事態をみつめておかなければならない。それによって、シャリヴァリ連中の対応が、私たちの想像以上に精妙なものであったことが明らかになるだろう。

カーンのシャリヴァリが盛大にくわだてられた直接のきっかけが、アグネス・ミルズにかんする噂であったことはすでに指摘した。しかし、カーンという田舎町では、姦通ないしその噂がありさえすれば、いつでもこのような激しいシャリヴァリが行なわれていたわけではなかろう。では、なぜ、アグネスのケースにかぎって大規模なシャリヴァリが行なわれたのだろうか。むろん、姦通を禁ずる規範への違反ないし逸脱を原因とするだけでは、この問いに答えたことにはならない。

この点については、シャリヴァリが生起する原因を地域ごとの個別的な社会関係のあり方にもとめたE・P・トムスンの見解が、私たちにとって多くの示唆をなげかけている。たとえば、妻を虐待した夫にたいしてシャリヴァリが仕掛けられたとしよう。そのシャリヴァリが起こされた背景を、彼はつぎのような社会関係の広がりのなかでとらえる。「妻が殴られたことは、一つの手短かな説明にすぎない。つまり、共同体においては、そこに住まう夫婦、そして彼ら夫婦にまつわる話は隣人たちの知るところとなっており、それゆえに、どんなに《家庭的》にみえる事件であっても、そのほかの〔地域社会における──引用者註〕緊張関係とか従属関係といったコンテクストから無縁ではありえないのである」（トムスン 1982：103）。

また、シャリヴァリの標的にしばしば再婚者がすえられてきたことにたいしても、トムスンは、「再婚が、それとしてシャリヴァリを引き起こすことは、めったになかった」（原著者による強調）とのべている（トムスン 1982：127）。この主張のなかには、シャリヴァリの原因を再婚による婚姻秩序の混乱にもとめるレヴィ＝ストロースの一般類型的説明への批判が意図されている。じっさいの事例をみていくと、すべての再婚に（攻撃的な）シャリヴァリが行なわれるわけではなく、ある再婚に（攻撃的な）シャリヴァリが仕掛けられるためには、他の個別的な付帯条件が存在しなければならなかった。その条件というのは、たとえば、再婚家庭の親子関係とか初婚の子の土地相続問題、死亡した配偶者の霊への配慮などといった場合もある。また、金銭目当てとか年齢・背丈の不釣り合い等々の再婚をグロテスクで醜悪なものに思わせる状況である場合もあったという。

トムスンの見解を筆者なりに解釈すれば、たとえ再婚や夫の暴力という類型的な要因がシャリヴァリのきっかけになっていても、その背後には地域住民たちによるかなり高度な集合的直覚がはたらいていたということなのである。具体的には、住民たちによる、共同体内の社会勢力間の対立や従属関係にたいするきわめてポリティカルな認識、被害者の夫婦生活や親族関係にかんする子細かつ長期にわたる観察、それから事にあたっての犠牲の念入りな選択と周到な準備といったような事柄がそれにあたる。

そうであれば、シャリヴァリが起こるきっかけとなった出来事自体はほんの偶発的なものでしかなく、その出来事が規範の侵犯という事実を決定づけているわけではないということは強調されてよい。しかも、個人の前歴とか社会的緊張、仕掛ける側の思惑といった例外的かつ個別的な要因が複雑にからまりあってシャリヴァリが生ずるわけだから、当然、被害者にたいするサンクションの程度も状況に大きく依存せざるをえない。だとすれば、このような極端に恣意的なサンクションのどこに、確固とした共同体規範の存在を予想することができるだろう。以上の推論からみちびきだされるのは、意外にも、これまでの定説とは正反対の結論である。つまり、シャリヴァリが引き起こされるのは、共同体規範の確固とした存在（とそれにたいする侵犯）によってなのではなく、むしろ共同体規範にかんする合意の不在によってなのである。

じっさい、姦通や性的逸脱がシャリヴァリの標的にすえられる事例に言及しながら、トムスンは、性にかんする規範が地域社会にあることを認めたうえで、なお「それらの規範は、絶対的なものとみなされてはならない」とのべている。つまり、「姦通やその類の違反をしたものにたいするシャリヴァリの各事例は、それぞれ周知の前歴があればこそ行なわれた」のであり、「公的な軽蔑を喚びおこしたのは、実際には姦通そのものだったのではなく、（おそらくは他の理由ですでに不人気であった）特別な個人によってそれが犯されたそのやり方であった、と考えたい」という（引用者による強調）（トムスン 1982：113）。

シャリヴァリにはたらく地域住民の知覚がきわめて繊細かつ微妙なものであることは、ここからもうかがい知れよう。しかも重要なのは、その知覚がむけられているのは、規範の侵犯があったか否かという点にたいしてではなしに、規範の侵犯がどのような仕方でなされたか、という点であったということである。言い換えれば、シャリヴァリを仕掛けるものと犠牲者とのあいだでおこなわれているのは、姦通の是非をめぐる争いではなしに、姦通の許容範囲をめぐる争いであったのである。だから、正確に言うなら、シャリヴァリという儀礼の機能は、姦通を禁ずる規範からの逸脱者の同定とその制裁にあるのではなく、姦通を禁ずる規範をめぐる共同体の合意の形成にあったのである。

このように考えれば、私たちは、アグネス・ミルズのとった態度にたいして、もう一歩踏み込んだ理解ができるように思われる。すなわち、アグネスの身にくわえられた暴力的な威圧は、流動的な状態にある共同体の性的規範にかんしてさらに明確な合意をもたらそうとする試行の一つであったといえる。その意味では、シャリヴァリが敢行されたその時、その場所で、共同体にとってのある種の規範がまさにうみだされようとしていたのである。そしてその場合、犠牲者であるアグネス自身もその規範の生成の場面に積極的にかかわっていたことになる。ただし、そうした規範に身をもって異をとなえるという熾烈なやり方によってではあったけれども。

3　一九七七年パリ・シャリヴァリコローク

シャリヴァリを、共同体の合意の形成をめぐる政治的な闘争の場と考えるならば、あるいはまた、たんに共同体規範の承認を強いる儀礼ではなくすぐれて規範の生成に関与する儀礼であるとするならば、つぎには、その闘争や生成の過程にもちいられる人びとの政治技術のあり方が問われなければならない。

そのために、私たちは、一九七七年パリで開催されたシャリヴァリコロークへと遡ってみたい。当時、かならずしも充分な理論的整理がなされていたとはいえないし、論者によって力点も異なっていたが、このコロークでは、シャリヴァリ研究に転機をもたらすことになる重要な観点が提出されていた。それは、シャリヴァリの本来の形態は、一般に言われているような「制裁儀礼」ではなく、婚礼などの「通過儀礼」や若者集団による「豊饒儀礼」であったとする考え方である。

これは、本章の主題にとっても充分に示唆的である。なぜなら、この考え方にはシャリヴァリの機能は共同体規範からの逸脱の同定にはないとする筆者の主張につうずるところがあるし、さらに、シャリヴァリにもちいられる政治技術を、広く「通過儀礼」や「豊饒儀礼」のなかにまで探る道をひらいているからである。なお、このコロークの成果は、一九八一年に『シャリヴァリ』（Le Goff & Schmitt（eds.）1981）と題して刊行されており、以下でのこのコロークへの言及は本書にもとづいている。

たとえば、民族学者N・ベルモンの「シャリヴァリにおける嘲弄の機能と喧噪のシンボリズム」という論文についてみてみよう。彼女は、結婚儀礼にかんする綿密な研究に依拠しながら、「嘲弄や喧噪がともなうという点では、結婚（のさいの嘲弄や喧噪）とシャリヴァリのあいだには本質的な差異はなく、程度の差しかない」と指摘し（Belmont 1981：15）、「どんな結婚でも、多かれ少なかれシャリヴァリをひき起こしている」とのべている（Belmont 1981：17）。

では、そこでいわれているシャリヴァリとは、どんな現象をさしているのだろうか。たとえば、花嫁の家から教会、そして教会から花婿の家へとつづく鳴り物いりの行列と、そこで派手にうち放たれる祝砲、さらにまき起こる人々の歓声や哄笑のうずといった要素が、これまで知られていたシャリヴァリの特徴をよくあらわしている。そして、この喧噪には一義的ではない複雑な意味がこめられていた。すなわち、銃声の大盤ぶるまいは、夫婦が子種にめぐまれ母親の乳もたっぷりでることを保証していた。またその一方では、こうした騒ぎのなかには、未婚の若者たちの花婿花嫁にたいする敵意も存在していた。

ただし敵意といってもその内実は、結婚式の夜、新婚夫婦の家へとくりだした若者たちにたいして当の家からふるまい酒か飲み代の支払いがなされると、そのままおさまってしまう程度のものだった。しかし、新婚夫婦がそうした税（droit）の支払いを拒否するようなことがあると、激しいシャリヴァリが仕掛けられた。ベルモンは、一九世紀初頭にあらわされた民族誌からつぎのような記述を引用している。

……花婿が余所でみそめてきた花嫁をともない村にはいるさいに、バイオリン弾きをやとわなかったようなとき、そしてさらに、花嫁の評判がわるくて音楽でもふるまわれないと虫がおさまらないようなとき、いわゆるシャリヴァリが新婚夫婦に仕掛けられた。このきわめて騒々しく、騒然たるセレモニーは、……九日の間、毎日、日没後からはじめられ二、三時間つづけられた。……賢明な結婚相手は、その騒ぎにむけてほほ笑みかえしたものだが、そうした所作はごく一般にこころえられていた。それこそ、ひきつづき九日間にわたって

シャリヴァリが続行されるのをやめさせるもっとも確かな方法だったのである……（Belmont 1981：16）

さて、それでは結婚のさいにおこなわれるこのようなシャリヴァリの機能はどこにあったのだろう。この疑問をとく鍵は、一見したところ非常に奇異にうつる新婚夫婦によるシャリヴァリ連中への税の支払いという慣行にある。ベルモンは、税の支払いをシャリヴァリの犠牲者が共同体にたいしておかした罪のつぐないとして解釈する。おかされた罪とは、結婚による若者組からの離脱とか、適齢の娘をひとり占めにしたとか、よそ者と結婚したとか、さまざまな場合があげられる。ベルモンによる解釈の独創性は、シャリヴァリ連中によって新婚夫婦になげかけられる嘲弄のはたす役割を、一時的に道徳的に排除された犠牲者に税の支払いというかたちでつぐないを強いることによって、逆に彼らを共同体に復帰させるという点に見いだしたところにある。

つまりベルモンによれば、シャリヴァリは、犠牲者のおかした罪を非難する以上に、犠牲者を彼らのおかした罪から救済する機能をはたしていたのである。じっさいシャリヴァリには、好ましからざる結婚に異をとなえることはできても、その結婚を解消させるほどの力はなかった。このように犠牲者を共同体に復帰させたり、救済したりするという側面に着目するかぎり、シャリヴァリをもはや「制裁儀礼」とよぶことはできず、むしろ、結婚という一連の通過儀礼のなかに位置づけられることになる。

だが、本章の目的は、ベルモンにならいシャリヴァリは本来「通過儀礼」であったと主張することにあるのではない。なぜなら、シャリヴァリを「通過儀礼」と規定したとたん、その議論がさきにみたシャリヴァリを「制裁儀礼」ととらえる見方と奇妙な相同性をしめしはじめるからである。それは、シャリヴァリが、共同体の秩序維持に密接にかかわっているとみなす点においてである。たとえば、ベルモンがつぎのように書くとき、明らかに彼女は研究者としての自己を（仮想された）共同体の合意の側におくことによって、A・ファン・ヘネップいらいの通過儀礼研究の正統のなかにたっている。

……反対に、記録のなかでときどき報告されている悪化し、ドラマティックな結末にいたったシャリヴァリの場合、その原因は、犠牲者が自分たちの罪をみとめられずに、それをつぐなおうともせず、かえって敵意をあらわにしたことにある。……（税の）支払いには、罪がすでにみとめられ、かつのり越えられたこと、したがって再婚はもちろんすべての結婚にともなう混乱のあとにうち立てられた新しい家族的および社会的秩序が、もはやその罪のせいで危険にさらされることはないということを、公的に確認する意味があったのである（Belmont 1981：18）。

つまり、ベルモンにとっては、シャリヴァリが悪化するのは、犠牲者が「自分たちの罪をみとめられ」なかったときなのであって、そこには、何が罪であるかにかんする共同体の「一般的合意（consensus général）」がすでに前提されている。だからベルモンの議論においては、なぜ、犠牲者は罪をみとめなかったのかと問う余地などなく（それはたんに犠牲者個人の責任に帰せるべき問題となる）、以後、あらゆるシャリヴァリに通底するシンボリズムの解読という共同体のまったき合意の水準（ただし、その合意の内容は当事者によってはっきり自覚されているわけでもない）において分析が進められていくことになる。

だが、私たちにとって、共同体内の「一般的合意」の存在は、けっして自明なものではない。そこで興味深いのは、シャリヴァリの儀礼プロセスのなかに、シャリヴァリ連中と犠牲者とのあいだでそのつどそのつど合意を確認しあうための手続きが、じつに巧妙に配されている点である。税の支払いは、その最たるものであろう。支払われる税額の多寡によって交渉が成立したり決裂したりすることもあったはずである。また、犠牲者側がいかなる段階で支払いに応ずるか、そして、シャリヴァリ連中がどのあたりで手を打つかについては、それぞれの思惑がからんだ、そうとうの駆け引きが行なわれていたに違いない。そこには、犠牲者がこれまで共同体のなかで占めてきていた立場、それからさらにこれから占めることになる立場、そして現在のシャリヴァリ連中との力関係が濃厚に反映していたであろうことも容易に推測できる。

さらに、そうした支払いに応じない人たちがすくなからずいたという事実も注意をひく。彼らがなぜ応じなかったのか、その理由はさだかではない。しかし、そのためにシャリヴァリによってもたらされる（それ以後の共同体での生活にも尾をひきかねない）かなりの苦痛を甘受しなければならなかったわけだから、一通りの覚悟はできていたということか。とはいえ、ベルモンの引用する民族誌の書き手がさりげなくふれていた事柄を信用するならば、たとえ税の支払いを拒否したとしても、まだシャリヴァリの攻勢からのがれるすべはあったのだ。シャリヴァリ連中にむけて「ほほ笑みかえす」こと、その行為によって激しいシャリヴァリがやむこともあったという。

税の支払いの慣行といい、ほほ笑みがえしの所作といい、あるいは嘲弄のあびせ方といい、共同体に広く合意をみていたのは、そうしたシャリヴァリ的なふるまい方のほうであったように思われる。それは、別の言い方をすれば、シャリヴァリという儀礼のメタ規範にほかならない。シャリヴァリの当事者になるためには、本来、このシャリヴァリ的なふるまい方や判断力を身につけていることが最低限の必要条件であった。そして、シャリヴァリの悲劇的な犠牲者が往々にして余所者であったのは、彼らが適当なときに適切なふるまいをするすべを知らなかったからであるといえよう。その意味で共同体にあっては、たんにシャリヴァリ的なふるまい方を身につけている（あるいは身につけていない）という事実が、すぐれて明確な政治性をおびていたのである。

それらの慣行や所作を用いながらシャリヴァリ連中と犠牲者のあいだで一定の清算取引がおこなわれたとすれば、そこには明らかな共犯関係が存在している。では、両者の共謀のもとに運用されるシャリヴァリ儀礼は、ベルモンが想定したような共同体の「一般的合意」をたんに確認し、強化するためのものだったのだろうか。

そのような機能があったのはたしかだろうが、それがシャリヴァリ儀礼の唯一の機能ではなかったことを、ここでは強調しておきたい。むしろ共同体の「一般的合意」やそれにもとづく秩序の存在をあまりに自明視すると、メタ規範のレベルでおこなわれている水面下の闘争をみのがしてしまうことになるだろう。それはすなわち、すでに存在する共同体の合意にたいする承認の仕方をめぐる争いという性格をおびてくる。たとえば、シャリヴァリ的なふるまい方をちゃんと身につけているのに、それをあえて実践しないというような態度（税の支払いの拒否）がじっさいに存在していた。

こうしたメタ規範の水準における闘争は、表面的にみればささいなものにおもわれかねないが、じつは、そこでの対応の仕方こそが、共同体の合意形成をめぐる闘争を可能にする重要な手段を提供していたのである。この点については、次節で、おなじシャリヴァリコローク におけるN・Z・デイヴィスによる事例報告を参考にしながら考えてみたい。

4 フィリョン親方の選択
――政治装置としてのシャリヴァリ

たとえシャリヴァリがきわめて攻撃的に仕掛けられるような場合であっても、それが共同体規範の侵犯にたいする制裁の機能をはたしているとみるのは誤りであることを、筆者はすでに指摘しておいた。その根拠としては、シャリヴァリの生起状況をみるかぎり、同一の行為にたいするサンクションの有無やその度合いが状況によってあまりに違いすぎることや、標的とされた人物の前歴や人気、さらにシャリヴァリ連中とのあいだの利害関係がサンクションの程度におおきく影響していたことなどがあげられた。

それを裏づけるさらに重要な、しかしこれまであまりとりあげられてこなかった奇妙な事実がある。記録にのこされているシャリヴァリのなかには、シャリヴァリの引き金となった犠牲者の行為が、たんにシャリヴァリを仕掛ける側の口実として利用されていたにすぎないようなケースがかなり多くみいだされるのである。このようなケースの存在は、シャリヴァリ犠牲者の行為が共同体規範を侵犯していたとする従来の説明を、いっそう疑わしいものにする。なぜならその場合、犠牲者による規範の侵犯行為が、シャリヴァリ連中にとってはもはや第一義的な意味をもたなくなるからである。

とりわけ興味深いのは、このシャリヴァリ連中のあいだで半ば意図的におこなわれている、集合的な口実の捻出という事態である。そうした口実が、そもそものはじめから噂としてうみだされたであろうことを考えれば、集合心理的な意識の働きが作用していたことは充分予想される。しかしそこに、ある種の意図された政治性が存在していたのもたしかである。それは、シャリヴァリの標的をえらぶさいの政治的な配慮といってもよい。

もちろんシャリヴァリ儀礼は、それ以外にもさらに錯綜した社会関係をその儀礼過程に内在させている。すなわち、シャリヴァリ連中の時宜をとらえた仕掛け方や、標的にされた人物の側の能動的な対応はいうまでもなく、儀礼を傍観する立場にたたされた近隣の人たちからも多様な反応をうみだすことになるだろう。では、たんに制裁が目的ではないとすれば、このようなかたちで地域社会で展開されている事態とはいったい何なのか。私たちはそれをどのようにとらえることができるだろう。

そこで、デイヴィスが「シャリヴァリ・名誉・共同体」という論文で紹介している、一六六九年にジュネーヴで行なわれたもう一つのシャリヴァリをみてみることにしたい。それは、都市の街区を中心としたレース飾り職人たちのシャリヴァリである。犠牲者は、シュネーブにきて一三年目のアブディアス・フィリョン親方。職人たちの話によれば、フィリョン親方が「女房にこっぴどく殴られ」たのがシャリヴァリのきっかけであった。だが、デイヴィスによれば背後には職業上の対立があったらしい。

そして、このシャリヴァリも、さいごはフィリョンが市の法廷に訴えたことで裁判沙汰となっている。ただ、一連の事実経過をたどってみると、どうも被害者であるはずのフィリョン親方の方に「問題」があったともいえそうなのである。

シャリヴァリは噂をききつけた職人たちによる、祝祭気分での触れ歩きからはじまった。彼らはこう言った。「『フィリョンに敬意を表しに』、『フィリョンの名誉を重んじて』、フィリョンがロバに乗せられていく行列を見にくるように」と。そして、早朝、彼の家をとりまいた群衆の哄笑とともに、「『ロバの用意ができてるぞ。早く来い。さあロバに乗ってもらおう』」という声がかかったが、「アブディアス親方は連中のお相手をするつもりは全然なく、顔を出すなどおことわりだと言って、結局、連中は、酒代をせしめることもできず、なんの乱暴もはたらかないで解散した」という。

しかし、連中の気はおさまらず、別の日に、彼らはフィリョンをむりやりロバに乗せお祭り騒ぎで町中をひきまわした。一方、アブディアス親方は、「だれにしろ『わたしの名誉と世間的信用をそこなうそんなひどい侮辱』をあえて口にするとは、と激怒した」。親方はのちに、法廷にたいして、シャリヴァリの首謀者〔他の親方や職人たち――引用者注〕による陳謝〔自分を「『品位あり名誉ある人物』と認める」こと〕と、賠償金の支払い、さらに首謀者の投獄を要求している。（デイヴィス 1986：190–199）

さて、この両者のやりとりは、あまりにバランスを欠いている。片や、終始かわりなく祝祭気分にうかれているシャリヴァリ連中と、片や、さめきって怒りにふるえているフィリョン親方と。親方の頑とした態度やそれまで親方の夫婦仲はよかったとする隣人の証言などからして、夫婦喧嘩の噂が親方に一杯食わせるための口実であったことはたしかなようだ。しかし、それではシャリヴァリ連中が親方にたいしあからさまな敵意をいだいていたかというと、そうともおもえない。それは、このシャリヴァリにそれほど組織だった要素〔周到な準備や筋書き〕がみられないことからも推測できる。それどころか、彼らは最初の朝、親方がみずから（「勇を鼓して」）ロバに乗るものと思いこんでいたくらいだった。だから、親方のとりつく島もない態度は、むしろ彼らにとっても予想外なことだったらしい。

だが、親方のおもいは彼らとはまったく違っていた。みずからの名誉回復にかける彼の執拗さは、首謀者の投獄の要求などにみられるように尋常ではない。それにはフィリョン親方のほうに、このシャリヴァリ事件がたんに夫婦生活への中傷にとどまらず、親方としての「世間的信用」や威信、さらには親方仲間のあいだでの地位の失墜をもたらしかねないとの情勢判断があったようにおもわれる。当時、親方がそうした疑心をいだかずにいられないような職人同士の勢力争いがあったことは想像にかたくない。

ただ、これ以上にことの子細をつまびらかにできるような情報は、いまのところ私たちにはない。しかし、シャリヴァリをめぐる〈関係性の政治〉は、このみじかいエピソードからもリアルにうかがいとることができる。まずは、フィリョン親方の対応の姿勢からみてみよう。

フィリョン親方には、シャリヴァリのさまざまな局面にわたって、いくつもの選択肢がのこされていた。そのいずれかを選択することで、彼には、シャリヴァリに異なる進みゆきをあたえたり、終息させることさえできたはずである。しかし、彼は、シャリヴァリ連中たちの「お相手をする」ためにロバに乗る気など毛頭なかったし、彼らのまえに顔もださず、酒代も支払おうとしなかったばかりか、おまけに法廷に訴えさえ起こしている。なぜ彼は、それ以外の行き方をしようとしなかったのだろう。

そもそもフィリョン親方は、シャリヴァリに柔軟に対処するやり方を知らなかったとも考えられる。彼がジュネーヴに来てからの日の浅さも、そうした可能性をすてきれないものにしている。また、デイヴィスがいうように、親方が名誉を重んずる人物で、独立心の強い個性の強い人だったという点も関係していよう。だが、その場合でも、もちろんたんなる性格の問題にしてすまされるわけではない。なぜなら、もしも親方がシャリヴァリ的なふるまい方を知っていながらそれをおこなわなかったとすれば、その行為に意図された政治性があるのはうたがいようのないことだからである。

すくなくとも、シャリヴァリ的なふるまいを親方が知っていておこなわなかった場合と、知らなかったためにできなかったのとでは、解釈の仕方が大きく異なってくる。重要なのは前者のケースであって、以下での考察はそうした仮定にたって進めたい。その場合、たとえば彼が少々の恥をしのんで進んでロバに乗ってみせるか、シャリヴァリ税として酒を連中にふるまうか（あるいは、彼らにむかってほほ笑みかけでも）していたら、事態はちがった方向にむかっていたかもしれない。そして、そこではシャリヴァリのメタ規範にのっとってシャリヴァリ連中とのあいだで交渉がおこなわれたはずである。

じつは傍観者であった近隣の住民たちも、そうした進みゆきを予想していたようなのだ。なかには首謀者に警告をしたり、のちにフィリョンにたいして好意的な証言をした隣人たちも、いるにはいた。「だが、これらの人たちのだれひとりとして、事件を未然に防ごうとはしなかったし、事前にフィリョンに会おうともしなかった。また、フィリョンの妻のダニエルと親しい女たちも、だれひとり彼女を助けに駆けつけはしなかった。近くに住む職人の親方たちは窓から通りの出来事を眺めていたが、立ち入ろうとはしなかった」というのである。デイヴィスはその親方たちは「長老法院に指名されている地区の長老たちが収拾に乗り出すものと思っていたのかもしれない」とのべている（デイヴィス 1986：199）。

しかし、フィリョン親方は断固として連中の要求に応じようとしなかったし、長老たちも介入してこなかった。ただし、長老たちの非介入と近隣住民の傍観とでは、その意味がまったくちがっている。長老たちのそれはたんなる無視ないし非介入の意志によるものだったろうが、住民たちの態度はむしろ彼らがシャリヴァリ連中とフィリョンの〈直接交渉〉に期待をかけていたことをうかがわせる。だが、その期待ははずれ、係争はフィリョン自身の手によって、長老法院や市法廷にもちこまれる結果となったけれども。

これはたった一つのシャリヴァリのケースだが、そこには地域政治の複雑な網の目がかいまみえる。そのなかで、シャリヴァリは地域の合意形成のための一つの政治装置としてはたらいているといえるだろう。それも、当事者の出方におおきく依存しているという点では、多様な解決の方策を内蔵した巧妙な政治装置であった。また、それを運用する住民の側には、シャリヴァリ的なふるまい方というきわめてローカルな水準の知識によって方向づけられたある種の政治感覚が要請されていたのである。

その意味では、フィリョン親方のケースのように、うわべは決裂したかにみえる当事者間の関係のなかにも、やはり共謀関係が存在していたと言わなければならない。私たちが仮定したように、もしも親方がシャリヴァリ的なふるまい方をあえて拒否する道を選んだとすれば、事件を裁判沙汰にした行為ともども、そこには親方の強い意志をシャリヴァリ連中にみせつける効果がねらわれていたに違いないからである。〈駆け引き〉という共謀関係は、そこにもたしかにみとめることができるはずである。

5　地域社会における暴力の政治

シャリヴァリの各ステージにみいだされる〈駆け引き〉の存在こそ、シャリヴァリ的暴力の本質をなすものであるといえよう。そして、その〈駆け引き〉は、シャリヴァリ的なふるまい方をもちいておこなわれる。たとえ、いかにも一方的に理不尽な凌辱を受けただけのようにみえるアグネス・ミルズのケースにおいてさえも、彼女の挙動からよみとれるある種の楽観さは、彼女がシャリヴァリ連中との〈駆け引き〉にそれなりの自信をもっていたことの徴ともとれる。もしも姦通の噂が、他の理由から彼女を攻撃するための口実であったとすれば、なおさらそうした蓋然性は増すだろう。

ただ、シャリヴァリを仕掛ける側に、彼女を制裁をするのだという意識があったことは充分に予想できる。そして、これまで、シャリヴァリが「制裁儀礼」と規定されてきたのは、研究者がそうしたシャリヴァリ連中の言い分をそのままうけいれてしまったためにほかならない。だが、筆者からすれば、それは多数派である仕掛ける側の見方にあまりによりそいすぎた見解であるといわざるをえない。

すでに指摘してきたように、シャリヴァリにおいては多くの場合（ただ、犠牲者が余所者の場合はのぞくが）、仕掛ける側と犠牲者のあいだに共謀関係が存在していた。それにたいして、「制裁儀礼」の場合は一般に、制裁される者は制裁する者にたいして圧倒的な劣位におかれるのがふつうである。ということは、「制裁儀礼」という表現自体が、シャリヴァリにおける当事者間の共謀ないし〈駆け引き〉の存在をみえにくくする役割をはたしてきたのであった。

そもそも、フィリョン親方やアグネスをはじめとするシャリヴァリの犠牲者たちは（そして傍観者の一定部分も）、それほど素直にシャリヴァリが彼らにむけられた「制裁」だとはうけとっていなかったはずだ。彼らにとってのシャリヴァリの意味をあえて問うなら、それはシャリヴァリ連中と〈直接交渉〉をおこなうための政治装置ということになるだろう。そうした政治装置としてのシャリヴァリ儀礼をつうじて彼らが関与していたのは、すでにみてきたような社会的係争の処理（ないし拡大）過程であったり、規範の生成過程であったりした。それらはまた、別の観点からみれば、共同体の合意形成をめぐる闘争でもあった。もちろん合意の形成といっても、その過程には私たちがいだく市民的な行儀よさからほどとおい、荒々しい儀礼的暴力の行使がともなわれている。にもかかわらず犠牲者の側にも、シャリヴァリ的なふるまい方をもちいてシャリヴァリ連中と〈駆け引き〉をくりひろげるためにかなりの余地がのこされていたことが重要である。そうした点で、地域社会のなかでシャリヴァリ儀礼を介して展開されている事態に適当な表現をあたえるなら、それは〈暴力の政治〉とよぶのがもっとも適切であろう。

ただ、誤解のないように断っておけば、ここでいう〈暴力の政治〉は、いわゆる「暴力政治」とはまったく別のものである。「暴力政治」が、政治のための手段として暴力が前面において使用されているという点で暴力としての政治であるとすれば、〈暴力の政治〉が含意しているのは、人びとが暴力を行使するさいに、そのふるまい自体のなかに政治性が孕まれているという意味での政治としての暴力なのである。暴力の振るい方についての一定のレパートリーが継承されている状況下で、暴力をどのように振るうかという決断なり選択が、その暴力を相手がいかに引き受けるか（拒絶するか）にかんするかなりの程度、蓋然性の高い予想のもとになされているとき、そこには暴力を介した関係性の政治がある。暴力を振るう側、振るわれる側、それを傍観する側、それぞれにある取り引き感覚とでもいったものの存在がここでは重要である。

これまで共同体のなかの暴力について論じられるときには、もっぱらその暴力が共同体にたいしてもつ機能という点に関心がそそがれ、共同体のメンバーが駆使しうる政治装置という面からの検討はあまりなされてこなかったようにおもう。あえていえば、じっさいの伝統社会では人びとはつねに共同体に埋もれて生きていたわけではなかったのだが、むしろ研究者の側のこのような分析視角が、人びとを共同体のなかに埋もれさせてしまっていたのだった。たしかに、シャリヴァリのような儀礼化された暴力だからこそ、そうした政治装置としての性格が見いだしやすいともいえようが、じつのところは共同体内における差別やいじめといった暴力現象にさえも、そのような性格は同様に見いだされるはずなのだ。

一方、「制裁」という表現がこれまでシャリヴァリ研究の現場を決定的に支配してきていたとすれば、なぜ、この言葉がかくも広範に研究者によって採用されたのか、そしてまた、そのことがシャリヴァリ研究にいかなる限界をうみだしてきたかを明らかにしておくべきだろう。

「制裁」という言葉の背後には、つねにある種の超越性がひかえている。そして、そのことが共同体の秩序維持に価値をみいだす研究者の要求にもかなない、広く使用されてきたのだとまずは指摘することができる。しかし、デイヴィスのような既存の秩序の変革に重きをおく研究者においても、この言葉がおなじように頻繁に使用されている点をみるなら、事は、社会（人文）科学の方法論的な問題にまでかかわってくる。ここでは、シャリヴァリをめぐる言説のなかに超越性の観念が導入されることによってもたらされる弊害を、二、三指摘するにとどめたい。

たとえば、シャリヴァリによって犠牲者が共同体から徹底的に排除されるケースを説明するさいに、しばしばR・ジラールのスケープゴート論が援用される（蔵持 1991：123–124）。共同体における差異の消滅という根源的暴力を克服するための贖罪山羊といった神話的な説明は、共同体内の具体的な人間関係や個々の行為者の思惑をすべて超越したところで議論をしているという点で、筆者の提起する〈暴力の政治〉という考え方とはまったく対照的である。そうした超越的（一般論的）説明は、歴史的説明の最終局面、すなわち敗北を意味している。そのような説明の仕方をとったとたんに、議論はそこで閉じてしまわざるをえないからである。

また、シャリヴァリの機能にかんする「社会統制か、社会的プロテストか」（P・バーク）という二項対立的な問いも、個々のメンバーを超えた共同体秩序の水準で論ずるがゆえに生じたものといえる。それをシャリヴァリのメタ規範、すなわちシャリヴァリ的なふるまい方の水準でみることによって、私たちは見かけは社会統制的な色彩のこい通過儀礼のなかにも、共同体秩序への異議申し立ての手段が用意されていたことを示してきた。

おそらくシャリヴァリは、私たちが想像する以上に複雑な儀礼であったのだ。それを解明するためには、あくまで具体的な社会関係の水準にとどまりつづけなくてはならない。そのようにしてはじめて、私たちは、たとえシャリヴァリがどんなに混沌とした無秩序状態を現出させていようとも、救いがたく「悲惨な」犠牲者の側にも矜持があり、騒然たる群衆のなかにも「政治的な」思惑や配慮があったことを理解できるのである。言い換えれば、シャリヴァリの当事者たちの〈集合的直覚〉を過小に評価してはならないということである。シャリヴァリを仕掛けるための口実が、地域住民によって半ば意識的、半ば無意識的なかたちで集合的に捻出されるという事態は、シャリヴァリのさまざまな対象への転用を説明するための鍵をもたらしてくれる。もちろん、シャリヴァリ参加者の一人ひとりにしてみれば、たんに祝祭気分にうかれているか、行き場のない怒りに駆りたてられているだけであったかもしれない。しかし、こうしたシャリヴァリ儀礼が、近代初頭には、標的を共同体の外へも設定するようになり、さらに市民革命の場にも登場するにいたった経緯（柴田 1983）は、この論文で指摘した〈暴力の政治〉の伝統が地域社会に脈々と息づいていたこととの関連をぬきにして説明することはできないはずである。

第3部　往還の途上

——部落表象への関係論的アプローチ

第7章　時の往還
――インタビューにおける「語り」の分析から

1　〈語られぬもの〉をめざして

聞き取りの空間

何気なくおこなった問いかけに、先方からまったく意表をつく言葉が投げかえされてきて、その反応自体にこちらがしたたかに打ちのめされてしまうといった経験。これは、聞き取り調査ならではの醍醐味であるとともに、恐ろしさでもある。

聞き取りの現場で、いつおとずれても不思議ではないそうした衝撃の予感のヒリヒリする緊張感に魅せられて、私たちは調査者という立場の居心地わるさにもかかわらず、ついつい今日もまた、あたらしいお話をうかがいに先方にお邪魔することになるのだろう。

「オンチさん」

その日は、Aさんご夫妻のお宅をたずねていた。

戦後の一時期、むらで指導的な地位にあった「オンチさん」と呼ばれる人物について、お二人の思い出を聞かせていただくためである。

滋賀県の部落解放運動で、なかば伝説的な存在となっている「オンチさん」。しかし、このむらで聞き取りをはじめて間もなく、私たちは、「オンチさん」のこととなると、むら人の口が急に重くなるのに気がついていた。

戦前にはアナーキスト運動の経験があって、浄土真宗大谷派の僧侶の資格をもち、朝鮮人であった「オンチさん」が、入り人としてむらの人たちとかわしたさまざまな交渉は、けっして容易なものではなかったはずだ。部外者の私たちにとっても、両者のあいだに生じたであろう誤解や行き違いの数々に思いをめぐらせることはけっしてむつかしいことではない。むら人が口を閉ざす気持ちも、あるていど理解することができる。だが、調査者というのはなんと因果な職業だろう。むら人が言葉をにごし、語ることを避けようとすればするほど、私たちは皮肉にも、むらの戦後を理解する鍵がそこに隠されているに違いないとの確信をつよめてしまうのだ。調査にひと区切りついた今でも、「オンチさん」にまつわる私たちの執拗な問いかけは、むらの多くの人たちにとって、迷惑以外のなにものでもなかったのではないかという疑いをぬぐいされない。(1)

ある出来事

その日うかがうと、待ちかねていたように、さっそく奥さんのBさんが、戦後の混乱期に「オンチさん」がこのむらに移り住んだころの思い出を語りはじめた。そうして、ものの十分もたっただろうか。突然、「ちょっと止めてほしいところがあるんです」といってから、座卓のうえで回っている二台のテープレコーダーをしめされた。おそらくこの件について、ご主人とのあいだでじゅうぶん時間をかけて話し合われた結果だったのだろう。そばで聞いていたAさんも、それに同意するように、ゆっくりと煙草をくゆらせている。

この録音の部分的な拒絶の申し出は、これまでに幾度か聞き取りという方法で調査をおこなってきた私にとっても、はじめての経験だった。そしてこの出来事は、はからずも「語り」という行為の奥深さについて、あらためて思いをめぐらせるきっかけとなったのである。

そのとき私のなかに芽生えたのは、端的にいえば、〈いまだ語られないこと〉の無限の広がりにくらべれば、語られたことなどそのうちのほんの一握りにすぎないという自覚であった。たしかに「オンチさん」にかんするエピソードの数々は、この耳でじかにうかがうことができた。だが録音は禁じられており、そうであるからには、話の内容の公表も当然はばかられる。とすれば、その場で語られたことも、じつはかぎりなく〈語られないこと〉の方に近いというべきではないのか。

「語り」の本質

このように考えてきてみて、私は、自分の認識がすっかりひっくりかえされてしまったのに気づいたのである。それまで私は、「語り」という行為をひたすら語られたことをとおして理解しようとしていた。しかし、「オンチさん」にかんしてははるかに、〈語られないこと〉のほうが多いのだ。いや、これは、ひとり「オンチさん」のケースにかぎられたことではない。

一般に、「語り」という行為に私たちが新鮮な意味をみいだすのは、〈語られないこと〉が、ただならぬ深さと広がりをもって厳然と存在しているという認識があるからである。私たちは、話し手との対面的状況のなかにいまだ語られていない何かを全身で感じとるからこそ、いわば氷山の一角にすぎない「語り」にたいして細心の注意をはらって耳をかたむけるのである。だとすれば「語り」の本質は、語られたことにではなしに、むしろ〈語られないこと〉のなかにあるという方が、はるかに事実にちかいのではないか。

その意味で、聞き取りとは、語りの彼方にある、いまだ語られていない何かを不断に模索しつづける試みであるといえる(2)。じっさい、聞き取りを重ねていくなかで、私たちは、「オンチ」さんにかんする話をうかがいながらも、どうもこれは「オンチ」さんのことではない、という奇妙な思いにとらえられていたのだった。

晩餐のこと

それに関連してふれておきたい挿話がある。このむらの人情が他所とくらべてとくに厚いのはなぜか、という話題に話がうつったときのこと。お二人のあいだに、つぎのような会話がかわされたのである。

A：余所の人が、このむらに入ってきたら、「＊＊へ行ったら、ご飯食べ、ご飯食べ、てやかましいんや」ちゅうわねえ。それは結局、自分は（行商に歩いて）そういうめに会うてきて、おなか空いたときにご飯よばれたのがおいしかったというあれがあるんで、そう言うと思うんですよ。ところが余所の人に言わすと、「＊＊でご飯食べんかて食べるとこあるわいな」ちゅうなこと言うけどやな。

B：食べんと、差別しているように思われるで。

A：ほんで、「いやいや食べてきた」ちゅう、そういう人があるんです。

B：ほらあ、聞きます。ほんで、こないだのように、自分らが好むで、みなさん方へ晩の焼肉やとかね、すすめて悪かったなと思うて。ほんなのでもね、「食べ食べちゅうさかい呼ばれたら、ホルモンのことですやろ、あんた、なんか臭いものいややけど食べた」とか、後の言葉をひょっと聞くことあります。

このやり取りは、私の胸にしたたかにこたえた。先日の晩餐が、Bさんの心にひっかかりをのこしていようとは、思いもよらないことだった。こちらとしては、あたたかいお持て成しに感謝の気持ちをいだきこそすれ、迷惑に感じることなどいささかもなかったのだから。私をとらえたこの驚きが、晩餐という共通の体験がまったくちがった受けとめ方をされているという生々しい現実にふれた結果であるのはたしかだろう。

「語り」の不意打ち

しかしこのときの自分の心理状態をふりかえってみると、こうした理性的な説明では言いつくせない、もっと即物的な衝撃があったように思う。それは、「語り」の奔出に不意を討たれる、とでも言うほかない感覚である。じっさいのところ、Ｂさんは、そのとき意図してこの話をもちだされたわけではない。それが啓発などの効果を顧慮してなされたものではなかったがゆえに、なおのことＢさんの言葉は、私のなかに深いショックをもたらしたのであった。語りという行為にはらまれた不可思議な力が、この語り手の無意図性となんらかの関連があるのはたしかなことだろう。

私が以下で試みるのは、このような語りの力に導かれながら、語りの彼方に見え隠れするむらの今を描出することである。

２　いま、むらに何が起こっているか

「語りの内容」から「語り方」へ

Ａ：家でお餅つくとするでしょ。むかしは、杵の音さしたら、一臼か二臼、となり近所にくばらなきゃ食べられないいちゅうあれがあったんですよ。いまもう、そんなん全然ないですね。

Ｃ：そら、音がするでな。おお、となり餅ついとんなちゅう感じ。

Ａ：あ、もうじき餅もってきてくれはるわ、なんて（笑）

聞き取り調査は、本質的なところで〈語られないこと〉を指向していると述べた。それは、私たちが語られたことを軽く受けとめているということではもちろんない。むしろ、そうした指向性が聞き手の側にあるからこそ、語

られたことがあらたな意味をもってたちあらわれるのである。とはいえ私たちは、「語り」をもっぱら語られた内容（＝言説）に依拠して解釈しようとする立場にたいしては、はっきりと異をとなえたい。なぜなら、「語り」という行為を理解する鍵は、なにが語られたかということよりも、どのように語られたかということの方にあるからである。この「語り方」という要素に着目することによって、はじめて「語り」の行為のしくみを明らかにすることができる。(3)

問わず語り

たとえば、聞き取りのさなかにわれわれ調査者がしばしば出合うことのなかに、語り手の不意の冗舌がある。これは、調査する側にとってはなかなかやっかいなケースである。話者が冗舌になると、話の筋が往々にしてこちらの質問からそれたり、ちがった方向に踏み外されたりしがちである。

しかし、それにもかかわらず、語り手の冗舌はまた、それを償ってあまりある貴重な情報をもたらしてくれもする。なぜなら、冗舌に話される内容は、（特別な利害関係がないかぎり）なによりもその人がいま一番語りたい（語る必要を感じている）ことであって、また、こちらに一番（そのような語り方で）知ってほしいと思っていることであろうからである。

むら人の語りのなかにも、冗舌ということはないにしても、こちらの質問の範囲をこえてつねに収斂していく一連の話題がみられる。それは、むら人がいままさに直面させられているさまざまな問題にかかわっている。むらの近所づき合いの変化（たとえば、先の餅つきの話）やよそ者の流入の問題、そしてさらに現在のむら政治や同和対策事業の帰趨など、それらは幅広い事象にわたっている。

自由な会話

興味ぶかいことに、これらの事象は、足かけ四年にわたる調査のあいだ、終始変わることなくむら人の話題の中心にのぼってきた。じつは、この私たちの調査では、当初の質問項目は、かならずしもこのような生々しい出来事を予想したものとはなっていなかった。それだけに、いまあらためて初期の調査記録をひもといてみるとき、そのなかにこれらの事象にかんするむら人の率直な語りを随所に発見するのは一つの驚きである。

仕事の話、祭りの話、あるいは余暇や遊びの事などを、昔をふりかえりながら語っていただくというのが聞き取りの基本的な方針である。ふつうは、お一人ずつ個別にお話いただくというかたちをとる。(4) ただ、はじめの数回にかぎっては、親しい方、同年齢の方、または親類の方同士による座談という形式でおこなった。

それには話しやすいふんいき作りというこちらの思惑もあったが、その結果として、いま、むらにひき起こされている切実な問題が、自由な会話のなかでおもわず吐露されていたようにおもう。さきに引いた餅つきの回想がそうである。またさらに、むらの混乱した現状を象徴するつぎのような話もなされていた。

人間関係の変化

A：ほんで、ええ人が来てくれはるとええんやけど……。受け入れ体制そのものはね、よそのむらからこのむらへ入ったら入村料て、むらへいくら払うちゅう規定があったんですよ。今、ぜんぜんないでしょ。だから、どんな人が入ってきても住めるわけですわ。

D：そら、住民票の写しなんか見てても、こんな人が今いはるやろか、どこに住んではんにゃろ、区長もわからんのやし、われわれもわからんわな。ほんな人が、ようけいはりまっさかいに。

A：私もちょいちょい病院はいるんですけどね。病院に入ってる人で、「あんたどこや」、「わしゃここのむらや」、「ええっ」ちゅう人がようけあります。

この二つの会話においてAさんが嘆いていたのは、どちらもむらの人間関係のおおきな変化にかかわる事柄だった。こうした人間関係の変化という事態を、Aさんは独特の語り口のなかで認識をし、またそれをむら人やわれわれにむけて伝達しようとしているかのようだ。それでは、Aさんの「語り方」の特徴は、いったいどのような点にあるのだろうか。私はさきにAさんの語り口を形容するにあたって、「おもわず吐露されて」という表現をもちいたが、それにはすくなからぬ理由があったのだ。

行商をめぐる対話

おなじ座談のなかでこれらの会話に先立ち、私たちは行商についてのAさんの（今からしても）じつに意外な発言に接していたのである。それにたいする聞き手の側の困惑がよくつたわってくるので、そのくだりを引用しておこう。

＊＊（聞き手）：……　しかし、そのわりにはね、なんか皆さんのはなし聞いてるとすごくたくましくね……
A：ということはね、結局まぁ苦肉の策ちゅうのもなんやけど、最小限度の食べるだけの準備はしなきゃならんということですわ。（行商で）儲かったときにはごっつぉう食うと、ね。儲からなかったときにはごっつぉう食えないということです。
＊＊：なんとなく楽しそうにしゃべらはるから、もう一つわれわれには実感できないんですけども……
A：結局、あきらめですわ、一つの。
＊＊：あきらめ？
A：もうわれわれの歳いったら、どっこもつこてもらえないし、結局は、なにか食べる方法を（画策）しなきゃならないちゅうことですよね。

＊＊：なにか、でもやっぱりねえ、したたかというか、たくましいというかね、そういう印象を……

A：まあ、ええ風にとったらそう取れるでしょう。もう悪いときはやけくそみたいなもんですわな、じっさいは。とにかく食べられたらええということしか考えてないということです。というのは、子どもが小さいのがたくさんおるとね、……そこの主人はみんなを食わさなならんという観念があるわけですな。もうどうしてもしなきゃならん。そんだけ稼いでこんことには食べさせられないということはありますわな。

すれ違い

先方とのあいだに意志の疎通がはかれなかったり行き違いが生じたりといった状況は、私たちの調査の過程では、けっしてめずらしいことではない。しかし、これほどあからさまに語り手と聞き手のあいだにすれ違いがおこってしまったケースというのもめずらしい。

聞き手の側は、むら人の語る行商体験を、もっぱら自分たちがいだいている（あるいはそうあってほしいと願っている）実感のなかに回収しようとつとめている。それは、今日ではもうすでに使い古された感さえある「たくましい」とか「したたか」といったおきまりの表現によってなされている。それにたいして、Aさんがしきりにうったえているのは、行商生活の不安定さである。しかもその語り口は、しだいに苛だちをおびてくる。「たくましさ」や「したたかさ」とは正反対の「あきらめ」とか「やけくそ」といった言葉を、それこそこれでもかこれでもかと繰りだすことによって、Aさんはいったい何を伝えようとしていたのだろうか。

ある行商体験

まず確認しておきたいのは、Aさんは、行商の文化のなかにある「たくましさ」や「したたかさ」をけっして否定しているわけではないということだ。この座談からほぼ一年後におこなわれた聞き取りで、Aさん自身、みずからの行商体験をつぎのようにいきいきと語っている。

（戦後の）あの時分、綿反、ちりメンの反物は統制品でねぇ。ほいで、こっちは欲しがるでしょう。それが無いときているから、岐阜一宮まで買いにいくと、一宮でみな作ってはるんですわ。織ってはるとこへ行って、それを内緒に買うては、ほんで体にまきつけてね（笑）、もって帰るんですわ。それで（警察に）ひっかかったらとられて（没収されて）しまうが。んで、そのわりに、古着はどうもなかったんですわ。で、後には（表むき）古着屋の商売して、古着の間へはさんで帰ってくる。あとはもう、あんなん（木綿の反物は）取り合いやったもん。百姓さんみな、ほれ、モンペ作ったりするでしょ。ああいうの、みな欲しいいうて。

ここで語られているのは、まさに行商の文化の「たくましさ」や「したたかさ」そのものである。では、Aさんはその点は重々承知しておりながら、これから調査をはじめようとしている若い研究者たちにたいするいわば「教育的な配慮」として、行商の背景にある現実生活のきびしさにも目をむけさせようと、あえてそのような自虐的ともとれる言い方をされたのだったろうか。

行商のもう一つの意味

じっさい、むらの壮年層の一人Eさんが、Aさんのことを「能書き達者」とちゃかしながらも（もちろん親しみをこめてのこと）、「むら式の結婚て、いったいどういうことするにゃて、いっぺん聞いたことある。そういうことは詳しいですからね」と認めているように、むらの働き盛りの人たちも、むらの老人会長を長くつとめているAさんの見識に一目おくところがあるようだ。そうしたむらの長老的な存在であったればこそ、Aさんの発言のなかに部外者の私たちにたいするなんらかの「教育的配慮」がなかったとはいえない。

しかしながら、たんなる「教育的配慮」といってすまされない何かせっぱつまった印象が、Aさんの話の調子には感じられないだろうか。そのような直感が見当はずれでないならば、やはりAさんにとっては、「たくましさ」や「したたかさ」のみならず、「あきらめ」や「やけくそ」もまた、行商体験を語るうえでけっしてないがしろにできない重要な側面であったに違いない。そして、私たちもまた行商の文化を、被差別部落のアイデンティティのありかとして実際以上に美化するよりも、あくまでむら人の心情をありのままに受けとめることが大事であるとする立場にたっていることはいうまでもない。

語りの噴出

だが、そうだとすると、さらに別の疑問が生ずる。その後、あらためて行商をテーマに掲げておこなった聞き取り調査でAさんをはじめとしてむらの人たちによって語られた事柄は、もっぱら前者の（「たくましさ」や「したたかさ」と総括できるような）側面であった。では、「あきらめ」や「やけくそ」といった行商に付与されたもう一つの意味合いが、それ以降ほとんど触れられずに終わってしまったのはなぜなのだろうか。

このことは、一見ささいなことのようでありながら、じつは調査行為というものにたいして非常に重大な問題をなげかけている。つまり、むら人が今現在直面しているもっとも切実な問題が、ある場では積極的に語られておりながら、ある場ではまったく語られないということがどのようにして起こってしまうのか、といった問題がそれである。

そこでつぎのこと、すなわち、この調査初期の座談の席で、行商の否定的な意味が、突然、Aさんの語りのなかに噴出したのはなぜだったのか、という点がまず問われなければならない。

時の移行

それは、調査の手始めとして、戦前の時代から昭和の30年代にはいるまでむらの主たる生業であった行商について、AさんCさんDさんのお三方にお話をうかがっていたときのことだった。

Cさんの短い発言をきっかけに、話題が突如、むら人の現在の雇用状況へと転じたのである。Aさんの語り口に変化が生じたのは、そのときだった。その変化を比喩的にいうなら、それまでもっぱら過去へとむかっていた関心が、現在のなまなましい問題と重ねあわされることによって、ある種の化学反応をひき起こしたとでもいうことになろうか。その「化学反応」がどんなものかをよく示しているのが、Aさんが老人会長として語っている部分である。

C：ぼくら、まあ闇屋をやめてから、自営業をやりだして今でもずうっとやってますけどね。

＊＊（聞き手）：なにを？

C：土建業です。

＊＊：ほう、じゃあ今はどうなんですか。このむらではどういう仕事がいちばん多い？

A：今、むらのなかには勤め人が多なりましたな。パートが多いんですけどね。ほとんど、パートか下請け。いわゆる会社なんかの下請けはいっとるでしょう、そういうとこの下請けのまた下請けですわな。そんなとこに行ってる人、多いですわな。それでも仕事せえへんよりましやということですわ。男も女も。

D：五時過ぎになると、マイクロバスが三台四台ぐらいずうっとまわって、みな降ろしていかはります。

A：企業の下請け。ほで、結局は、会社があれ（馘首）してもですなぁ、あの、会社くびになっても、すぐに下請けのまた下請けのまた下請けでもいいから使てもらうということなんですわ。ほんでこれ私たちいっつも老人会で思うんですけどね。われわれの年代の老人は、みな勤めた経験のない人が多いでしょ。そやから年金も少ないね。ところが他村は全部年金やらたくさんもうてる（もらってる）わけですわ。そういう（金のかかる）付き合いしていかなあかんので、このむらの人はみなえらい（苦しい）ちゅうこと言えるわけですわ。

年金給付の不公平

「老人会長さん」が言わんとしているのは、ただたんに、働き盛りは働き盛りなりに、また年金生活者は年金生活者なりに、それぞれにきびしい生活条件のもとで生計をいとなまざるをえないというこのむらの現実問題だけではない。いや、むしろ「老人会長さん」がここで強調しているのは、過去に自分たちが行商にたずさわったという事態が、年金給付の額のすくなさというかたちで今日まですくなからぬ影響を当事者におよぼしているという事実である。

こうした年金給付にかんする不公平感は、おそらく、老人会の寄りのたびにくりかえし話し合われてきたのに違いない。現在、この年金問題は、むらの行商世代のなかではいよいよ切実なものになってきている。そして、この年金格差へのこだわりが根深く存在しているかぎり、過去の行商体験をふりかえるという行為がこんにち当事者の方々にとってもっている意味は、あの当時、行商にかわる定職がみつけられなかったという悔恨の情や、そうした状況に自分たちを追いこんだ差別にたいする怒りの種以外のなにものでもなかったのだ。こう考えてくると、「あきらめ」や「やけくそ」といった行商にたいする否定的な意味づけが、この発言のすぐあとに「老人会長さん」の口にのぼったのも十分うなずけるのである。

語りの文脈性

では、なぜ、４年にわたる調査のあいだで、この時だけ、Ａさんは行商にたいする否定的な言葉を口にしたのだろうか。

言い換えれば、Aさんの語りのなかに、過去の行商へのまなざしと現在のむらの生活へのまなざしを重ねあわせる独特のスタンスが不意に生じたのは、どのような理由によるのだろう。

この疑問をとく鍵は、語りの文脈性にある。Aさんの語り口に変化が生じたのは、語りの文脈が、過去の出来事の回想から現在へとおおきく転換したときであった。それは私たちが、Cさんの一言によって、五〇年という時間の隔たりをとびこえて現在の時点につれもどされた、その目眩くような一瞬に凝縮されている。語りの文脈における過去から現在への時の移行。その移行の体験から生じた新しいスタンスのもとにふりかえられる過去は、もはやそれまでに回想されていた過去とはまったく別の相貌を呈している。Aさんが現在のむらの雇用状況に言及したことをきっかけに、それこそ胸にたまっていたものを一気に吐きだすようにして、今日まで尾をひいている行商という営為の負の側面をおもわず吐露してしまったように。

3　むら社会の戦後的変容

過去のふりかえり方

行商にしろ、あるいは解放運動にしろ、それら過去の出来事や経験を回想することは、けっして事実をありのままに語ることではない。それは、あくまで語り手の現在の観点からなされた過去の事象の再構成でしかない。さらに言えば、意識的であれ無意識的であれ、語り手が過去の出来事を自分につごうよく解釈する合理化の契機が、そこにはつねにまぎれこんでいる。だから、語られた事柄から事実を特定しようとする試みにはつねに困難がつきまとうのである。

しかしそれは、語られた内容に執着するかぎりでの限界であった。「語り方」という点に着目するなら、事情はまったくかわってくる。そこでは、事実の特定にとって制約でしかなかった語り手による再構成や合理化の存在自体が、逆に私たちにあらたな視野をもたらしてくれることになるだろう。

ところで、語られた内容は、語り手の現在の観点、すなわち現在の問題状況におおきく規定されていると述べた。それは、くりかえしになるが、語りという行為はつねに過去の事象にたいする再解釈をふくんでいるということである。たとえば、ある人が t_0 の時点で起こった出来事について、$t_1, t_2, t_3, \ldots\ldots t_n$ の時点でそのつど体験談を語ったとしよう。そうすると、この語りという行為においては、t_1 の時点におけるこの出来事にたいする解釈、t_2 の時点における再解釈、t_3 の時点における再再解釈、……t_n の時点での $n-1$ 回目の再解釈がうみだされたことになる。もちろん、この n 個の解釈は、重複したり相互に関係のあること（たとえば以前おこなった解釈を再解釈すること）もあろうし、まったく無関係な場合もありえよう。[5]

語りのダイナミズム

ただ、重要なのは、これらの解釈が表明されたそれぞれの時点において、そのときどきに語り手が抱いていた異なった問題関心が、解釈のなかにも侵入してきているという事実である。語りという行為のダイナミズムは、このように無限の再解釈の連鎖の途中で、そのつど現在の問題関心と過去へのまなざしが交差することによって、当の語り手にとってさえおもいがけない言葉が洩らされてしまう点にあるといえる。それを如実にしめしているのが、さきにみた語りの文脈における時の移行という事態であった。

それでは、語りという行為のもつこのようなしくみは、調査者にどのような課題をなげかけているのだろうか。

その一つは、すでに述べたように、語られた内容（＝言説）をそのままうけとるのではなしに、「語り方（＝どのように語られたか）」に着目することがぜひとも必要だということである。そして、そのことはつぎの点、すなわち語られたこと（たとえば意見やエピソードなど）はつねに語りの文脈のなかで理解されなければならない、ということを示している。

「オンチさん」の声価

「オンチさん」にまつわる言説は、むらのなかではそれこそ錯綜をきわめていた。私自身、そのもつれた糸を、なんとか解きほぐそうと試みたことがある（三浦 1996＝2009）。さらに「オンチさん」の事績をどのように評価するかという点も、むら内でおおきく意見のわかれるところである。その一つに、「オンチさん」が導入した区長立候補制の問題があった。

ちょうど、同和対策事業のシナリオがいよいよ現実化しようとしていた頃のこと。むら人に請われて区長職についた「オンチさん」は、あらたに区長立候補制を提唱し、おおくの反対の声を強引におしきって実行にうつしている。当時は「オンチさん」の取り巻きだったAさんも、その提案にたいして猛反対した一人であった。そのときの経緯を、Aさんはつぎのように語っている。

これは悪口になるけどね、このむらの区長のありかたも、そうですんやわ。あの人がみなひっくりかえしてしもうたんや。というのはね、区長はね、昔っから、この人なら良かろうと、皆が推薦して頼みにいったもんです。それを立候補制にするっちゅう話を、私がいるときに言われたんですわ。ほんで、区長みたいなもの立候補制ちゅうことあかんと、ぼくらものすごう反対したんですけどもね。それでもするっちゅうて言うた以上は絶対あの人は引かんでね、で、立候補制にしよった。それがいまだに悪影響およぼしてるんですわ、もう。

むら政治の転換期

Aさんが、その当時に見越していたのは、区長を立候補制にすることにともなう派閥対立の激化であった。そして、その予想は不幸なことに的中してしまった。同対事業がすすめられていた期間に、このむらで七、八年にわたり区長や町議が一定の派閥によってしめられるという事態が生じたのである。私たちが調査をおこなうためにこのむらにはいったのは、じつは、そのような状況を打開するためにむら人たちが行動をおこしはじめた、いわばむら政治の転換期にあたっていた。聞き取り調査が、他の時期ではなく、まさにこの時期になされたということは、この件にかんするむら人の語りを理解するうえできわめて重要である。

というのは、Aさんのさきの語りも、このむら政治の転換期といった文脈のなかで受けとめられる必要があるからである。たしかにAさんの発言は、むら政治を混乱させた責任のおおくを「オンチさん」に帰しているようにみえる。しかしながら、Aさんの語り方、もっと具体的にいえば「過去のふりかえり方」は、それとはべつの事柄を私たちに告げているようなのだ。

批判のスタンス

Aさんは、区長の立候補制を批判するにあたり、「昔っから」むらでおこなわれていた推薦制を対置している。そこにあるのは、現状を批判するために、過去の事象をある種の理想、ないし本来そうあるべき規範として用いようとする姿勢である。この場合は、「オンチさん」以前のむらの自治が、それにあたる。しかし忘れてならないのは、戦前からむらの自治の基盤をなしていた寄り合いや青年会といった諸制度は、戦後のはやい時期に実質的に消滅してしまっていたという事実である。そしてそのことは、だれよりもAさん自身が熟知していたはずなのだ。そうすると、Aさんの発言を、ただその額面どおりにうけとると、おおきな誤りをおかすことになるだろう。

また、第2節で引用した近所づき合いの変化やよそ者の流入を嘆くAさんの語りにも、過去のよき時代をなつかしむ同様な姿勢がつらぬかれているとみなすこともできる。だが、それをたんなるノスタルジーと決めつけるのもまた、早計のそしりをまぬがれないのではないか。

語りの向こう側へ

それでは、Ａさんはその一見したところ懐旧的な語り口によって、なにを表現しようとしていたのだろうか。すくなくとも、むら政治の混乱の原因を、「オンチさん」一人に負わせているのではないようだ。じっさい、「ワンマン」とか「住民無視」という形容は、近年の指導者たちにもおなじようにむけられていたのだが、聞き取りでは彼一人がそうした批判をすべて背負わされてしまった感があった。その意味で、私たちが耳にした彼への批判は、「彼以後の時代」の指導者たちへの批判が、彼に仮託されてなされた部分も多々あったのではないかと思われる。

「オンチさん」にかんする話をうかがいながら、どうもこれは「オンチさん」のことではない、という奇妙な思いにとらえられたのは、一つにはこのような背景があったせいであった。今現在、むら人がストレートに語ることがむづかしい事柄、その中心にむらでの生活にいまだにおおきなしこりをのこしている派閥問題があったのである。私たちの聞き取りで、容易には「語られないこと」のなかに、この派閥問題があったのはたしかである。

しかしながら、Ａさんの語りの向こう側には、まだまだその派閥問題さえ簡単に越えられてしまうような、戦後のむらのなかに生じたおおきなうねりのようなものの存在が予感されないだろうか。それを、私たちは、むらの近代化とよぶことになるだろう(6)。そのなかには、人間関係の変化から同対対策事業の進みゆきなど、さまざまな事態がふくまれる。

とりわけ、同和対策事業を引き継いだ地域改善対策特定事業が、一般対策へ移行している今日、諸事業が、差別の解消という当初の目的をどのように達したのかはもちろんのこと、それらがむらの生活文化におよぼした様々な影響を、あらためて腰を据えて見なおすべき時期に、私たちがさしかかっていることはたしかである。そうした事柄を考察するにあたっては、各地域ごとに同対事業の進展にかんする詳細な聞き取り調査がおこなわなければならないが、そのさいには本章で試みてきたような、人びとの「語り方」をめぐる以上の議論が重要になってくるだろう。

注

（1）この調査は、一九九二年から一九九五年にかけて、反差別国際連帯解放研究所しがによって、滋賀県湖北の被差別部落でおこなわれた部落生活文化史調査のことである。その調査の概要および成果については、同研究所編『語りのちから――被差別部落の生活史から』弘文堂、一九九五年として刊行されている。

（2）この点について、西成彦は、「ほんとうのフィールドワーカーは、一伝承者個人の語りに耳をすますだけでは足りず、外部の「風」と内部の無意識の境界上に生じる「幻聴」にも身をゆだねる大らかさを求められる」と書いていた（西 1997）。私たちも、むら人の風評と調査者としての直感の境界上で、ある瞬間、たしかに「幻聴」を聞いたというべきだろう。そのうえで、「風」と「無意識」と「個人の語り」、この三者のバランスがいかに大切かをいま思う。

（3）佐藤郁哉も、「「何をしゃべったか」だけでなく「どのようにしゃべったか」ということが、民族誌や聞き書きの場合、重要な情報になる」と述べていた（佐藤 1992）。しかし、もちろん本章は、聞き書きでも民族誌でもないけれど、彼の言葉を借りれば、「どのようないきさつで、またどのような状況でしゃべったか」についての情報も、できるかぎりおさえておくよう心がけたつもりである。

（4）このような形式にたいしては、一部のむら人から、「警察の尋問みたい」という感想がよせられていた（桜井 1995参照）。その意味では、調査のなかで自由な座談の場がもつ意義は、もっと見なおされてよいのかもしれない。

（5）記憶が、過去の出来事のたんなる再現ではなく再構成であるという考え方は、アルヴァックス（1950）に負っている。

（6）むら人たちが、同和対策事業をふくめ、むらの近代化にたいしてどのように対応してきたかについては、三浦（1995）でも言及している。

第8章　カテゴリー化の罠
――社会学的〈対話〉の場所《フィールド》へ

1　フィールドはどこにあるのか？

押し寄せるフィィールド

夜更けに、電話の呼び出し音が鳴る。

通話口にでてみると、数時間ほど前にお宅をおいとましてきたばかりのAさんからだった。別れ際にみせた機嫌の良さとは打って変わった別人のような声の様子に、なんともいえぬイヤな予感が胸をよぎった。

「あの、さっきした話やけどなぁ、書かんといてほしいんや」

Aさんは、開口一番こう言うと、いつもの磊落な話しぶりからは想像もつかないせっぱつまった調子で、早口にまくしたてたのだった。

「つい、勢いでしゃべってしもたけどな。書いてもろうたら困るんや。いらんケンカの種まいて……、巻き込まれて、ぐちゃぐちゃ、ぐちゃぐちゃいわれんの、もぅ、かなんさかいなぁ……」

予期せぬ電話をうけて、こちらも相当に動揺していたのだろう。気がつくと、私も懇願口調になっていた。

「えっ、さっきの話って、まさか、あれ、今日うかがった話、全部書いたらだめってことじゃないですよね。お約束したように、原稿の下書きができましたら、かならずお見せするようにしますので……、そのときにまた内容をチェックしていただくっていうことで、ご了解いただけないでしょうか……」

じつは、公刊予定の報告書の締め切りが、すぐ間近に迫っていた。突然の電話は、報告書の構想までも一挙にひっくり返しかねないものに思われ、私をひどく動転させたのだった。

Aさんとの電話のあいだ、頭のなかをかけめぐっていた思い。それはまず第一に、すでに構成が決まっている報告書の自分の担当部分に穴をあけてしまうのではないか、という危惧だった。きわめて自己本位な反応だといわれれば、そのとおり、弁解の余地はない。

しかし、それだけではなかった。あのときとっさにとった私の対応には、フィールドの姿をなるべく正確に伝えるために、「書くことのできる範囲」をできるだけ広く確保しておきたいという、調査者としての思惑があった。なお、ここで「書くことのできる範囲」とは、被調査者やその関係者が、「ここまでなら書いてもかまいませんよ」と容認してくれる範囲のことである。

その意味で、この夜更けの電話は、被調査者と調査者とのあいだで交わされた、「書くことのできる範囲」＝「書くのを許容する範囲」をめぐる、一つの交渉あるいは駆け引きだったといえる。

また、別の角度からすれば、この出来事は、調査報告書を書くという作業にはフィールドからつねに様々な圧力が加わっている、という事実を指し示している。とはいえ、こうした事態は社会調査にはつきものであり、けっしてめずらしいことではない。いや、むしろ、ここで「圧力」などと表現したことにたいして、読者から批判がでるかもしれない。

じっさい、私たちは聞き取り調査をおこなうさいには、事前に、調査の目的はもとより、聞き取ったデータの利用法や、データを公開するさいの諸々の手続き（語り手や関係者の許可を得ること等々）を説明したのちに、被調査者から十分な了解をとりつけておくといった、いわば社会調査のインフォームド・コンセントを心がけてきた。したがって、Aさんのとった行為は、被調査者が本来もっている当然の権利の行使にほかならない。

しかしここでは、先のような被調査者からの要望（クレーム）を、ついつい「圧力」と受けとってしまう調査者である私自身の認識に、もう少しこだわってみたいのだ。

被調査者による当然な権利の行使を、調査者が「圧力」と感じてしまう理由。それは、調査者としての私たちが、みずから範囲を設定し、それに依拠して調査をすすめてきたフィールドにたいして、当のフィールドのなかから、そのフィールドの範囲を変化させようとする動きが現れてきた、という点にこそあるように思われる。

Aさんは、私にたいして、自分が話したあるエピソードを公表しないように求めてきた。しかし、そのエピソードが、じつは当該フィールドを理解するうえで（あるいは、当該調査の目的にとって）、決定的に重要な位置を占めていたとしたらどうだろう。そのエピソードに言及せずに調査報告を書きあげるということは、調査者の意図に反して、一面的な、歪んだ、部分的なフィールド像を読者につたえることになってしまうのではないか[1]。つまり、被調査者側からの要請による「書くことのできる範囲」の縮小とは、とりもなおさず、フィールド自体がその範囲を縮小したり、その境界を変えてしまうことを意味していたのである。

と、ここまで書いてきて、用語を明確化する必要性を感じる。そもそも、「フィールド（field）」とは何か？「野外」「現地」「現場」「調査地」などさまざまな訳語が可能だが、本章では、もう少し厳密な定義づけをおこないたい。すなわち、以下で「フィールド」とは、社会調査の過程において、調査者がみずからのテーマや目的にそって想定している調査対象となるヒト・モノ・コト・場所をさすものとする。[2]

このようにフィールドを定義したときに、調査者にとって、調査においてフィールドの境界が、みずからのコントロールをはずれて、恣意的に変化していくほど致命的な出来事があるだろうか。おそらくこれが、Aさんからの申し出を、私が圧力と感じとった理由だったのである。

だが、こう説明するだけでは、あの夜更けの電話に私が感じた電撃的なショックは、まだまだ言いつくされていない。そのショックを比喩的に表現するなら、そもそも報告書を書くという、きわめて個人的かつ孤独な営為の現場であったはずの書斎にまで、フィールドが津波のように押し寄せてきた、ということになろうか。

あるいは、こうもいえるかもしれない。被調査者の対応次第で、フィールドはその境界を広げる方向へも、狭める方向へも変化させる。つまり、まるでアメーバーのように、フィールドは、刻々とそれ自体の輪郭を変えていく。そして、気がついたときには、そのフィールドにすっぽりと飲みこまれてしまっている私がいた……。

これから述べようとするのは、こうした私自身の奇妙な体験である。

拒絶するフィールド

この二〇年ほどのあいだに、さまざまな方からお話をうかがってきた。いまでも、ふとした折りに、その人たちの懐かしい面影がまざまざと甦ってくることがある。真剣な顔、にこやかな顔、悲しみの顔、おどけた顔、途方に暮れた顔、訴えかける顔……。

しかし、それだけではない。そこから少し離れたところに、一群の、険しい表情を浮かべた顔がある。たとえば、そのなかのある顔は、こちらが来意や調査の目的を告げたとたん、表情をこわばらせて、

「もぅ、帰ってくれんか。忙しいんや。わしは、あんたらの調査に協力する気なんかあらへん」

と、突き放すように言ったのだった。

またある人は、電話口にでただけで、

「すんませんなぁ、もう、なんも話すことはありません」

と、申し訳なさそうなつぶやくと、一方的に受話器をおいた。

こうしたかたちで、出会うというよりも、むしろ、すれ違うように決別してきた人たちにかんする記憶が、年をへて心の底に沈殿していき、いまや分厚い層をなすまでにいたっている。

ここ数年、「社会学とフィールドワーク」というテーマをめぐって考察するようになってから、しきりと気になりだしたのは、とくに調査の過程で後者のような別れ方をした人たちのことだった。

被差別部落で聞き取り調査をおこなっていたときのことである。(3)

ある人（仮りにBさんとしよう）は、私たちが鞄のなかから携帯用のテープレコーダーを取りだすのをみて、とたんに血相を変えたのだった。いつもなら、テープを回しはじめるまえに、録音の許可をとるための口上を述べることにしている。だが、そのときばかりは、断りをいれるまえの一瞬のスキをつかれたこともあり、Bさんに機先を制せられた恰好になった。

それからのBさんは、まるで堰が切れたように、過去に自分がうけたさまざまな調査行為をあげ募りながら、調査への不信感を並べ立てたのだった。

かつて、新聞社の取材におうじたところ、意図に反して地区の偏見をいたずらに助長するような記事を書かれてしまったこと。また、「部落史」の編纂事業では、データの公表をめぐって、委託した研究者とのあいだで最後まで折り合いがつかなかったこと。さらに、戦後間もなくの頃に、解放運動とのかかわりで警察において尋問され、調書をとられた経験についても……。

おそらくは、調査のはじめぎわに私たちが犯したちょっとした不手際が、Bさんのなかに、こうしたあまり思い出したくもない（あるいは、いまだに憤りがおさまらない）出来事の記憶を、一挙にひきずりだしてしまったのに違いない。だが、こういうことでもないと、被調査者が胸のうちにいだいてきている調査や調査者にたいする率直な疑問や批判を私たちが耳にする機会などめったにない、というのも、また事実なのである。[4] その意味では、このときの体験は、調査者としての私の自己形成にとって、得がたい糧となっている。しかし、その一方で、その貴重な経験と引き替えに、私たちはこの地区における解放運動の歴史をたどるうえで欠かせない、いわば「生き証人」ともいうべきこの人物への聞き取りの決定的な機会を逃し、さらに、その将来的な可能性をも失うことになってしまったのだった。

このように調査を断られるという経験のなかには、それによって失われゆくものと得られるものとが、きわめてアンビバレントなかたちで併存していることがわかる。

ここで失われゆくものとは、いうまでもなく、フィールドにかんする情報の一部（ないし、場合によっては全部）である。したがってその時点で、調査前に思い描かれていたフィールド像は、なんらかの（あるいは全体的な）修正を余儀なくされる。試みに、調査開始時に調査者によって想定されたフィールド像を象徴的に「太陽」にたとえてみれば、調査拒否のために修正を余儀なくされたフィールド像とは、月の存在（＝調査拒否者の存在）によって太陽の一部ないし全部が覆い隠された「日蝕」の状態に近いのかも知れない。

具体的にいえば、Bさんの拒絶に出会った私たちは、それまで念頭においていたいくつかの研究テーマのなかから、解放運動というトピックを取り下げざるをえなかった。当時の私自身の心境を振り返ってみれば、豊饒なフィールドを遮断する重たい鉄のシャッターが、音をたてて目の前で閉まったような感じがしたものだった。先に述べたフィールドが縮小したり変形したりすることがあるという認識、そこには、まさしく、社会調査の過程において、被調査者の出方に応じて研究テーマ自体が受動的に変容させられていく、このような事態が含意されていたのである。

　このように考察を進めてきてみて、社会調査という実践が、私たちの前に意外な相貌をみせはじめていることに気づかないだろうか。それは、一言でいえば、社会調査というものが本性的に纏う調査対象にたいする受動性にほかならない。

　これまで、往々にして私たちは、社会調査について論じるときに、調査主体によって能動的に計画され、推進されていく側面ばかりに目を向けがちであった。しかし、そうした能動的な調査観をもつ調査者は、えてして調査拒否にあたる諸事例を、例外事例として周辺へと追いやることによって、それらが提起する問題と正面から向き合うことを避けてきたといわざるをえない。

　それでは、こうした調査拒否を甘受すること、言い換えれば、フィールドの一部を失うことと引き替えに、真正面から調査拒否を受けとめることによって、調査過程から新たに得られるものとは、いったい何なのか？

　この問いに答えるために、私たちは、調査のあいだに出会った険しい顔をした一群の人びとのなかへと、再び立ち戻ってみなければならない。

2　調査拒否が生みだすもの

取材中の出来事から

その日は、あるお宅へお邪魔して、ご主人から、昭和のはじめまで、このむらの主要な生業の一つだった皮鞣しの仕事について、お話をうかがっていた(5)。

皮鞣しという作業には、大きく分けて二つの工程がある。まずは、牛馬、山羊、兎、狐など動物の毛皮（原皮）から、毛や脂を取り去る工程がある。つぎに、ごわごわの皮を、柔らかく、かつ、しなやかにし、いっそうの耐久性をもたせる工程がつづく。いわゆる「皮を鞣す」とは、これらの工程をあわせた表現である。

ところで皮革は、鞄・衣服・靴・インテリア等の素材として、現代でも、私たちの生活になくてはならないものである。今日、ほとんどの製革工場では、鞣しの工程において、脱毛や脂肪の分解除去には、消石灰・硫化ナトリウム、耐久性を高めるためには三価クロム・合成タンニンといったように、多種多様な化学薬品が添加されている。

それにたいして、主として大正から昭和の初めにかけて、このむらで行われていたのは、脱毛には河川の流水や自然のバクテリアを利用し、塩や菜種油を加えながら、人が皮を揉みこむことによって鞣す、いわゆる白鞣しという伝統的な技術だった。

ご主人が、私たちのまえに二種類の皮を並べた。

「さあ、さわってみて」

見た目では、色艶の違いくらいしかわからない二枚の皮。しかし、さわって、折り曲げて、引っ張ってみると、たしかに感触が違う。

「むかしの鞣し方は、こういう鞣し方。揉んでね、これ私がつくったからね、揉み皮。柔らかいですやろ、これは強いのん。こっちの皮はね、馬が引っ張っても破れんさかいね、化学薬品使うてませんから。こうなると、やっぱりきれいなもんやしなぁ。それは、塩と種油、いまの菜種油で、これだけのことするんですね」

そして、「もぅ、ヘラがあってね、ガーッと揉みもって。それでするまでは、足で揉んでね、こぅー、グジャグジャグジャグジャ揉んでね、するんですわ」と、いよいよ、ご主人の話が、皮鞣しのじっさいの仕事内容へとさしかかった、そのとき。

「なんのお話や。なんの話のつづきですか」と、奥さんが、ご主人を制するように出てこられたのだった。

「これみな、やっぱし、書いてみな残るわけですか」と、心配顔の奥さん。

「これから、まぁ、一、二年寄せてもらって、伺ったことを報告書のかたちにまとめたいと思っています」と、こちらが答えると、

「そぅすると、これがみな、永久に残るわけですな」と念をおしてから、彼女はたたみかけるように、こうつづけた。「んー、そぅねー、もぅー、ほんとに昔からのことが書いてあると、それが現在ないことでも書いてありますからね。やっぱし、いいことは残してもね。現在でも、こういう（解放運動をして）、消そうとみな一所懸命なってくれて。こういうこと残すとね、かえって、寝てる子起こすようなもんでしょ」

これが、その後、彼女とのあいだで交わされることになる、調査の是非をめぐる厳しい対話のはじまりだった。その具体的な内容については、のちに見ることになろう。言葉を交わした機会は少なかったけれども、いまから思い返してみても、お互いにかなりハードなやり取りだった。

結果から先にいえば、奥さんの強い反対意志にあって、私たちは、ご主人にたいする皮鞣しの取材を中途で断念せざるをえなかった。すなわち、屠場から運ばれてきた原皮をご主人が受領するところから始まる一連の鞣し工程を、実地に見学し、記録するという当初の調査目的は果たされなかった。その点では、これは社会調査における一つの失敗例ということになるだろう。

ところで、これまでの社会調査論においては、こうした見た目の「失敗事例」は、どのように扱われてきたであろうか。私の知る限り、それらがたんなる失敗事例以上の位置づけをあたえられることはなかったように思う。そ

のために、なぜ、その失敗が生じたのか、その原因を徹底的に究明していくことを通じて、最初には予想もされなかった問題を発見する可能性自体が、研究者みずからの手によってあらかじめ閉ざされてきたのではなかったか。

じっさい、今日入手可能なさまざまな調査報告書に目を通してみると、いずれにおいても、調査拒否等の失敗事例についてはほとんど触れられていないか、たとえ触れられていてもほんの数行といったケースがほとんどである。[6] その理由としては、先に見た能動的な調査観があげられよう。そうした観点に立つかぎり、失敗事例とは、調査実践において事前に企画された計画の実行が損なわれるという点で、あくまでネガティブな出来事でしかありえない。

しかしながら、社会調査が本質的に受動性を抱え持つという、本章が出発点におく論点をふまえるならば、「失敗事例」にたいするまったく新たな認識が拓かれるはずである。

投げかけられた批判

そこで是非とも言及しておきたいこと、それは、聞き取り調査という方法の独自性についてである。聞き取りという方法が社会調査に用いられるのは、けっして目新しいことではないが、同じ聞き取りといっても、匿名の相手に数分で終わるものから、特定の人物に何時間にもわたっておこなうものまで様々である。私たちの聞き取り調査では、被調査者＝語り手にたいして、一人につき、一回、最低一時間半から二時間、多いときには数回にわたって五時間から八時間をかけながら、それぞれのテーマについて、自由に、それもできるだけ自分の調子で話をしてもらえるように心がけている。[7]

こうした聞き取りという方法の特徴のなかで、往々にして見落とされがちなのが、調査者が、被調査者から面と向かって当の調査にたいする批判を浴びせられるチャンスを、恒常的に提供している、という点である。それは、別の表現をつかえば、聞き取り調査は、その調査方法のなかに、被調査者が直接、調査や調査者にたいする批判をおこなうことができる回路を内蔵しているということであり、この点は、他の調査方法と比較して特筆されてよいものである。

これらの点を確認したうえで、あらためて皮糅しの取材を拒否した女性の主張に耳を傾けてみよう。

「なかなかむつかしいことですね。これみな残るわけですか？」

こう切り出したその女性は、聞き取りの記録が、先々にわたって人びとの眼にふれることを、ひどく懸念していた。そして、被差別部落だけが私たちの聞き取り調査の対象にされていることに、はっきりと異論をとなえたのだった。

「これが、この○○町のどの字（あざ）もでしたらね、それぞれに歴史がありますからね、そういうとこ全部、こうやってお調べになれば、ああ、当然のことかなぁと、私らも思うけども。なくしよう、なくしようと思いつつ、裏からこういうの残すいうのは、やっぱり何代かあとにも、やっぱこういうこともあったと、知らん子どもがみなこの歴史を覚えますからね。なんで、となりの××や△△を調べんと、部落だけしか調べないのかなぁ。で、私としてはそういうこと反対です」

たしかに、こうした批判にも一理ある。というのも部落問題を解決しようとする調査であれば、差別をおこなっている周辺のむらむらも調査するべきだという主張は、もっともな面をもっている。なぜなら、部落差別は、被差別部落と周辺の町やむらとの関係性のなかで生ずるものだからである。

だが、この女性にこんな勢いこんだ姿勢をとらせたのは、以上のような原則論ではなしに、自分の家族のことをおもんばかってのことだった。さらにつづけて、彼女はこう述べていた。

「うちの孫でも知りませんよ、都会に暮らしてると。こういう（部落にかんする）ことでも、学校で聞いてきてすずしい顔してしゃべってますもん。しゃべってても、知らん子に、親は知らすことはないからね。ほしてあんた、うちは、このむら、部落いうこと嫁に言うてませんし、嫁も知りません。息子は知っても、それを言う必要もないし、嫁は知りませんから。まして、子ども（孫）知りません、ね。で、こういう、おかしな、アンケートの、こういうのにも残すのおかしいなぁ、と思ってね……」

聞き取りの記録を残すのは、むらが部落であると公に告げるにひとしい行為である。調査に協力したばっかりに、これまで知らずにすんでいた嫁や孫たちに、ここが部落だということを知られてしまっては、もともこもなくなってしまう……。こんな切実な思いが、聞いているこちらにも、ひしひしと伝わってきた。

これは、運動イデオロギーとしての「寝た子を起こすな」論（部落の存在を知らない者に、わざわざ部落のことを教える必要はないとする、いわば部落差別の自然消滅論にたった考え方）とは、まったく次元を異にしている。それどころか、部落差別の根深さを知りぬいているがゆえの、せっぱつまってなされた渾身の抵抗とさえ感じられた。

そのときの彼女の気持ちを私なりに推測すれば、ただでさえ部落差別に身をさらしているというのに、調査に協力することによって、なぜまた自分たちがさらなる被害者にならなければならないのか、という割りきれない思いがあったのではないかと思う。

じつは彼女のこの直観的な疑いは、私たちの調査がかかえている根本的な矛盾をするどく突ていた。

その矛盾とは、私たちが「部落」というカテゴリーをもちいてしか部落差別を研究することができないという、この一点にかかわっている。

もちろん、研究をすることによって、「部落」から被差別のイメージをぬぐいさるのが最終目標である。しかし、そうした状態が到来するまでは、「部落」について調べたり公表したりすることが、「部落」にすむ人びとにたいして被差別者（「部落民」）というネガティブ・アイデンティティをおしつける側面をときにもってしまうのは、どうにも避けようのないことなのだった。

調査を拒否する理由

とはいえ、このような調査拒否の理由は、正直なところ、彼女とじっさいにやりとりを重ねていた最中には、私の頭をかすめさえしなかった。

当時の私はといえば、はじめは、先方のかたくなとも思える拒否の姿勢を何とかして変えてもらえないものか様々な働きかけを試みた。それでも応じてもらえないときには、それまでの何ヶ月かの苦労が無駄になったような気がして、はっきりいって落ち込んだし、そんなときには、「このたびの調査は失敗だったなぁ」と、ついつい胸のなかでぼやいたものだった。それから五年ほど調査をつづけていくあいだに、いくつもの類似の事例とめぐりあうなかで、ようやく自分なりに見いだした理由が右のようなものだったのである。

そうした調査拒否の事例のなかには、これまであげたもののほかに、つぎのようなケースがあった。

正月万歳の門づけ芸を生業とする人たちの場合。その親方は、私たちの同行取材までは許可してくれたものの、それを公表することにはずっとためらいの色を見せていた。そして、こちらからの執拗な要請に根負けして、つぎのような条件をだしてきたのだった。すなわち、自分たちが遠方の被差別部落からきていることについては一切触れないこと、それを約束してくれるのなら、いまに残る伝統芸能の記録として今回の取材内容を公表してもらってもかまわないだろう、と。だが、「部落生活文化史調査」と銘打って調査をしている私たちにとっては、この条件だけは、なんとしても受け入れられないものだった。

食肉加工会社の関係者の場合。食肉加工のプロセスについて、取材には快く応じてくれたものの、やはり、その内容をおおやけにすることには難色を示した。その背景には、部落産業として紹介されることにより、自社ブランドのイメージが低下することへの恐れがあったように思われた。

牛や豚の皮・骨・脂といった、食用の枝肉を取り去ったあとにのこる副生物を加工処埋する業者の場合。何度も調査を依頼する電話をいれ、仕事場まで赴いていったものの、最後まで、色よい返事をもらうことはできなかった。彼は、自分の仕事自体にあまり良い印象をもっていないのだ、とくりかえし語っていた。さらに、自分の子どもたちも、いまの仕事の内容までは知らないだろう、と話すときの口振りからは、だからあえて他人に語る気などさらさらない、という強固な意思がうかがわれた。

だが、それにしても、なぜかくも私たちは、これほどまでに調査拒否という事例にこだわるのか？　それはやはり、事例調査という、私たちが依拠する研究法に直接かかわっている。

私たちの事例研究においては、研究上の目的や関心にそって選択された一つのケース、あるいは、多くとも同時期には三つ程度のケース（具体的には、むらや町内、自治会などがケースの単位とすることが多い）を（比較）研究対象としながら、仕事や、教育、祭事、社会運動などといったトピックについて、詳細かつインテンシヴな聞き取りを重ねていく。そうした研究法においては、一人ひとりの被調査者が、個々のトピックにかんして、それこそ代替のきかない（その人以外には、話を聞ける人がいない）かけがえのない存在として立ち現れる場合がしばしばある。

事例調査における調査拒否のもつ重みは、このような事情から生じてくる。この人の話を聞けるかどうかで、調査の成否が左右されるという点で、私たちにとって、その人物は、まさに「オンリー・ワン」的な存在にほかならない。

こうして、いったん着手された事例調査のフィールドは、あらかじめ境界が調査主体によってある程度確定されているがゆえに（これを、私たちはフィールドの既定性と呼ぼう）、たとえば、この人からしか調査に必要な情報を聞きだすことができないというような事態（これを、私たちは被調査者の代替不能性と呼ぼう）が往々にして生じてしまう。

このフィールドの既定性にもとづく被調査者の代替不能性という事実と、これまでみてきたような調査拒否とが結びつくとき、それが、事例調査にとっていかに致命的な出来事となるかについては、もはやこれ以上の説明は不要だろう。

そして、私たちは、これらの出来事と日々邂逅していくなかで、ある決定的な事実と直面させられることになったのだった。

その事実とは、端的にいえば、私たちが部落や部落問題、さらに部落に伝わる生業や文化、そして、そこに住む人びとにたいして関心をもち、深くこだわるようになればなるほど、少なからぬ数の人たちのなかに調査にたいする強い抵抗を生みだしてしまうという、パラドクシカルな事態だった。

だが、その調査拒否の理由をよくよく聞いてみると、彼らは、みずからの生業や文化について取材をうけたり、話したりすること自体を拒んでいるわけではないことがわかってきた（じっさい、正月万歳や食肉加工について、私たちは、公表を禁じられているにせよ、じつに詳しい情報を得ることができた）。またさらに、彼らは、部落がかかえている諸問題についても、けっしてそれを端から否定したりするわけではなく、むしろ十分すぎるほどの認識をもっていた。したがって、それらについて調査研究をおこなうこと、そのこと自体を否定しているわけでもなく、また、その必要性を認めていないわけでもないようなのだ。

では、それにもかかわらず、彼らが調査を拒否するとすれば、それは、調査の何にたいしての「ノー」なのか？その答えを一言でいえば、つぎのようになるだろう。すなわち、調査をつうじてみずからの住んでいる所を「部落」と名指しされ、みずからの生業を「部落産業」と名指しされ、みずからの生活文化を「部落の生活文化」と名指しされることへの「ノー」なのだ、と。

ここにいたって、私たちは調査を拒まれる理由の本質的な部分へと、ようやく辿りつくことができたように思われる。

つまり、調査拒否という切実かつ貴重な（と、あえて書きたい）実践を通して、人びとが私たち調査者の眼前に突きつけてきたもの。それは、私たちのおこなう調査が、「部落」「部落産業」などといった属性カテゴリーや職業カテゴリーの使用を暗黙の前提にしているのみならず、さらに、調査をつうじてそれらのカテゴリーを再生産（つまり、当該カテゴリーの普及や強化に加担）しているという、きわめて厳しい批判をともなう現状認識だったのである。

このようにして私たちは、フィールドの喪失と引き替えにして、「社会調査とカテゴリー化実践」という新たなテーマに直面させられることになったのだった。

しかし、いったんテーマを再設定してみると、じつは、こうした「カテゴリー化問題」は、けっして私たちが事前に想定していたフィールドのなかだけにかぎられた問題ではなかったことに、遅ればせながら気づかせられたのである。

3　カテゴリー化実践と差別の再生産

啓発教育とカテゴリー化実践

私はここ十年ほど、先のような聞き取り調査を被差別部落でおこなう一方で、大学の授業では人権関連科目を担当してきた。

そんな関係で、小学・中学・高校と、それぞれの地域でさまざまな同和教育を受けてきた（あるいは、まったく受けてこなかったりする）学生たちと話し合う機会がしばしばある。そうしたさいに、彼らの口にする言葉の端々から、彼らが身につけてきた部落にかんする啓発的知識がどのようなものだったかを窺うことができた。[8]

たとえば、私たちがおこなった聞き取り調査の報告書を読んだある学生が、こんな感想文を書いてきたことがあった。啓発活動の困難さの一端をよく伝えているので、引用しておきたい。

被差別部落の人が差別を受けているという事実は知っているのに、その人びとの生活というのがまったく見えなかったために、私の頭のなかで、『部落』は自然に『不思議なところ』になっていた。いってみれば、私のすむ世界とは、まったくべつの世界である。部落にすむ人は『差別される人』で、その生活は想像することができなかった。私がこの本を読んで思ったのは、貧しいけれども生活しているんだということである。このように書くと、『生活していない』と思っていたともとれるが、正直いって、そういう部分があった。しかし、このような考えをもつ人は多いのではないだろうか。部落の人は、差別される人で、何をしているのかはわからない……

これが、義務教育で何年にもわたり同和教育を受けてきた学生の文章であっただけに、深く考え込まされてしまった。

個々の部落は、本来、それぞれに異なる生活を営んできたはずである。しかし、たしかに私たちの日常的な思考においては、それを十把一からげに「部落」という、具体的な生活観を欠いた画一的なイメージのなかにおしこめて理解しようとする傾向が見受けられる。

こうした傾向は、今日の同和教育や啓発の方法がかかえるある種の限界性を、露呈させているように思われる。すくなくとも、教育や啓発の場で推し進められているこのようなカテゴリー化実践には、どこか決定的な歪みがあることは明らかだろう。

また、大学の授業では、こんなこともあった。

「もぅ、部落って、なくなったんじゃあなかったんですか？　いますんでいるところの近所にも、むかしは部落だったっていうところはありますけど……」

以前、真顔でこんなふうな質問をしてきた学生をまえにして、私は、ふと、こうした物言いに妙に納得しかけている自分自身に気がついた。それはそのとき、教育の現場で部落問題にかかわっている先生たちの苦労を、一瞬、かいまみたようにおもったからである。

私たちはこれまで、教育や啓発の場で部落問題に言及するとき、部落の場所と名前を特定することをできるだけ避けてきた。それは、部落を名指しすることによって、差別を助長することを恐れたからである。

しかも、部落差別を解消させることが大きな国民的な課題になっており、じっさい同和対策事業や啓発活動によって差別が解消の方向へむかっているという現状認識があるときに（とはいえ、そのような現状認識に、私自身はかならずしも与するものではないが）、部落の実状をまったく知らない子どもたちをまえにして、先生方が「むかしは部落とよばれていたところがあって……」という仕方で切りだして授業をおこなうのも、なるほど一つのやり方ではあるなぁ、と思えたのだった。

しかし、いずれにしても、これらの事例が告げているのは、教育現場における「部落」というカテゴリーの使用法に、近年、ある種の撞着が生じはじめているということである。

関係的カテゴリーの実体化

さらに、そこで問題となっているのは、ひとり「部落」というカテゴリーだけではなかった。

たとえば、先の感想文を書いた学生が鋭く指摘していたように、「差別される人」というカテゴリーも、きわめて異様である。まったく生活感がないにもかかわらず、「部落に住んでいる人」を指し示しているかぎりで、実体的な概念でもあるわけだ。

きっと、このような「差別される人」と対になるはずの「差別する人」や「差別しない人」といったカテゴリーも、同様に（奇妙な言い方だが）中身のない実体であるといっても、それほど間違いではないだろう。

これまで上記のような「差別される人」「差別する人」「差別しない人」といったカテゴリー類型に依拠して生みだされてきた〈啓発の言説〉が孕んでいる限界とは、こうした本来的に中身のない人間類型に特定の人びとをあてはめるのみならず、さらにその人びとを当該類型のなかに固定化していくことをつうじて、結果として、あたかもそれぞれの類型に特定の人びとが対応するかのようにカテゴリーを実体化してしまった点にこそあった、といわなければならない。そして、前節でみた「部落」「部落産業」カテゴリーの使用にたいする批判も、こうしたカテゴリー化実践が生みだしてきた現実の延長線上にとらえられよう。

まず確認しておきたいのは、「差別される人」「差別する人」「差別しない人」といったカテゴリーはもとよりのこと、「部落」や「部落民」というカテゴリーも、そもそも実体的カテゴリーではない（正確に言えば、ありえない）という事実である。

その点については、〈「部落民」とはなにか？〉という、きわめて今日的であり、かつ、本質を鋭く突いた昨今の議論を一瞥すれば明らかである。(9)

結論を先取りしていえば、「部落民」とは、ある種の具体的な（地域的かつ国家的な）関係性のなかで、「部落民とみなされている人」（定義A）と「自分が部落民だとおもっている人」（定義B）という二つの定義のあいだで絶えず揺れている不確かな存在でしかありえない。

その意味では、〈「部落民」とはなにか？〉という問いそのもののなかに、すでに、この問いにたいして正面から答えようとすることの限界性が胚胎されているといっても過言ではないのだ。

どういうことか？(10)　それには、定義Aと定義Bによる二つの定義が容易に重ならないような場合を想起して、こう問うてみればよい。

Ｑ１　自分は部落民だとおもっているけれども、他者からは部落民だとみなされていない人は、はたして部落民といえるのだろうか？

Ｑ２　他者から部落民だとみなされているけれども、自分は部落民だとおもっていない人は、それでも部落民ということになるのだろうか？

これらの問いにたいして、論理的に答えをだすことは不可能である。言い換えれば、ある人物にたいして、年齢や血液型のような生得的な属性を判定するのと同じように、客観的に「この人は部落民である」「この人は部落民ではない」といった判定を試みること自体、土台、無理な話なのである。

なぜなら、「部落民」とは、他者からの「部落民」とカテゴリー化する視線を浴びることによって、それになるもの、それにならされるもの、であって、けっして生得的な属性などではないからである。つまり、社会的文脈との関連で、人は、その時々に、状況次第で（他者からの視線の有無や、みずからの意志との関連において）「部落民」になったり、ならなかったりするだけのことなのだ。

「部落民」というカテゴリーは、社会的な関係性のなかで生ずる諸個人の具体的な経験との関連でのみ論じられるべきものであり、その点では、このカテゴリーは、〈人が部落民になるプロセス〉としてしか把握できないという意味において、本来、関係的な概念なのである。また、先に見た「差別する人」等々のカテゴリーについても、同様に、人が〈差別する人になるプロセス〉等々として把握するときのみ意義を有することは、もはや多言を要しないだろう。

しかしながら、こうした関係的カテゴリーが、どうしたわけか、いとも簡単に実体化の方向へと横滑りしていってしまうのは、私たち自身が、日頃の体験をつうじ一番良く知っていることである。じっさい、〈「部落民」とはなにか？〉というきわめて真正な問いのなかにも、「部落民」の範囲を確定せよというカテゴリー化の圧力が、暗々裏に胚胎していることに注意したい。なぜなら、そうした議論が、往々にして、知らず知らずのうちに〈「部落民」とは誰か？〉というかたちに変形され、矮小化されていくことになるからである。

この関係的カテゴリーの実体化という事態は、たんに、カテゴリーを使用する側の自覚や認識の問題に帰してすませられるようなことではない。おそらく、こうした事態のなかにこそ、差別問題について考えるさいに、つねに私たちにつきまとうカテゴリー化の罠があるのであり、それは、私たちの言語使用の習慣とも密接にかかわっているに違いないのだ……。

とはいえ、このように批判的なことを述べている私自身も、じつはそうした罠から自由ではいられなかったという例を、調査経験のなかからあげておこう。

被差別部落で聞き取りをはじめて、まだ間もない頃のこと。あるとき、聞き取りの最中に、話し手の口から被差別の経験が語られるのを、いまかいまかと心待ちにしている自分に気がついて、愕然としたことがあった。しかも、そんな状態は、はじめのうちだけでなく、その後、何年も続いたのだった。

部落に入っていって話をうかがいながら、なかなか差別にまつわる話がでてこない（「そうねぇ、差別って、とくに受けたことないねぇ」などといわれる）と、こちらは次第しだいにイライラが募ってくる。そして逆に、こんなひどい差別を受けた、といった体験を聞かされると、なぜかホッと安心している（「来たかいがあった！」）。そんな自分の心理状態にたいして、これはいったいなんなんだと、一時、本気で悩んだものだった。

つまり、今になって思えば、私は部落で聞き取りをおこないながら、心のなかで黙々と部落の人たちにたいするある種のカテゴリー化実践をおこなっていたのだった。そうした点では、「部落にすむ人は、『差別される人』で……」と書いてきた学生の場合と、すこしも変わらないわけで、もしかするとこうしたカテゴリー化は、差別行為と紙一重だったのかも知れない。

同和対策事業の陥穽

私たちが、差別問題に対処していくうえで、ふだん意識的あるいは無意識的に前提としているカテゴリー化実践が、状況次第では差別の再生産に加担しかねないというパラドクシカルな事実。

こうした逆説的な現象は、社会調査や人権啓発の場だけにかぎられたものではなく、じつは同和対策事業（以下「同対事業」と略記）において、もっと大きな規模で見いだすことができる。

同対事業が、きわめて計画的かつ政策的なカテゴリー化実践にもとづいておこなわれてきたことは、事業に着手する前に行われた「線引き」と呼ばれる手続きのうちによく表れている。すなわち、各自治体は、同和地区／同和地区関係者とそうでないものとを区分したうえで、前者を事業の対象とすることとした。ただ、その線引きの実施にあたっては、地域ごとにずいぶんと基準が異なっていたようで、それにまつわる混乱の記憶は、いまでもよく耳にするところである。

私たちが、この論文のテーマとの関連で取り上げるのは、その線引きの結果行われた地区指定についてである。そのさい、どこが被差別部落であって、どこが被差別部落でないか、を判断する根拠というのは、結局のところ、その地域住民の観念のなかに求めるしかなかった。そこで最終的には、みずから部落であると名乗り出た地域だけが、同和地区の指定を受けることになったのである。

その一方で、そのとき、あえて部落として名乗り出ることをしなかった地区がある。それらの地区は、それ以降、事業からの恩恵をまったく受けとることができずにおり、「未指定地区」と呼ばれて、いまだ、全国に八〇〇以上存在するといわれている。

ここでとくに注目したいのは、この「未指定」となることをみずから選択した、というか、同和地区としての地区指定をあえて拒絶した人たちが依拠する論理である。もちろん地区ごとに異なる事情があったろうことは想像できるにしろ、典型的な理由としてあげられていたのは、「地区指定を受けると、ここが永久的に部落になってしま

う」とか「これまでより、いっそう差別がきつくなる」といったものだった。(11)

これは、先に見た私たちの調査が拒否されたさいの理由とも、きわめてよく似ている。皮肄しにかんする調査に反対した女性が、調査に協力することが、結果として、部落と知らずに嫁いできた嫁やその親族にたいして、ここが部落だとわざわざ告げるに等しい行為になってしまう、といった危惧を表明していたことを想起しよう。

これらの態度のなかに、共通して存在している一定の姿勢。それを、私たちは、〈(「部落」という)カテゴリー化を受容することの逡巡ないし回避〉の姿勢と呼びたい。

そこには、部落解放をめざして行われる事業や調査が、すくなくとも自分たちの地区にとっては、意図せざる結果として、それまで以上の差別をもたらしたり、生みだしたりする可能性が高いという、ある意味できわめて社会科学的な認識があった。

このような住民のあいだに共有されている「社会科学的」認識とは、一言でいえば、同対事業(や社会調査、さらには、人権啓発等々)におけるカテゴリー化実践の成否は、それがおこなわれる社会状況との関連で、つねに状況依存的である、という点に収斂していくように思われる。すなわち、それらの実践は、事業者や調査者の意図とは関係なしに、状況次第では、本来の目的とは正反対の結果(差別への加担や差別の再生産)を導きかねない、ということなのである。

この点を、これまでの所論との関連で敷衍すれば、こういうことになるだろう。

同対事業における地区指定とは、先に示した定義との関連でいえば、定義A(部落民とみなされている人)と定義B(自分が部落民だとおもっている人)とを強引に一致させたものだということができる。つまり、同対事業は、その前提として、当事者にたいして、そこが「部落」であること、自分たちが「部落民」であることを自己申告させたのだったが、そこには、対策事業の実施という恩恵の付与と引き換えに、そうしたカテゴリーの受容を当事者にたいして強いたという側面があることは、やはり、簡単に看過することはできない。

しかし、そうはいっても、一九六〇年代末という当時の状況を念頭におくなら、被差別部落の生活環境や生活条件を改善していくうえで、同対事業自体を推進していくことはどうしても必要なことだった。

その意味では、意図的・政策的・運動的になされたカテゴリー化の行使であり、今から振り返ってみても、ある程度やむをえざる措置であったといわざるをえない。

問題があったとすれば、それは、そうした「部落」や「部落民」の実体化にたいして直感的に危惧をいだいた人びとがおり、その人たちが、その後数十年にわたって事業の対象外におかれてきたという、厳然とした事実のなかにこそある。

……と、ここまで事態をみつめてきてみて、気づいたことがある。たしかに、右のような地区指定を返上した人たちと、最初に報告した私たちの調査をかたくなに拒否した人たちの動機は、きわめてよく似通っている。しかし私には、その動機以上に、それらの行為の帰結のなかにこそ、双方を関連づけている決定的な要素が見いだされるように思われる。

その決定的な要素とは、いずれの人びとも、〈（一定の）カテゴリー化を受容することの逡巡ないし回避〉といった実践を遂行することによって、〈同対事業や社会調査といった〉制度の外れにみずからを置かざるをえなくなってしまった、という点である。

ここには、カテゴリー化実践をめぐるさらに大きなパラドックスがあると言わざるをえない。しかも、従来、このパラドックスは、事業者や研究者の主たる関心の的になることはなかった。が、そこには、社会調査という制度の本質にかかわる問題が潜んでいるように思われる。

4　制度としての社会調査

社会学的〈対話〉の場所《フィールド》から

調査されることにたいして険しい表情や態度を隠そうとしない人たち、または、きっぱりと背を向けて調査者をやり過ごそうとする人たちとの〈対話〉をつうじて「カテゴリー化問題」へと行き着いた私たちは、フィールドワークへの当初の関心からすれば、随分と遠いところにきてしまったように見えるかもしれない。

だが、事実はまったく逆である。むしろ、以上の議論から明らかになったのは、社会調査という実践が、良くも悪しくも「カテゴリー化問題」というお釈迦様の手のひらの上で営まれざるをえない、ということだった。つまり、私たちは遠くにきたのではなく、はじめから「カテゴリー化問題」という手のひらの上にいたのだが、ただたんに、その事実に気がついていなかっただけなのだ。その意味では、調査拒否という調査自体にたいする異議申し立てこそが、カテゴリー化実践に依拠する社会調査という制度の輪郭を、はじめて私たちの目の前に露呈させたといえるだろう。

被調査者による調査拒否の実践を受けとめつつ、その実践にこめられた被調査者側の意図や真意を探る上記のような考察は、やはり調査者と被調査者とのあいだの一種の〈対話〉ではあるが、考えてみれば、なんとねじくれ曲がった対話だろう。対話の拒否、あるいは対話することの不可能性を目の当たりにすることによって、はじめておずおずと開始された被調査者との〈対話〉の道の模索。

つまり、私たちがこの小論でめざしてきたことは、被調査者が調査拒否によって示した「対話の拒否」という姿勢なり態度にこめられたメッセージを読み解いていく作業であり、それは、まさに〈ディスコミュニケーション状態における対話〉の試みそのものだったのである。[12] 本書では、すでにお気づきのように、その意味での対話を、一般的な意味での「対話」と区別して〈対話〉と書き記している。

だが、私たちが本当に危機感をもって認識しなければならないのは、社会調査においてそうした〈対話〉は、けっして調査拒否がなされた場面だけに例外的に存在していたわけではない、ということの方だろう[13]。

とりわけ社会学的な社会調査の場合、調査者はその時点における最先端の理論枠組みに依拠しながら調査を設計し、実施し、分析をくわえる。そうした最先端の理論枠組みとしては、私たちの研究領域のなかでは、たとえばエスノメソドロジーがあり、ライフ・ストーリー分析があり、社会構築主義などがあげられよう。そして、調査者は、調査の開始前には調査の意図や主旨を、そして、調査の終了後には調査の分析結果を、被調査者にたいして説明する義務を負っているわけだが、そのさい、当然ながら調査者は、みずからの依拠する理論枠組みについても言及することになる。とは言いながら、同じ社会学の世界にいる者にとっても、生成途上にある理論を十分に理解することは容易ではないのだから、ましてや、被調査者にたいしてその理論の内容を正しく伝えるのは、ほとんど不可能に近い技である[14]。

調査目的や調査結果を正確に理解してもらおうとすれば、自らの理論枠組みについて詳しく説明しなければならない。しかし、被調査者のうちの多くは、調査者が口にする難解そうな専門用語や、学術的な意義にたいしては、はなから耳を傾けようとしないものである。こうしたなかで交わされる調査者と被調査者との対話も、また、社会学的な調査という観点からいえば、〈ディスコミュニケーション状態における対話〉にほかならない。

社会調査においては、このように調査者と被調査者との間にディスコミュニケーションが介在するのが常態なのだが、制度としての社会調査には、そうしたディスコミュニケーションを認めようとしない傾向が、本来的に備わっているように思われる。その背景には、調査者と被調査者とのあいだに十全なコミュニケーションが成り立っていることが、「正しい」社会調査をおこなう前提条件であるという根強い信念があることを指摘できよう。

だが、本章の結論は、それとはまったく反対のものとなる。

それも、調査者の駆使する社会学的な知識が、被調査者に容易に理解されないというだけではない。むしろ、被調査者が依拠している生活知の方もまた、往々にして、調査者に理解されることなくやり過ごされてきたという点がとりわけ重要である。

イデオロギー論的思考の限界性

被差別部落で聞き取りを重ねてきて、さあ、いよいよその内容を文章にしてまとめようとするとき。必ずといってよいほど、次のような問いのまえで引っかかり、ひとしきり考え込まされてしまう。

……そもそも私たちは、いったいそこを、どのように呼んだらいいのだろう？

「（被差別）部落」、「（同和）地区」、それとも「むら」、「まち」、「在所」……？

このような研究対象にたいして呼称を与えるという、ある意味で非常に日常的であり、かつまた素朴な行為が、その呼称を受けとる側からすれば、他者から自分たちに向けられる決定的なカテゴリー化実践だった。

私は先に、〈カテゴリー化を受容することにたいする逡巡ないし回避〉の姿勢をもたらした人びとの生活知を、あえて「社会科学的」認識と形容した。その一方で、私たちが遂行する社会（科）学的なカテゴリー化実践と、彼らの「社会科学的」認識とのあいだには、きわめて根底的な溝が存在しているように、おりにふれて感じてきた。それは、「被差別部落」や「同和地区」といった呼称を抵抗感を覚えながらもやむをえず受け入れている、そこに住んでいる人たちとの感覚のズレ、としか表現しようのないものである。このカテゴリー化問題は、部落差別にかかわるアイデンティティー問題と密接にリンクしている。

「部落」や「部落民」を、関係的なカテゴリーとして位置づけるかぎり、人びとは、つねに「部落民とみなされている人」（定義A）と、「自分を部落民だとおもっている人」（定義B）とのあいだで揺れ動く存在でしかありえない。彼らは、そうしたカテゴリー化にたいして、時として、あらがいつつ受容し、また時としては、受容しつつあらがうといったような、きわめて宙ぶらりんなアイデンティティーのあり方を強いられてしまっている。

これは、きわめて不安定な存在状況といわざるをえない。が、重要なのは、こうした存在状況に自己を置くことによってしか得ることのできない社会認識があるということの方だろう。残念ながら、被差別部落の生活体験に深く根ざしたそのような社会認識のあり方にたいして、研究者のあいだでこれまで十分な顧慮がなされてきたとはいいがたい。その理由はおそらく、その社会認識が生活知の領域に存在しているというだけではなしに、そもそも従来の社会（科）学のパラダイムを越えでてしまっている、という点にこそもとめられるのではないか。

というのも、カテゴリー化問題をめぐる議論において、これまで支配的だったのは、いわゆるイデオロギー論的な思考だったといえるからである。[15] ここでイデオロギー論的な思考とは、人は一定の立場性についての認識を獲得することによって、カテゴリー化問題を解決することができる、といった考え方に立脚した思考法をさしている。なお、立場性の獲得とは、たとえば、みずからを「部落民」の立場に積極的に位置づけること、あるいは反対に、みずからが「部落民」であることを徹底的に否定する立場をとること、などがそれにあたる。

これらは、定義Aと定義Bという二つの定義のうち、意図的にいずれか一方のみをとりあげて（ということは、片方の定義を無視ないし捨象して）、自己の立場を明確にしていこうとする戦略だといえる。こうした戦略が、被差別状況を生きる人たちにとって大きな支えとなり、また、じっさいに戦後の解放運動や同対事業を推進するうえでの根拠づけをあたえてきたことは、いくら評価してもしすぎることはない。

しかしながら、同対事業を引き継いだ地域改善対策事業が一般施策へと移行し、啓発教育がある種の転換点をむかえつつあり、また、〈「部落民」とは何か？〉という問いがあらためて問いなおされようとしている昨今、従来のイデオロギー論的思考によっては、認識することも、対処することもなく覆い隠されてきた根本的問題が、今、まさに浮上してきているように思われる。それが、「関係的カテゴリーの実体化」という問題、すなわち、私たちが「カテゴリー化の罠」と呼ぶ当の問題にほかならない。

イデオロギー論的思考は、同対事業の「線引き」や「地区指定」に典型的にみられるように、関係的カテゴリーの実体化を戦略的見地から容認してきた。が、それだけでなく、そもそもイデオロギー的思考は、当事者による立場性の獲得を前提としているという点で、じつは理論的にみても、関係的カテゴリーの実体化という現象に、本来的に依拠している。なぜなら、一般的にいって立場性の獲得とは、みずからのアイデンティティを、一定のカテゴリーに同一化すること（言い換えれば、当該カテゴリーの固定化＝実体化）によってなされるものだからである。イデオロギー論的思考が、「カテゴリー化の罠」を認識できなかったのは、そのような理論的な見地にたつ以上、むしろ当然のことだった。

それにたいして、被差別部落に住む人たちは、たとえば自分の住所を名乗るという、しごく日常的な体験の一つ一つの場面において、定義Aと定義Bとのあいだで自分自身が千々に引き裂かれるという経験を積み重ねてきた。そうした経験にもとづく彼らの生活知においては、一定のカテゴリー化がおこなわれた瞬間に、ということは、当事者（カテゴリー化をされた側とおこなった側）が立場性を獲得するまえに、すでにカテゴリーの実体化がはじまっていることが、数々の痛みをともなった体験とともに理解されていたのだった。

私はかつて、部落に生まれたという事実をはじめて知らされた人が（それが子どもであれば尚更だが）、すでにその時点で、「部落民」というカテゴリー化を受容するか否かという立場性の確立のまえに、「部落民であると胸を張って名乗るべきである」という考え方と、「部落民であることを他者にたいして認める必要などない」という考え方、さらには「後者のように考えることが、すでに差別に加担しているのではないか」といった考え方のあいだで、文字通り引き裂かれざるをえない状況について報告したことがある[16]。つまり、関係的なカテゴリーの実体化は、かようにイデオロギー以前的に、また、アイデンティティ以前的に、不断に日常的な場面において生じていたのである。

ここでさらに注意しなければならないのは、カテゴリーの実体化と、立場性の獲得とのあいだの関係性は、前者が後者にたいして、時間的に先行しているだけでなしに、論理的にも先行するものであるという点である。私たちがある種の関係的カテゴリーを口にした瞬間から、おそらくは言語使用の習慣に内在する一定の作用によって、当該カテゴリーの実体化がすでにはじまっているのであって、そのような言語的効果については、それを阻止することの不可能性ともども、じつは私たち自身が常日頃よく経験していることでもあったのである。たとえば、はじめて同和教育を受けた子どもたちが、「部落」というカテゴリーを教えられたばっかりに、それ以降、特定の地域を過剰に意識するようになってしまったと訴えるのをよく耳にする。これなどは、授業でそれ自体は関係的カテゴリーとして語られた「部落」という用語が、容易に実体化されて子どもたちに受けとられてしまうことのわかりやすい例だといえよう[17]。

社会調査と〈闇の産出〉

私たちの調査を頑なに拒んだ人たちが口にしたさまざまな理由。それらに通底する、調査に応じることをあえて拒否する根拠が、以上の考察をつうじて明らかになってきた。

まずは、日常いたるところで生じている、カテゴリーの実体化＝固定化に関する、経験に裏打ちされた鋭敏な社会認識がある。そして、それについで、そのカテゴリーの実体化＝固定化は、そのカテゴリーを使用する主体の意図とは無関係に生じるものであるとともに、今日の社会的な言語使用の状況にあっては、いかにしても避けることはできないものだという、きわめて「社会科学的」な認識が見いだされた。これらの認識のもとに、なおかつ、カテゴリーの実体化＝固定化といった傾向にたいして、肯《がえ》んじようとしない人たち、おそらくは、そうした人たちがとった止むに止まれぬ選択が、調査拒否という実践のかたちをとって現れたのだろう。

皮鞣しの取材先で私たちが聞いた、「うちは、このむら、部落いうこと嫁に言うてませんし、嫁も知りません。息子は知っても、それを言う必要もないし、嫁は知りませんから。まして、子ども(孫)知りません、ね」という言葉は、嫁や孫にここが「部落」であると告げたときに、それが実体的カテゴリーとして受けとめられること（その蓋然性はきわめて高い）によって嫁や孫をおそう混乱にたいして目一杯の想像力を働かせるところから吐露されたものである。しかも、皮鞣しの取材が断られた理由はそれだけではない。皮鞣しという仕事は、社会学で試みられている職業分類上でいえば「製革工」ないし「かわ製造作業者」にあたるが、算出された職業威信スコアは、ほとんど最低値に近いものである。したがって、調査拒否のもう一つの理由として、そうした職業カテゴリーの受容にたいする拒否という側面があることも指摘しておかなければならない。

このように私たちは社会調査という行為をつうじて、重層的なカテゴリー化実践を被調査者にたいしておこなっている。そして、これらのカテゴリー化は、まさに、社会調査という制度が立脚する知の構造そのものを体現しているといっても過言ではなく、そもそも私たちはこれらのカテゴリーを用いることなしには調査を遂行することができないのだ。ところが、被調査者から投げかけられている批判は、まさに、調査行為がそうしたカテゴリー化に立脚しているという点にこそ向けられていたのであった。

こうした困難は、以下の二つの理由から、容易には解消できないように思われる。

第一には、私たちが、関係的カテゴリーを、関係的カテゴリーとして認識したり、伝達したりする術を、まだ手にしていないことがあげられる。関係的カテゴリーとしての「部落」という存在について言及することが、すぐさま具体的に存在する特定地区として思い浮かべられてしまうことに典型的にあらわれているような、その言語を介した思考回路に隠れている絡繰りこそが、今後解明されなければならない。

第二には、社会調査という制度が、基本的にイデオロギー論的思考に立脚している点をあげることができる。しかしながら、すでに述べてきたように、カテゴリー化の罠は、立場性の獲得というイデオロギー論的対応によっては解決しえないものなのである。その意味では、昨今、フィールドワークをめぐって主張されている、調査者としての自己の位置を常に問いつづけねばならないとする言説も、また、調査者にたいしてたんなる観察者の役割だけではなく状況にたいする積極的なコミットメントをもとめる言説も、すくなくともこの問題にたいしては無力だといわざるをえない。むしろ私は、社会調査のもつ受動性に着目することによってこそ、イデオロギー論的思考を脱却する鍵がえられるように思われるのだが。

ともかく、この二律背反とでもいうべき厳しい状況に直面させられて、私は、つぎのような感慨を抱かざるをえない。そもそも社会調査とは、これまで私たちの認識が及ばなかった社会の暗がりの領域に新たな光を当てようとする試みにほかならない。じっさい私たちは、被差別部落における生業や文化や運動について、これまでなされてこなかったような形で新たに光を当ててきたつもりである。しかしその一方で、当然ながら調査を拒否されるケースも徐々に増えていった。つまり、調査が進展するのと同時に、調査することの不可能な領域が新たに産出されているわけである。その意味では、社会調査は、けっして晴らすことのできないこの社会の闇を、一層のこと暗く塗り込めていく実践ともいえるのではないか。さながら、太陽の光が強まればつよまるほど、その陰影の濃さも深まっていくように。

注

（1）ここで、「一面的な、歪んだ、部分的なフィールド像」という表現にたいしては、ジェイムズ・クリフォードによる「民族誌の真実とは、本質的に部分的真実なのである」という主張が、すぐにも想起されよう（クリフォード＆マーカス編 1996：12）。しかしながら、なぜ、「部分的真実」たらざるをえないのか、という知の生産メカニズムの解明にあたって、クリフォードの編著は、その題名からも明らかなように、もっぱら記述の水準に焦点がすえられているという意味で、「部分的フィールド像」の産出にあたって被調査者が調査にたいして示す能動的な対応に焦点をおく本章とは、まったく観点を異にしている。

（2）この定義において「フィールド」は、あくまで調査者の主観的観点から把握されたものであって、第三者的に客観的に存在しているわけではないことが、後論との関連で重要である。また、「部分的なフィールド像」という場合も、「調査者によって想定されたフィールドの全体」のうちの「部分」という意味であって、その対極に「完全（＝客観的）なフィールド像」が想定されているわけではない。

（3）本章で言及する調査は、私がメンバーとして参加した、一九九二年より反差別国際連帯解放研究所しがで行われてきている

「部落生活文化史調査」のことである。

(4)「わたしたちは同僚からの批判を受けるのと同じように、自分の研究の対象となったひとたちからの批判を受けるべきである」というレナート・ロサルドの言葉は、本論における貴重な道標となっている（ロサルド 1998：77）。

(5) この節の一部は、すでに、三浦（1999＝2009）に発表したものである。

(6) いわゆる調査報告書において、失敗事例がどのように扱われていたか／いなかったか、について、各人の経験を想起していただきたい。なお、ここであげた、「失敗事例」が「ほんの数行」だったというのは、私自身のケースである。「失敗事例」を切り捨ててしまったことへの自戒をこめて、その「数行」をせめて「論文一本」にまで肉付けすることが、本章執筆の一つの動機になっている。

(7) 私は、社会調査の本質を、調査者と被調査者とのコミュニケーション、つまりは両者のあいだの対話に見いだす者だが、聞き取り調査にさいしては、とりわけ、語り手の抱える問題関心と調査者の抱える問題関心とのやり取りが最も重要だと考えている。その点では、宮本常一が自己の聞き取りの方法として書いていた、「はじめはそういう（自分の）疑問をなげかけるが、あとはできるだけ自由にはなしてもらう。そこでは相手が何を問題にしているかがよくわかって来る。と同時に実にいろいろな事を教えられる」（引用者傍点）という一節は、短いながら、聞き取りの要諦を完結に押さえたものといえよう（宮本 1984：308）。

(8) 反差別国際連帯解放研究所しが編（1995）を参照。

(9) 藤田編（1998）を参照。

(10) Q1に関する事例については野口（2000）を参照。Q2に関する事例については、畑中（1995）を参照のこと。

(11) この点については、「特集・未指定地区の現況」『部落解放』一九八八年一月号が参考になった。

(12) このような〈ディスコミュニケーション状態における対話〉を主題化するにあたっては、「（被調査者による）語りは過去の出来事や語り手の経験したことというより、インタビューの場で語り手とインタビュアーの両方の関心から構築された対話的混合体にほかならない」として「対話的構築主義アプローチ」を提唱する桜井厚の見解から示唆をえている（桜井 2002）。

(13) その点で、第1章は、社会調査を、調査者の依拠するアカデミックな専門知（科学知）と、被調査者の依拠する生活知とのあいだのコミュニケーション（＝ディスコミュニケーション）の様態から捉えることを積極的に提案したものであった。

(14) その意味では、調査に関するインフォームド・コンセントには、医療場面におけるインフォームド・コンセントと同様に本質的な限界があるのであって、インフォームド・コンセントの実施が調査の正当化に利用される危険性については、つねに留意しておくべきだろう。この点については、名取（1998）の議論が有益である。

（15）後述するように、私は、けっしてイデオロギー論的思考を全否定しているわけではなく、その意義も十分に認めている。たとえば、狩谷あゆみは、「野宿者」にたいするカテゴリー化実践に注目し、行政や研究者によるさまざまなカテゴリー化が、いかに「野宿者」を切り捨て、排除してきたかを徹底的に追及することを通じて、カテゴリー化をめぐるイデオロギー論的思考の有効性と必要性を、説得的に示しえている（狩谷（2001）を参照）。

（16）三浦（2001＝2017）を参照のこと。

（17）従来の啓発教育では、こうした問題は、これまで一人ひとりの心の問題として捉えられてきたか、改めてカテゴリー化問題として捉えなおすことによって、まったく違った対応が可能になるのではないだろうか。

第9章　「部落を認知すること」における〈根本的受動性〉をめぐって
——慣習的差別、もしくは〈カテゴライズする力〉の彼方

1　〈同対法体制〉は終わったのか？

混迷の淵から

ここ半年あまり（二〇〇六年五月〜一一月）、関西圏の各市は、同和行政がらみの不祥事の続発に大きく揺れた。大阪市では、飛鳥会事件にはじまり、補助金不正流用や競売入札妨害にくわえ様々な優遇措置が問題化し、市長はみずからの責任を認め百人にたっする職員の処分をおこなった。また以前、補助金の部落解放同盟支部による不正受給が問題となった京都市では、現業職員が覚せい剤取締法違反容疑で逮捕される等の事実を重く受けとめ、市長以下七七人の職員の処分を実施した。さらに、奈良市や神戸市でも、市職員による不正な病気欠勤や談合疑惑等が表面化している。

では、これらの不祥事に係わりをもつ当事者側は、こうした事態をどのように認識しているのだろうか。たとえば大阪市長は、職員の大量処分を発表した記者会見において、「処分を一つのけじめにしたいが、同和行政のウミを出し切ったとは思っていない。特別扱いは、かえって差別を助長するとの理念で運動体と対処したい(1)」

と述べ、同和施策の総点検および施策の抜本的な見直しや、思い切った廃止措置さえ辞さない方針を打ちだした。

それにたいして、部落解放同盟大阪府連合会は、現職支部長の不正を長年放置してきたことに反省を示したうえで、「飛鳥会事件をきっかけとした大阪市の一連の同和行政の『見直し』は、部落問題の根本的解決をめざす真の『同和行政』と、部落解放運動の影響力を悪用して私服を肥やす行為、いわば『エセ同和行為』とを混同させ、問題の本質を曲解するものである。同和問題解決へむけた行政責任を放棄するものであると言わざるをえない」と、大阪市の姿勢にたいして厳しい批判をおこなっている（部落解放同盟大阪府連合会 2006：82）。

こうした当事者間の熾烈な応酬に接するにつけ、私には、「同和対策審議会答申（以下「同対審答申」と略記）」（一九六五年）にはじまり、その後の同和対策事業特別措置法（以下「同対法」と略記）等の一連の特措法を根拠として確立された体制——それを、本章では〈同対法体制〉と呼ぶ——自体の根本的な見直しこそが、今日、早急に求められているように思われる。

なぜなら、「特別扱いは、差別を助長する」という大阪市の見解も、「エセ同和行為」と「真の同和行政」を区別する部落解放同盟の見解も、いずれも従来の〈同対法体制〉の枠組を一歩たりとも踏みだすものではないからである。これはまさしく、二〇〇二年三月末日をもって「地対財特法」が失効したにもかかわらず、〈同対法体制〉が、いまだに部落差別問題についての私たちの認識や行動を深部において拘束しつづけていることの端的な証拠にほかならない。

〈同対法体制〉とは、よく知られているように、「同対審答申」における提言に基本的に依拠しつつ、同和対策事業等の様々な事業を実施することを通じて、「実態的差別」や「心理的差別」を解消することにより、部落差別の解決をめざそうとするものであった[2]。

だが、私はこうした基本枠組みにたいして、根本的な疑念を抱いている。なぜなら、部落差別とは、そもそも「（生活）実態」とか「（人びとの）心理」といった実体的要因に還元できるものではなく、むしろ、社会における様々な制度や構造やネットワーク上における、人びとの布置連関や位置関係といった関係的要因に起因する構造的差別として捉えるからである（三浦 2006a：3–4）。

じっさい、私見によれば、先のような様々な不祥事が生じる背景には、〈同対法体制〉の基本枠組みが大きく関与していたフシさえ窺える。したがって、以下では、従来の実体論的（ないし人間主義的）立場にかえて、私たちが立脚する関係論的立場に立ちながら、あらためて部落差別問題を、「実態的差別」や「心理的差別」とは根本的に異なる「慣習的差別」という観点からとらえ直していく。その意味で、この論文は、〈ポスト同対法体制〉における新たな認識枠組みを提出するための序論的位置づけをもっている。

慣習的差別と関係的カテゴリー

〈同対法体制〉においては、「同和地区」と「非同和地区」、あるいは「同和地区住民」と「非同和地区住民」といった法的区分が、曲がりなりにも（ということは、後述する「未指定地区」をとりあえず除外して考えるならば）はっきりと存在していた。ところが、二〇〇二年に特措法が失効して以降、あらかじめ予測されたように、そうした法的区分はしだいに後景へと退いていった（それにしても、法の失効直後に、マスコミが早々に編みだした「旧同和地区」という奇妙な呼称はどうだろう！）。

そして、それと入れかわるようにして、「部落」と「非部落」、「部落民」と「非部落民」等といった慣習的区分が、再び社会生活の前面、いや、むしろ全面に躍りでようとしている。こうした現状を見るにつけ、私には〈同対法体制〉へのこれ以上の皮肉はないように思われる。なぜなら、〈同対法体制〉とは、そもそも上記のような慣習的区分の克服をこそめざすものだったのだから。

この「部落」「非部落」といった慣習的区分については、ある人がふともらした次のような呟きが、いまも私の耳の底にこびりついてはなれない。その人は、まだ物心がついたばかりの頃に、「この道一本向こう（の部落外）に生まれとったら、自分はいったいどうなっとったんやろうか」と、子どもながらにしばし考え込むことがあったという。

私は、今日における部落差別の特質とは、まさしくこのような地域住民によって慣習的に共有された空間的範疇の特異性と、その範疇の第三者からの理解しがたさにあるといってよいと思う。「道一本」隔てた向こう側とこちら側、そのどちらに生まれるかで、まったく違う人生が待ち受けているという不条理さ！　この点を、私はこれまで、部落差別の〈訳のわからなさ〉という表現によって把握しようと試みてきたのだった。

こうした「部落」「部落民」にかんする慣習的区分ないし慣習的カテゴリー化にもとづく慣習的差別が、部落差別の（現段階における主要な）要因であると考える私の立場からすれば(3)、「部落民」とは、けっして（「○○さんは部落民だけども、△△さんは部落民ではないよね」とか「私は部落民だが、あなたは部落民ではない」とかいうように、個々の人物に丸ごと当てはめたり、当てはめられなかったりするような）実体的カテゴリーではないのであり、次のような関係的カテゴリーとしてしか定義できないものである。すなわち、

『部落民』とは、他者からの『部落民』とカテゴリー化する視線を浴びることによって、それになるもの、それにならされるもの、であって、けっして生得的な属性などではない（中略）。つまり、社会的文脈との関連で、人は、その時々に、状況次第で（他者からの視線の有無や、みずからの意志との関連において）『部落民』になったり、ならなかったりするだけのことなのだ。（傍点原著）（三浦 2004a：226、本書第8章：186）

つまり、「部落民」とは、基本的にいって、ある種の（地域的かつ国家的な）慣習的関係性のなかで、「部落民とみなされている人」（定義A）と「自分が部落民だとおもっている人」（定義B）という二つの定義のあいだで絶えず揺れている不確かな存在たらざるをえない(4)。

同対法イデオロギーの相対化と「部落民」アイデンティティ

だが、〈同対法体制〉においては、「部落」「部落民」カテゴリーにつきまとう（＝内在する）こうした曖昧さは、ほとんど考慮されることはなかった。いや、むしろ、後述するように、これらのカテゴリーのもつ曖昧さを圧倒的な強権によって無化ないし隠蔽することこそが、〈同対法体制〉の存立にとって必要不可欠なことでさえあったのだ。それを可能にしたのが、定義Aと定義Bの一致を要請する同対法イデオロギーにほかならない。

しかし、（これまでほとんど問題視されることはなかったのだが）このイデオロギーは、（1）従来の「部落」と「非部落」という慣習的区分に法的な根拠づけを与えてしまうという意図せざる効果を広範囲にわたって政策的に生みだしたのみならず、さらには、（2）「部落民」を実体化＝固定化することによって、今日のような不祥事が引き起こされる背景を提供していた（とまでいうと、あまりに批判的にすぎるだろうか）。

だがその一方で、同対法時代にあっても、このように定義A＝定義Bという状態は、「部落民」アイデンティティの有力な一パタンでありこそすれ、けしてそれが部落に住む人びとのアイデンティティ・パタンを統括するものではなかった。それ以外のアイデンティティ・パタンとしては、たとえば、（同様に基本的に定義A＝定義Bという考え方に立脚する）部落解放運動のイデオロギーから自覚的に一定の距離をとろうとしていた一群の人びとのケースがあげられる。たとえば、原口孝博の次の発言は、「部落」「部落民」カテゴリーを受容することが、当事者にとっていかに困難なことであったかを伝えている。

部落問題にかかわって生き、生活し、日常を過ごしてきた人たちは、一括りの枠、部落という一つの外側からの呼び名、外側からのイメージを押しつけられることで、それを引き受けたり突き放したりの闘い、もがきのなかで自分にとっての部落、部落民とは何なのかを考えてきた経緯があると思います。（中略）そこのところの、なぜこんなにもがくのか。なぜこんなに一括りのなかでもがき、外からレッテルを貼られる、そういうことをどうしてはねのけることができないのか。もがいて、たった一人の自分としては、何も差別されるものはどこにも見あたらないことをはっきりいえたとしても、それが通用しない。個々人にとってのこの矛盾、バランスの崩れは、部落問題がかかえてきた凄まじく大きな問題だという気がします。（傍点引用者）（藤田 1998：29）

このように、〈同対法体制〉下に生きた（／そして、いまも現に生きている）人びとは、いやでも、これらのカテゴリーと出会わざるをえず、そしていったん出会った以上は、そのカテゴリーを認識しようと努め、しかしながら、定義A＝定義Bというイデオロギーをすんなりとは受け入れることができず、定義Aと定義Bのズレに悩み、苦しみ、あげくは、場合によっては、カテゴリーを受容するどころか、カテゴリーを認識すること自体を放棄したり、といった様々な苦渋に満ちた経験を積み重ねていったのである。もちろんこれは部落に住んでいる人たちだけの問題ではなく、部落外に住んでいる人たちも、立場や深刻さの質こそちがえ、やはりこうした経験と無縁ではなかったはずである。

そうした経験のなかには、たとえば、自分が「部落民」であることをはじめて知らされる経験、ここが「部落」であることを子どもに教える経験、あるいは、あそこが「部落」であることを子どもに伝える経験、あそこが「部落」であることを自分自身がはじめて知る（／知らされる）経験、さらには、部落外に住む人たちが、「部落の住民」と出会ったり、つき合ったりする経験、また、それらを通して部落問題と向き合っていく経験、等々といったきわめて多様な経験が含まれることになる。

これまで、部落差別問題をめぐる経験についての研究は、じっさいに差別をしたり／されたりするといった経験、あるいは、それにどのように対処してきたか／していくべきか、といった点が中心に据えられてきたといってよかろう。

それに比べると、「部落」「部落民」といったカテゴリーを、人びとがどのように受容してきたのかという経験、すなわち、「部落」「部落民」を認知するという経験（このなかには、たとえば、「部落」がどのような所であるかという一般的な認識のあり方と、どこが「部落」であるかという個別的な認識のあり方の双方が含まれるわけだが）については、充分な研究がなされてきたとは言い難い。

だが、私たちの立場からすれば、今日のように慣習化した部落差別を解消することが困難な原因は、人びとの意識や行動の水準というよりも、じつは、カテゴリー認知の水準にこそあるのである。

したがって以下では、私がこれまでおこなってきた聞き取り調査やフィールドワークのデータをもとにしながら[5]、現代社会において部落を認知するという行為なり営みが不可避的にもたらされてしまう一種独特な性質について詳細に検討することからはじめることにしよう[6]。

2　部落差別と「避けられない受動性」

近所づきあいの悩み

滋賀県下にある被差別部落の一つであるA地区では、教育集会所で放課後におこなわれる自主活動（自主活）の対象を、部落の子どもだけに限らずに、同じ大字（そこには部落外のB町が含まれている）に住む子どもたち全体に広げる取り組みをしてきた。それには、大字内に住む子どもたちの仲間意識を培うという目的があった。ところが、自主活の主旨がなかなかB町の親たちにまで伝わらないという悩みを、ある女性はこう語っていた。

なんでね、ここ（の大字）に学習会があって、なぜ、（A地区とB町が）一緒にしてるかっていうことを、向こう（B町）の保護者に知ってもらわな意味がないでしょ。「ここに来ると先生に教えてもらえるんやで、行き」て、ただたんにそういう考えで来てもらったら意味ないから。「大字の人を全部集めて、なぜ自主活をしてるかていう意味をきちんと話してほしい」て学校に言って、年に三回勉強会ていう形を取り出したんですよ。でも二回目三回目になると、人もほとんど集まってこん。ほんまに損得勘定だけでね、ここへ来て、子どもを教えたらええわっていうようなね、そういう考え方をなくしてもらわなあかんなって、すごく思うんですよ。

この話からは、同じむら（大字）に住む人たちの間でさえ、部落問題への取り組みの姿勢に大きな開きがあることが見て取れる。これまでの差別の歴史を共有しつつ、それを乗り越えるための子ども同士の学びの場として始められた自主活の意味が、部落外の親には十分に理解されていない。なお、彼女が言及したのは主に教育についてだったが、そこに見いだされた双方の認識のズレは、教育以外の日常的な近所づき合いのなかにも、様々な機会に顔をだしていたであろう。

じっさい、それこそ道一本を隔てて隣接し合う部落と部落外に住む人びとのあいだの近所づきあいの難しさについては、しばしば耳にするところである。C地区の場合は、同和対策事業によって、隣接するD町に住宅用地を得て、多くの住民がD町へ移転することになった。その結果、新たに移転してきた側の住民が多数派となったD町では、元からあった旧D町の住民たちが、反対に町入りを拒んでいるという。それについて、現D町の老人会長さんは困り顔でこう述べていた。

旧地域は、（自分たちと）同じD町やのに、向こうは町入りをしてへんの。おんなしD町やさかいに、うちに入ってくれたらええのに、それを入らん。ほんで、それが問題やで、市が指導せいてことやったんやけど、どうしてもあんなんや。広報やらなんやら、いろいろ配り物がありますやろ。それは、うちの方へ、どんと来ましてね。ほしたら、それを区分けして、持ってったげる。ま、宮さん（神社）はうちの方が使わしてもろうてるけどよ。祭りに出よう思うたら、うちの方へ、子ども連れてきてくれたり、大人も来てくれたらええねん。
やが、それはない。

これらの事例は、今日、部落に住む人たちが抱えている悩みの一端が、どのような所にあるかを具体的に教えてくれている。ここで悩みといっても、けっしてあからさまに差別的行為がなされているわけではない。しかし、部落外の人たちは、自主活への無理解、勉強会への欠席、町入りの拒否、祭りへの不参加といったように、いわば消極的な態度をとることによって、部落に住む人たちとの交渉を避けているように見える。

もちろん、このような消極的態度を保持していることこそが差別にほかならない、という主張ももっともであり、じっさい、そのように受けとめる人もあるだろう。だが、これらの態度から窺われる、部落外に住む人たちの心のなかにある、部落の住民、さらには部落問題と向き合うことについての戸惑いやためらいについても、もっとじっくり考えてみる必要があるのではないだろうか。

というのも、私たちの聞き取り調査によって明らかになってきたのは、部落問題を前にしたときに消極的な対応をとってしまうのは、けっして、地区外に住む人たちだけに限られたことではなかったからである。部落に住む人たちのなかにも、立場こそちがえ、同様な経験をしてきている人が少なからずいたのだった。つぎには、この点に関する語りに耳を傾けてみよう。

子どもに部落出身であることを伝える困難さ

先に紹介したA地区の女性は、解放運動に早くから従事していたけれども、一番目の子どもにたいしては、あえてそこが部落だという事実を告げることはしなかったという。彼女は、子どもの中学時代のエピソードに触れながら、自分が直接に事実を告げなかったことへの複雑な心情をつぎのように振り返っている。

（子どもが学校から帰ってきて）「（同じ校区内にある）E地区はこわいとこや」って、友だちがゆったって、言うんですよ、中学校の時にね。自分としては（このA地区が部落だとは）教えてないし、多分、自分がそうであったように、子どもも体で感じて、もう知ってるやろうな、というのは、なんとなくわかってたんやけど。どういうふうに、ここで言うたらなあかんのかなていう思いがあったんやけど、そのあと子どもが「おれとこもそうやど」てゆうたったんやって言うんですよ。で、ああ、やっぱり知ってたんやな、っていうことがあって。その時に思ったのは、自分が運動しながら、上の子にそういうこと話さなかったことにたいしては、すごく、失敗じゃないいんやけど、いいいいいいいいいいいい、なにか釈然とせんもんが残ったから、下の子には小さいうちから話していくべきやなって、すごぅ思ったんですよ。

子どもの中学時代、友だちがおこなった差別的な発言。その出来事を報告された母親は、どう答えてよいか戸惑う。なぜなら、その差別発言にかんして云々する以前に、子どもが、今住んでいるところを部落だと知っているのかどうか、彼女自身、はっきりと確信がもてなかったからである。

たしかに、もしも子どもがA地区を部落だと知らなかった場合には、まずは、その事実を丁寧に説明することからはじめなければならない。ところが、その懸念は、たちまち吹き飛ばされた。息子はとうにその事実を知っていたらしく、友だちに正面から「おれとこもそうやど」と言い返したのだという。息子の対応にたいする、母親の驚きと複雑な思い。それが、「自分が運動しながら、上の子にそういうこと話さなかったことにたいしては、失敗じゃないんやけど、なにか釈然とせんもんが残った」という発言のなかに、端的にあらわれている。

その「失敗じゃないんやけど」という部分には、運動に邁進してきた自分への自負と、その親の背中をみながら育った子どもが差別発言にたいして毅然として言い返せたことを誇らしく思う気持ちとが、抑制された満足感とともにあらわれている。

しかしまた、「なにか釈然とせんもんが残った」という部分からは、運動に積極的にコミットしていたはずの自分が、それにもかかわらず、もっとも大切なことを子どもに教えていなかったことへの率直な自責の声を聞くことができよう。

そんなことがあってから彼女は、その頃まだ小学校に上がったばかりだった二番目の子どもには、積極的に事実を教えていく方針をとることにしたという。とはいえ小学一年生の子どもに、すぐに部落問題が理解できるはずがない。そこで、彼女がとったのは、地区の女性部の学習会にできるだけ子どもを連れて参加する、という方策だった。

だから、聞かそうと、なんでも、わからなくっても聞かそうと、(学習会で自分の)隣(の席)において。そういう形でずっときました。で、子どもも、二年生、三年生になるうちに、だんだん理解の仕方がわかってくるし。それだけ聞いてることによって、本来なら、(学習会に)連れて出なくっていろんなこと説明しよう思ったら一〇〇%せなあかんのやけど、連れて出てることによって、最初九〇%でよかって、八〇%でよかってって、だんだん説明の必要が少しずつ無くなってきて、で、小学校の高学年から、いま中学三年なんですけれども、もぅ、完全にいろんなことわかってますよね。はじめは、わからなくて、横で遊んでいるだけなんですけどね。でも、内容も理解していくし、だんだんどういう内容話してんのかなていうことも、やっぱりわかってくるし。で、もぅわかってきたなぁ、て思った時点で、きちんと、あんたは、その同和地区やし、やっぱ差別される側にいるけども、それってする方がおかしいんやしなぁ、ってことも話したし、うん、それをくどくど話さんでも、そうやなっていうことは、子ども自身も返事として返ってくるし。でも、まわりの厳しい目と戦うっていう意味においてはね、苦闘、子どもなりの辛いところもあるっていうことを、やっぱり親は、この子はわかってるから、そんでええ、って思ったらあかんていうのは、思うんですよ。

彼女の試みたこのような教育の仕方を、皆さんはどのように思われただろうか。たしかに、二番目の子どもにたいするじっくりと腰をすえた教え方には、脱帽せざるをえない。だが、この教え方に感嘆してしまうのは、残念なことに、このような教育法がだれにでも真似できるわけではないことを、私たち自身がよく知っているからではないか。じっさい、私たちの聞き取り調査でもそうだったし、また、他の調査の記録をひもといてみても、いま住んでいるところが部落であると子どもに告げることの難しさが、多くの人たちの口から吐露されており、また、そのために子どもに事実を告げないケースが意外と多いようなのである。

たとえば、神原文子は、大阪府下八つの被差別部落で、二一の家族を対象におこなわれた三世代にわたる五七人への聞き取り調査にもとづく共同研究のなかで、一九五〇年代以前生まれの第一世代、一九五〇年代生まれの第二世代、一九七〇年代後半生まれの第三世代に属するいずれの親たちも、そのほとんどが、いま住んでいる所が部落であることを、直接言葉にして自分の子どもに伝えてはいないという事実を報告している。

その一方で、一九六〇年代になると、学校や部落の子ども会などが、そうした役割を果たしてきたという指摘も興味深いが、神原は、今日におけるこうした事態、すなわち、「親たちが、子どもにとって、『被差別部落』についての第一次的伝承者でない」という状況がいまだに続いている点を憂慮しつつ、「多くの親たちにとって、子どもに部落出身であることを伝えることは難しいに違いない。また、それを期待するのは酷だという意見があるかもしれない。しかしそれは、裏返せば、親として子供に部落出身であることを伝えることの難しさが、克服されないまま続いてきたことをも意味するのである」（傍点引用者）と、問題のありかを的確に指摘していた（神原 2001：369）。

それにしても、そうした伝承の困難さが生じる原因は、いったい、どこにあるのだろうか。それについて、私がこだわりたいのは、先の女性が、一番目の子どもにたいして部落に生まれたことを告げなかったことを振り返って、「失敗じゃないんやけど、釈然としないものが残った」と述べていた点である。

ここで言われている〈釈然としなささ〉とは、たんに子どもに事実を告げなかった自己への批判、すなわち自分自身の行為の不徹底さにたいする反省といった点にとどまるものではない。というのも、みずからの活動歴についての自負や、子育てにかんする一定の満足感にしっかりと裏付けられた、あえていえば彼女の抱いた真に社会科学的な〈釈然としなささ〉こそが、二番目の子どもにたいして、けっしてストレートに事実を告げるのではなく、「もぅわかってきたなて思った時点で」はじめてはっきりと告げる、といった教え方を選択させているように思えるからである。つまり、彼女が抱いている〈釈然としなささ〉の背後には、子どもに、そこが部落であることを伝えることの本来的な困難性にかかわる、きわめて深い状況認識が窺えるのである。

奇妙な悩み

それでは、この〈釈然としなささ〉とは、いったい、どこからくるものなのか？　それを理解するために、ここでもう一人の女性の悩みに耳を傾けてみたい。

彼女の場合は、これも同和対策事業における住宅施策の影響だが、彼女がじっさいに所属しているのはF地区の町内であるにもかかわらず、自宅が建っている地番はF地区に隣接するG町であるという複雑な状態に、期せずしておかれてしまった。それが思いがけない展開だったのは、彼女とその夫にとっては、子どもが部落の人間であることを隠さなくてもすむように（ということは、胸を張って「F地区の子や」と言えるように）、部落からそれ以外のところへ転出したりせずに、あえて住居を部落内にもつことに決めた経緯があったからである。彼女は、自らの不安な思いをつぎのように訴えてきた。

> あなたのお父さんは、同和地区（F地区）出身で、あなたもだから、地区出身者て言われる現実があって、でもこうこうで、いま家がある住所はここ（G町）やと、ね。そしたら、だれかに住所を聞かれたときに、その子が、たとえばじっさい住んでいるところの住所（G町）を言うことは、けっして間違いじゃあないでしょ。

でも、その現実がある部分ね、なにかがあって、本当は部落に住んでるんだっていうことがわかってきたときに、その子がそれ（G町の住所）を言うたこと、間違いじゃないし、なにもないときは、その子の逃げでもなんでもないんやけど、なんか、そこらへんのとこが出てきた時に、私はもぅ、ほんと自信がないんです。

さて、このような悩みを聞いて、首をかしげる人もあるのではなかろうか。なににそんなにこだわっているのか、さっぱりわからない。いかにも、奇妙な悩みだ、と。

しかしながら、じつは、この一見したところ奇妙に感じられる悩みには、先の、そこが部落であることを子どもに告げなかったことの〈釈然としなささ〉に通じるものがあり、さらには、部落差別の〈訳のわからなさ〉に迫るヒントを与えてくれてもいたのだった。

たとえば、先の子どもが住所を尋ねられて今実際に住んでいるG町を名乗ることには、本来、なんの問題もないはずである。しかし、もしもその子がF地区が部落だと気づきはじめていたとしたら、そのとたんに、G町を名乗ることは、たんに事実をいったというだけではすまなくなるだろう。なぜなら、結果として、ということは、当人の意志とは無関係に、みずからが部落の出身であることを隠すことになってしまうのだから。

そのことに気づいた子どもを襲うであろう、後ろめたさの感覚と終わりない煩悶。母親が「そこらへんのとこが出てきた時に、自信がないんです」というのは、まさしく、その「後ろめたさや煩悶」といった感情が、私たちが部落差別にたいして、みずからが好むと好まざるとにかかわらず引き受けざるをえない、ある種の受動性に起因するものだからにほかならない。

その点について、A地区の女性が、二番目の子どもに教えるさいに、「もぅ、わかってきたな」という時点まで、はっきりと告げるのを控えていたことを想起しよう。ここで注意したいのは、部落問題と正面から向かい合える子どもを育てるためには、子ども自身が部落問題と自分なりの出会いをとげるまで、親としては、ひたすら待ち続けなければならなかった、という点である。彼女が一番目の子どもに部落のことを告げなかったことを振り返って述べていた〈釈然としなささ〉の一端は、事実を告げるという能動的な行為を成し遂げるためには、「わかってくるまで」待つという受動的な行為がどうしても必要であるということから生じていたように思われる。

もちろん、いかなるカテゴリー、いかなる観念といえども、幼い子どもにそれを理解させようとすれば、子どもがわかるようになるまで待つのは当然のことではある。しかし、必ずしも機が熟すのを待たずとも、わからない子にもわからないなりに、カテゴリーや観念の意味を説明することはできるだろう。

ところが、「部落」や「部落民」については、容易にそれができないのである。なぜか？　なぜなら、これらのカテゴリーを説明するためには、部落差別がなぜ存在しているかについての説明が必要だが、そもそも今日の研究水準では、まだ十分な解明ができていないのが現状だからである。

それに加えて、部落差別を「慣習的差別」としてとらえる私たちの観点からは、部落差別を存続させている原因はもはや明瞭なかたちで存在してはいない。だから、その理由を説明することなど、もとから不可能なのである。というのも、「慣習的差別」とは、（そもそも「慣習」というものの定義からして）（1）もはやそれがおこなわれるようになった理由が定かではない、あるいは、（2）たとえかつては理由があったにしても、今日ではそれらを社会に見いだすことはできない、にもかかわらず、これまで継続的に存続してきたという事実のみを根拠にして存立している、そういう差別だからである。

にもかかわらず、部落に住む人たちは、そこを部落として認知したり、子どもに部落であることを教えなければならない。この受動性は、きわめて根源的なものではなかろうか。

部落差別の〈訳のわからなさ〉。その理由は、一つには、部落差別と向き合おうとするさいに、私たちにとって、こうした〈根本的受動性〉が避けて通れないものとしてあるせいではないか。そして、この得体の知れぬ「避けられない受動性」について考えていくことは、当然ながら、地区内のみならず地区外の人たちの部落問題にたいする消極的対応の原因を明らかにしていくことにもつながっていくはずである。

というのも、「ここが部落であること」を説明する難しさは、当然ながら、「あそこが部落であること」を説明するにあたっても、同様に存在しているはずだからである。

いや、それは同じことではないかもしれない。被差別部落にあっては、他者から差別のまなざしを受けるという経験があるだけ、まだ説明したときに子どもたちから理解が得られやすいとも言える。むしろ、部落について自分の子どもに説明することの困難さは、近所づきあいの事例からも窺えるように、部落外においてこそ、より深刻だというべきかもしれない。

ともかく、ここで強調しておかなければならないのは、部落差別について考えるうえで前提となるはずのこうした本質的な問題が、〈同対法体制〉のもとでは全く顧慮されることがなかったという点である。そこに、定義A＝定義Bという同対法イデオロギーが影をおとしていることは、もはや多言を要さないだろう。そうして、〈ポスト同対法体制〉において必要とされる部落差別の認識論において、この問題の解明がいかに緊要であるかもわかっていただけたのではないかと思う。

そこで次節において、私たちは、いわゆる「未指定地区」問題にかんする考察をつうじて、「部落を認知すること」につきまとう〈根本的受動性〉を生む根源にあるものの正体に、さらに迫っていくことにしたい[7]。

というのも、この節で検討してきたのが、「部落」や「部落民」というカテゴリーを受容する／させることをめぐる様々な逡巡の経験であったとすれば、「未指定地区」問題とは、もっとストレートに、そうしたカテゴリーの受容を拒否する人たちの実践が生みだしたものだったからである。その意味で、「未指定地区」問題とは、まさしく〈同対法体制〉の陰画にほかならない[8]。

3 「未指定地区」問題と〈カテゴライズする力〉

「未指定地区」問題とはなにか?

同和対策事業（一九六九～一九八二年）や地域改善対策事業（一九八二～一九八七年）の対象地域となりえたにもかかわらず、種々の理由によって、対象地域とならなかった地区が存在しており、その数はおよそ八〇〇にのぼるといわれている。とくに、地域改善対策特定事業に係る国の財政上の特別措置に関する法律（以下「地対財特法」と略記）（一九八七～二〇〇二年）においては、関連事業において、新たな対象地域の追加を認めなかったために、この法律の施行を契機として、いわゆる「未指定地区」問題が一層クローズアップされることにもなった。

それでは、これまでこの「未指定地区」問題は、どのように語られてきたのだろうか。まずは、地対財特法施行から数ヶ月後に開かれたある座談会における、部落解放運動の当事者たちの発言をみておきたい（小森他 1988）。

「基本原則は、（中略）未指定地区の被差別の立場にあるわれわれの仲間が立ち上がることが前提となるわけですね。なんとしても、被差別の仲間に奮起して立ち上がってもらうために、われわれは働きかける」（小森他 1988：29）。

「（前略）ある部落に支部を作って要求を出したら、住民側から同和対策事業としてやってもらったら困ると反対があり、町長はそれを利用してやらない。逆にまた、町長が同和対策事業だと国の補助があるからと、運動も何もないところにいきなりもってきて、それに住民が反対する。そんなふうに、行政が被差別部落を抹殺していく（後略）」（小森他 1988：32–33）。

「なぜ大衆が立ち上がらんかというと、率直にいってわれわれの力もないし、（寝た子を）起こす魅力もはっきりいってないんですね」（小森他 1988：36–37）。

一般に、「未指定地区」が存在している理由としては、これまで、この座談会でも言及されているような①住民が解放運動にみずから立ち上がろうとしない（眠ったままである）、②行政が住民にたいして（「地区指定」の自己申告を促すような）適切な対応を怠ってきた、③運動側からのオルグが功を奏していない、という三点が主として指摘されてきた。

こうした分析が、定義A（「部落民とみなされている人」）＝定義B（「自分が部落民だとおもっている人」）という同対法イデオロギーに立脚する／を受容する立場からの批判や反省であることは、もはや論を待つまい。だが、これまで述べてきたように、今日の諸状況は、こうした同対法イデオロギーの相対化をこそ要請してきているように思われる。そのような課題をもって、私たちは、R市内にあるいわゆる「未指定地区」とされているS町に入っていくことにしたい。(9)

「未指定地区」の現在

もちろん、ある地区を「未指定地区」と呼ぶこと自体、〈同対法体制〉からのある種の逸脱を孕んでいる。じつは、その点こそが、「未指定地区」をめぐる論議がタブー化されてきた原因であって、また、だからこそ、「未指定地区」問題は、私たちの研究にとって、重要な橋頭堡としての位置づけを与えられることになるのだ。

S町は、R市内で最大規模の被差別部落の一つであるが、一九六九年にR市役所にたいして「地区指定除外」の請願を行い、市議会で採択されている。したがって、同対法でいう「対象地域（「同和地区」）」ではない。そして、その請願から一九年後の一九八八年、地区の有志たちにより部落解放同盟S支部が再結成された。ただし、S支部の組織率は、未だにわずか五%ほどにとどまっている。

私たちがS町に入ってまず驚かされたのは、支部メンバーと他の住民との間の激しい軋轢である。支部長が開口一番に語った、「この地区では、人権や部落問題について話していこうとすると、村八分にされてしまうんですわ」という台詞も、あながち誇張ではなかった。それは、今現在、支部メンバーを悩ませている次のような事態のなかにも窺うことができる。

支部からR市への働きかけ（そのさい市は、S町が歴史的な被差別部落であることを認めた）が功を奏して市の特別予算によって建設されたS町集会所を、支部メンバーが子どもたちの自主活の会場として利用することにたいして、S町自治会が頑なに拒み続けている。そのため、自主活動への参加を希望する地区の子どもたちは、徒歩で三十分もかかる他地区の会館までわざわざ出向いて受けざるをえない状況にあるのだという。

長年住民を観察してきた支部メンバーは、S町の住民意識について、「結局、（地区）返上したさかいに、（うちは）一般地区やと。住民としたら、うちは一般地区やという思い込み、全部もってるわけですわ」と述べる。このS町住民の多くに共有された「（S地区が）一般地区やという思い込み」こそが、現在、S町に混乱を引き起こしている主要因だといえよう。

ただ、難しいのは、こうした「一般地区という思い込み」自体は、政治的・法的な水準に立脚しているかぎりは、けっして間違いではないという点である。なぜなら、S地区は、過去に「地区返上」(10)をしたことによって、政治的・法的にみたときに（同対法が対象とする）「同和地区」にはあたらないからである。

そして、さらに、事態が複雑になってくるのは、私たちが政治的・法的水準から社会的な水準へと視点を移した場合である。

その場合も、S町を「被差別部落」であるとする外部社会からの慣習的なラベリングにたいして、それを引き受けずに、全面的に拒否する立場というのも、また存在しうるはずであって、現在のS町における多数派の立場がまさしくそれにあたる。ただし、「被差別部落」というラベリングへの対応としては、もう一つ別の立場、すなわち、そのラベリングを積極的に引き受けることによって逆に差別者を批判していくという立場も当然ありえ、今回、支部再結成に立ち上がった有志の立場がそれにあたる。

ここには、戦後の日本社会における部落解放をめぐる思想的な対立状況が、きわめて鮮明に立ち現れている。たしかに、こうした事態を、部落解放運動の路線闘争として解釈することは可能であるし、じっさいに、これまで、こうしたS地区のかかえている混乱の理由については、もっぱら運動論的な観点からなされてきたといわざるをえない。

それにたいして、この論文では、「地区返上」という事態に着目することによって、従来の運動論的な観点からは見過ごされてきた、新たな問題に光をあてようとしている。その問題とは、一言でいえば、「地区返上」というイレギュラーな事態が、コインの裏表のようにして照らし出すこととなった、法律的用語ではないにもかかわらず同対法の施行とリンクしつつ関係住民によって創出され、広く普及した「地区指定」という言葉の孕むパラドクスに関するものである。そのために、まず、S地区から「地区指定除外」の請願が提出される経緯とその内容を検討しておきたい。

「地区返上」の経緯

「地区返上」の動きがS町に持ちあがったのは、一九六九年の春から夏にかけてのこと。しかし、それに至るまでのいきさつを辿っていくと、私たちはさらにその一年前の、一九六八年に起こったある差別事件へと連れ戻される。

S町が立地するR市から電車で一時間足らずのところにあるT市。そのT市で公務員の職に就いていたS町の人たちが帰宅の途についていたときのこと。列車がR市に近づいたところで、乗客の一人がS町の人たちに向けて差別発言をおこなった。

その差別発言は、「S町の住民は、自分らとは人種がちがう」という内容だったという。これをきっかけに、S町および近隣の部落を中心として、糾弾闘争が盛りあがりをみせた。そして、R市の当時の市長をS町に呼び、同和対策をめぐって種々の問題提起をおこない、交渉をつづけるなかから、S町において新たに隣保館が設置されることになった（なお、すでにS町では、その三年前の一九六五年時点で、市議会にたいする隣保館設置の要求を請願のかたちでおこなっていたことは銘記されてよい）。

そして、R市議会において、S町における隣保館の設置が採択されて、予算の計上も行われ、あとは着工を待つばかりになっていた、ちょうどその頃。S町の青年団が、この計画に待ったをかける挙に出た。それから、いわゆる「地区返上」までは、わずかな間だった。

いまでは町内に、当時の事情を詳しく知る人はほとんど残っていない。その当時むらの総代を務め、すでに故人となっているある人物から「返上」までのいきさつを聞いた人は、当時の様子をこんなふうに伝えている。

で、ま、その糾弾闘争があって、市としては、そういう建物（隣保館）を建てるという話、まとまってて、議会の方でも、予算を出すさかい、（町内でも）ほなら、そういうの建ててもらおう、という段階までできてたと思うんですわ。ところが、青年団が、いわゆる、ね、そういう部落の象徴的なもん建てってたら、一生そういうふうに見られるのや、ていうて、反対署名を集めて、出したんですよ。

当時、「隣保館設置反対趣意書」が町内に回され、その結果、住民の半数近くに達する反対署名が集められたという（ただ、その署名の集め方や有効性にかんしては、現在、いくつかの疑念が表明されている。たとえばその一つは、同姓の多いむらでは、「印鑑一つあったら、（相当数の署名に）押せますわな」といった形で、趣旨が十分に伝わらずに、署名が集められてしまった可能性を示唆している）。ともかくその反対署名にもとづいて、一九六九年の六月中旬に、市議会にたいして隣保館設置反対の陳情がなされた。そして、さらに下旬には、請願書がS町の青年団・婦人会・総代の連名において提出され、二一日に採択されている。

参考までに、その請願書の主要部分を以下に示しておこう。

請願文書表
　受理年月日　昭和四四年六月二一日
　　　　　　請願者　U青年団S町支部長　〇〇〇
　　　　　　　　　　S町婦人会長　　　　△△△
　　　　　　　　　　同意者S町総代　　　□□□

請願件名　『環境改善事業費に基づく事業の拒否と同和地区指定除外について』

請願要旨

さて今般当町に対する同和地区環境改善の問題に関し特別に同和地区環境改善費に基づく隣保館の建設を市当局が決定されたことについて、下記のとおり反対理由を申し立て請願いたします。

一、我々S町住民は憲法で保障されている日本国民であり本市の一員であります。従つて特別に同和地区環境改善に基づく隣保館建設を必用とするものでありませんので絶対に拒絶するものであります。

一、我々住民は今後同和地区環境改善事業費に基づく事業についてはこれを固く拒否するものであります。

一、我々住民は現在政府当局の立法措置として決行する同和地区の指定地区からの除外を強く要求するものであります。

今後R市民として市当局に対する権利行使と生活改善に関する諸要求を放棄するものでないことを併せて明らかにする次第であります。

私たちはここでとくに、この請願が受理・採択された日付に注目しておきたい。同対法が閣議決定されたのは、昭和四四年四月のこと。同法は、国会での審議の末、六月一二日に衆議院通過、六月二〇日に参議院を通過・成立している。つまり、この請願が採択されたのは、時あたかも同対法成立の翌日、同法公布（七月一〇日）のわずか二〇日前のことだった。

「地区指定」のパラドックスと第三の主体

S町のケースからわかるのは、「地区指定」が、当事者の意志次第では受けたり返上したりできるものとしてあり、行政もその意志を尊重せざるをえなかった、という事実である。

これは驚くべきことではなかろうか？　なぜなら、このような「地区指定除外」の考え方自体、定義Aと定義Bを強引に一致させる同対法イデオロギーとは、根本的に矛盾するからである。にもかかわらず、「地区指定除外」の考え方が、同対法の成立と時を同じくして承認されていたという事実は、私たちに、いったい何を告げているのだろうか。

そもそも、同和対策事業（以下「同対事業」と略記）の「対象地域」を特定する権限は、どこにあったのか？　それは、国や地方自治体なのか（その場合でも、市町村のレベルか、それとも都道府県のレベルか、国のレベルか、という疑問は残るが）？　あるいは当の被差別部落にこそ、認められるべきものであったのか？

いや、もしも、そのどちらでもなかったとすればどうだろう？　じつのところ、私たちがS町の事例をもとに特に指摘したいのは、「対象地域」の特定にさいして、上記の行政や当事者以外の第三の主体が関与していた形跡についてなのである。

結論を先取りしていえば、そうした「第三の主体」が、「対象地域」の特定に関与していたからこそ、そしてまた、その主体が明確な姿を現していなかったがゆえに、あえて、現場の感覚として、主体の存在を仮構させる「地区指定」ないし「地区指定除外」という用語が新たに作り出された（作り出されざるを得なかった）のではなかっただろうか？

たとえば、「地区返上」をした住民たちが保持している屈折した意識を批判してみせる、次のような証言のなかに、私たちは、「第三の主体」を探求するための重要な鍵があるように思う。

（このR市内には他にも）被差別部落があって、自分ら（S町）も差別受けてる被差別地域なんやのに、他の地域にたいして差別的な見方しかしてへんわけ。ほんで、まわりを見てたら、他の（同和地区の）指定を受けた地域は（同対事業によって）よくなってるわけですよ。環境面にしても、いろんなかたちでね。そのこと見て、じっさい見たことにたいしてね、あっこらはやっぱり部落やさかい、とかね、ほんで、市からもようしてもろうとると、結局、そういう逆の見方、相手を見下げた見方しか、してへんわけですわ。結局は、それが差別ですやん。同じ、自分らの仲間にたいしても、差別意識、していって。

当時から、もぅ、（S町の）町民がよ、指出すんですわ。四ツいうね、ありますやん、言葉が。『うちは、四ツ違うんにゃ』て言うんですわ。あの、『返上してるさかい、一般地区やさかい、うちはね、四ツと違うんや、戸籍票見てもろうたらわかんのや』いうて、いうな言い方をする。そんなん、ぼくら、よう聞きましたもん。ここが、現実に、差別があるんですよ。

こうした情報から導き出せる推察として、とりあえず次の二つのことを指摘しておこう。まず第一に、外部社会からの「被差別部落」「部落民」といったラベリングを、集合心理的にシャットダウンすることは、必ずしも不可能ではないらしい、ということ。しかし、その代償として、第二に、他者からの差別的なまなざしを正面から引き受けて被差別の認識を反差別の運動実践へとつなげていくかわりに、反対に、他者にたいする差別的なまなざし〈差別意識〉を内面化していくという事態が集団的に生みだされてしまっているのではないか、ということである。

同対法イデオロギーと〈カテゴライズする力〉

S町の多数派住民にとっては、S町は被差別部落ではない。しかしながら、市も認めたように、周辺地域住民の抱く観念ないし表象のなかでは、S町は昔も今も被差別部落であることに変わりはない。じっさい、過去や現在のS町の生業は、部落産業としての鹿ノ子絞りや、清掃関係の現業員が主なものだった。そして、いまだにS町住民への結婚差別が後を絶たないともいう。こうしたなかで、S町住民の今日の自己認識は、奇妙に聞こえるかもしれないが、「部落ではないけれども差別されている地域」というものである。

私がここで最も主張したいことは、このような「部落ではないけれども差別されている地域」や、いわゆる「未指定地区」が生みだされた原因は、住民や行政や運動体の対応を云々する以前に、同対法の論理それ自体のなかにあった、という点である。その論理とは、私が、定義A＝定義Bを前提とする同対法イデオロギーと呼んできたものにほかならない。

同対法が孕んでいる論理的矛盾は、法の運用に当たって、当の法に述べられていなかった「地区指定」という発想を密輸入せざるを得なかったという事態のうちに、もっとも鮮明にあらわれている。そして私は、その背景として、「対象地域」の特定にかかわって、行政とも住民とも異なる別の主体が関与していた形跡があると述べた。

それでは、「対象地域」の特定に関与していた「第三の主体」とは、何か？

それを私は、〈(「部落」「部落民」として)カテゴライズする力〉と呼びたいと思う。言い換えれば、それは、「部落」「部落民」であることを自己または他者へ強制する力のことである。同対法は、この力を過小にみつもるか、あるいは、あまりにも当然なこととして考慮にさえ入れていなかったように思われる(だからこそ、定義A＝定義Bという暗黙の前提が成り立ちえたわけだ)。しかしながら、S町住民による「地区指定除外」の請願から端的に読みとれるのは、同対事業が依拠する〈(「部落」「部落民」として)カテゴライズする力〉にたいする徹底した拒絶の意志とでもいえるものであった。

さらに、先の住民の語りの背後に推察されるのは、この〈(「部落」「部落民」として)カテゴライズする力〉こそが、住民の差別意識を生みだす根本原因ではなかったかということである。つまり、差別意識は、部落差別を説明するための従属変数ではあっても、独立変数ではないのではないか。別の言い方をすれば、同対法をはじめとして部落差別を解消しようとする従来の試みは、もしかすると、いずれも差別を生みだす要因を説明するにあたって、独立変数と従属変数をとらえ損ねてきたのかもしれない。

4　〈ポスト同対法体制〉における社会学的課題

同和対策事業の事後評価の必要性

〈同対法体制〉において展開された諸事業は、私たちの社会にとって未曽有の社会(学的)実験であった。それはもちろん、優に十兆円を超える予算が国および地方自治体から支出されてきたという金銭面のことだけではない。ある特定の差別を解消させるという目的を掲げて、あれだけの時間や人員を投入しておこなわれた行政的介入は、これまでの歴史において世界的にみても(ということは人類史上)前代未聞のことであったし、これに比する規模の社会(学的)介入がなされる可能性は、近い将来にはほとんどありえないだろう。

だからこそ、一連の特別措置法が掲げていた「部落差別の根本的解決」という最終目標が、（1）どこまで達成されたのか、そして、（2）まだ達成されていないとすれば、その原因はどこにあるのか、についての行政的・社会的・学問的な事後評価をおこなうことこそが、まず私たちが正面から立ち向かわねばならぬ緊急の課題であるはずである。

しかしながら、同和行政をめぐる不正や不祥事を指弾する昨今のマスコミ報道を目にし、耳にするにつけ、今日、マスコミ、行政、そして多くの市民は、過去から引きずってきた同和問題がらみの負債をすみやかに清算することによって、一刻も早く同対法時代からの決別をはかろうとしているようにさえ思われる。はじめに引用した「特別扱いは、差別を助長する」という大阪市の見解は、まさにそうした姿勢を象徴するものであった。

なぜなら、そもそも同対事業とは、ある意味で「差別を助長する」ことを覚悟のうえで、被差別部落の住民にたいして「特別扱い」を行う試みであった、と言いうるからである。マイノリティにたいする優遇措置が、往々にしてマジョリティからの反発を生じさせること。それは、米国におけるアファーマティブ・アクションの事例を通じて社会科学的によく知られていることである。そして、同対法時代に問題とされた、被差別部落の近隣に住む住民たちの抱く「ねたみ意識」も、まさにその延長上に位置づけられるべきものであった。ところが現実には、「ねたみ意識」の原因は、短絡的に地域住民の差別意識へと還元してとらえられ、それが、同対事業という制度的枠組みによって必然的に生みだされた事態であるという側面は、これまでほとんど顧慮されることがなかった。

要するに、大阪市の見解がはしなくも露呈させたのは、このように差別を解消させるために採用された施策が、しばしば意図せざる結果として新たな差別なり、問題を生じさせてしまうことが当然のごとくあるという認識が、〈同対法体制〉下の行政にはまったく欠如していたという事実にほかならない。言い方を変えれば、「特別扱い」を続けたことが不祥事の原因だったというよりは、「特別扱い」自体は、「部落差別の根本的解決」に必要だからあえて行われてきたのであって、むしろ、そうした「特別扱い」がもたらす負の側面を絶えずチェックするシステムが、

〈同対法体制〉下において一貫して不在だったという点こそが問われなければならない。この点は、同対法関連の諸事業にたいする事後評価をおこなうにあたって、一つの重要なポイントとなるだろう。

そして、事後評価のもう一つのポイントは、いうまでもなく〈同対法体制〉が依拠してきたイデオロギーにたいする根本的な批判を遂行していくことにあろう。この論文は、まさに、そうしたイデオロギー批判のための端緒をひらくことを意図してきたのであった。

戸惑いとの対話から

本章では、「部落」「部落民」カテゴリーを認知することをめぐる人びとの悩みに耳を傾けることからはじめて（1節）、「（〇〇が）部落であること」「（△△が）部落民であること」を伝えたり、知ったり、知らされたりする経験につきまとう困難さの感覚の内実を検討していき、そのなかから「部落を認知すること」に不可避的にともなう〈根本的受動性〉を指摘するとともに（2節）、そうした困難さを生みだす背景にある〈（「部落」「部落民」として）カテゴライズする力〉こそが、〈同対法体制〉の陰画としての「未指定地区」問題の原因であり、また、同対法イデオロギーの論理をその核心において支えてきた社会的事実であることを明らかにしてきた（3節）。

同対法イデオロギー自体は、周知のように、同対事業を広範かつスムーズに展開させていくうえで、事業の正当性を調達するものとして、長らくのあいだ行政的にも運動的にも堅持されてきた。また、皮肉なことに、全国部落解放運動連合会によって主張された対抗的イデオロギーの存在も、同対法イデオロギーをいささかも疑おうとしない行政や運動体の体勢を助長し、さらに強化するうえで、一役も二役もかっていたと言わざるをえない。

しかしながら、〈同対法体制〉において、「部落差別の根本的解決」が、結局のところ十分に果たされなかったのはなぜかという先の問いに答えるためには、私たちは、同対法イデオロギーの限界や矛盾、そして諸々の問題点と正面から対峙しなければならない。

そのための方策の一つとして私たちが用いている方法が、〈同対法体制〉下で人びとが抱いてきた様々な戸惑いと真摯な対話をすることであった。このような対話が、これまでなされてこなかった理由。それは、端的にいって、研究者も、部落に住む人びとも、あまりにも深部から同対法イデオロギーに捕らわれてしまっていたために、双方共が、このイデオロギーが内在させてきた問題を看過してしまったせいではないかと思われる。

じっさい、カテゴリー認知をめぐる日常的な戸惑いの多くは、私たちの聞き取り調査においても、むしろ、主要なテーマについての聴取が終わったあとに、たんなる雑談が交わされるような場で、ぼそっと、恥ずかしげに、さらには「つまらない悩みですけど……」といった、当事者による弁解をふくんだ決めつけ的な解釈をあらかじめ付与されたのちに、ようやく語りだすことができるような、そんな部類の話だったのである。

こうした状況そのものが、同対法イデオロギーを相対化することが研究者や当事者の個々の意識のなかで、いかに困難なことであるかを告げていよう。

そして、再々引き合いに出した同和行政がらみの不祥事の背後には、まさしく本論で述べてきたようなカテゴリー化問題が伏在している可能性がきわめて高い。

なぜ、行政職員は、一部の住民からもたらされた理不尽な要請を退けることができなかったのか？　私は、その理由の一半は、行政職員が、当該住民を「部落民」として実体化して捉えてしまっていた点にあったと思う。〈同対法体制〉とは、つねに部落に住む人たちに「同和地区住民（部落民）」としての自覚やアイデンティティを確固として保持することを求めつづける（それの行き着くところが、「地区指定」のための自己申告だった）と同時に、部落外の人たちにたいして「非同和地区住民（非部落民）」としての自覚と、部落差別を解消するための一定の構え[11]を要求するものであった。そして、この論文でみきたように、同対法イデオロギー（と、それが依拠する〈「部落」「部落民」として）カテゴライズする力〉）は、両者の関係を固定化してしまい、それぞれの存在を実体化することに寄与してきたのだった。

したがって、たとえ同対事業の枠から逸脱する要請であったとしても、相手が「同和地区住民（部落民）」として自己を呈示してくるかぎり、職員の側にはつねに「非同和地区住民（非部落民）」としての負い目がつきまとい、結果的に断ることができなかったのではなかろうか。その意味で、行政職員が感じてきた戸惑いは、けっして彼らの責任に帰すだけではすまされない重みをもっていた。

だが、そうした同対法イデオロギーによる呪縛を断ち切ることは、必ずしも不可能ではない。というのも、私たちが主張するように、関係的カテゴリーとして「部落民」をとらえていたなら、今回表面化した様々な不祥事を回避したり、克服する道も拓けてきたはずだからである。

思い起こしてほしい。私たちの関係論的定義によれば、「部落民」とは、たんに「状況によって、『部落民』になったり、ならなかったりする」、そうした存在でしかなかった。つまり、たとえ同一の人物であったとしても、その人が、行政にたいして同対法の枠内で要求を出してくるかぎりにおいては「部落民（正確には、同和地区住民）」であるけれども、今回の不正事件のように同対法の枠を逸脱した要求をごり押ししてくるような場合、その人はもはや「部落民（同和地区住民）」ではないし、そのようにみなさねばならぬいわれなどどこにもありはしないのだ。

ところが、こうした関係論的な観点は、この社会において未だに支配的な同対法イデオロギーとはまったく相容れない考え方なのである。ここに私たちは、〈同対法体制〉が内在させてきた奥深い矛盾の一端を垣間見れるように思う。

〈ポスト同対法体制〉の構想にむけて

〈同対法体制〉の特徴を一言でいえば、本来、関係論的に把握する必要のある慣習的差別としての部落差別問題に対処するにあたり、むしろ現実的な実体論的な手法を導入することによって解決を図ろうとした体制である、ということができる。

私自身、一九六〇年代後半という時点にあっては、そうした実体論的手法を採用するしか道はなかったと思うし、また、被差別部落の環境改善や、教育・労働・生活水準の引き上げといった点で、〈同対法体制〉下においてじっさいに多くの成果がもたらされたこともたしかである。

しかしながら、その一方で、部落から転出していった人たちが同対事業の対象から除外されてしまったことや、「部落民」アイデンティティにみられる多様化や錯綜、「部落」「部落民」カテゴリーを認知することの困難、差別意識の残存・存続や新たな生成、「未指定地区」問題の発生から、啓発の困難、同和行政をめぐる不祥事など、今日にまで引き継がれているさまざまな問題が生みだされる背後には、部落差別という対象を実体論的に規定することにたいして、本質的な矛盾ないし錯誤が存在していたように思われてならない。

〈同対法体制〉の矛盾とは、端的にいうなら、〈(「部落」「部落民」として)カテゴライズする力〉に全面的に依拠して部落差別の解消を図ろうとする体制が、みずからのうちに本質的に抱えこまざるをえない矛盾のことである。

本章が明らかにしてきたのは、部落差別を解決するうえで避けては通れないはずの、「部落」「部落民」カテゴリーを認知することの〈根本的受動性〉といった問題を、〈(「部落」「部落民」として)カテゴライズする力〉が覆い隠してきたということだけではない。

さらに重要な発見は、同対事業の実施に現実的に大きく貢献した〈(「部落」「部落民」として)カテゴライズする力〉が、状況次第では、〈差別(=排除)する力〉そのものである慣習的カテゴリーとのあいだに、ある種の共犯関係を築いてしまうことが、往々にして見受けられたことである。

その実例としては、同和行政をめぐる不正事件があげられるし、さらに、「未指定地区」問題を検討するなかで明らかになったのも、この〈(「部落」「部落民」として)カテゴライズする力〉の存在が、逆に、住民によるカテゴライズの拒否というリアクションを呼び起こして「未指定地区」問題を生みだし、その結果として、差別の解消を遅延させたり、あらたな差別現象を生んだりする要因ともなっていたという事態である。

しかし、最後にあらためて強調しておかなければならないのは、〈同対法体制〉下では、そもそも、そうした〈(「部落」「部落民」として)カテゴライズする力〉の存在自体が、同対法イデオロギーによって覆い隠されてきた、という事実である。

現代の私たちは、このように〈同対法体制〉による幾重にもわたる制度的呪縛によって、いまだに当該体制内にすっぽりと絡め取られてしまっている。

にもかかわらず、こうした体制と真に訣別することによってあらたな〈ポスト同対法体制〉を構想することは、けっして不可能ではないだろう。

そのために、以下では簡単に二つの方向性を指し示しておこう。

まず、第一には、私たちそれぞれが、日常的に様々な(教育的・啓発的・社交的等々の)場面で、「部落民」を関係的カテゴリーとして把握するレッスンをみずからに課すことがあげられる。それによって、私たちがみずからを、〈(「部落」「部落民」として)カテゴライズする力〉の彼方に解放する道が開かれるだろう。これは、言うまでもなく、過剰なカテゴライズを自制するということであり、部落差別問題にとどまらず、たとえば、障害をもった人を「障害者」として過剰にカテゴライズしてしまい、かえって敬して遠ざけるような対応を避けることにもつながると思われる。

第二は、制度・政策レベルでの対応にかかわるものである。そもそも、制度という存在自体は、基本的に実体的にカテゴライズされた構成要素に依拠しているものである。とはいえ、制度的な施策から洩れ落ちているものを掬い上げること、あるいは、そうした政策の意図せざる効果に着目することによって、本来、関係的にしか把握しえない存在を、私たちが可視化していくことは可能なはずである。そして、そうした存在を制度内に取り込むことを可能にしていくような制度の柔軟な運用の水準において、カテゴライズする力の専横を抑制したり、抑止することも、十分に想定できるように思われる。そのためには、政策を推進するにあたって、政策評価の絶えざる実施と、その結果のフィードバックを保証しうるような新たな制度を構築することが必要となるだろう。

注

（1）『朝日新聞』二〇〇六年八月二九日（夕刊）。

（2）この「同対審答申」自体が、部落問題のとらえ方をめぐる幾重にもわたるイデオロギー対立のなかにおける政治的な妥協の産物であった点（これについては、（中田 1972）（藤谷 1973）を参照）や、対策事業を開始するための技術的な配慮から集住地区に対象を限定し、混住化問題や転出者問題をあえて議論の外においていた点（三浦（2006b）を参照）等については、今日からふり返ってみたとき、きわめて重要な論点を含んでいる。

（3）この点について、私は、部落差別の原因にかんする説明として、「出身や家柄にこだわる前近代的な考え方が受け継がれてきているからだとする考え方（残存説）」「差別を引き起こしてしまう実態的要因や心理的要因が現代社会に存在するという考え方（新要因説）」「近代社会の仕組みや制度自体が部落差別を更新しているとする考え方（再生産説）」を検討したうえで、いずれもが充分な説明となっていないとして、むしろ、部落差別の原因にかんする「根本的な〈訳のわからなさ〉」を問題とするべきであると主張した（三浦 2004b：79-80）。それにたいして、この論文では、その後の考察をもとにもう一歩踏み込んで、あらたに慣習的区分やカテゴリーにもとづく「慣習的差別」という捉え方を呈示している。

（4）誤解のないように申し添えておけば、こうしたアイデンティティ理解は、私自身の一般化された理念型的アイデンティティ理論にもとづいているのであって、たとえば、個々の具体的ケースとしての、定義A＝定義Bを前提とする部落解放運動のアイデンティティを否定しているわけではない。なお、アイデンティティの理念型をこのように設定するのは、個人のアイデンティティを固定的にとらえがちだったこれまでの近代主義的なアイデンティティ理論への批判を意図しており、その意味では、上野千鶴子らによる近代的アイデンティティ理論の脱構築の試みに通ずる志向性をもっている（上野編（2005）を参照）。

（5）この論文で使用するデータは、主として、反差別国際連帯研究所しがにおける滋賀県教育委員会からの委託事業「部落生活文化史調査研究」（一九九二年―二〇〇四年度）の一環としておこなわれた調査から得られたものである。

（6）なお、次節の内容は、基本的には、部落解放研究第一一回滋賀県集会（二〇〇四年三月一三日、於滋賀県立文化産業交流会館）における「部落問題入門講座」で行った報告（題目は、「生活史調査・被差別部落での聞き取り調査から見えてきたもの」）と、第七七回日本社会学会大会（二〇〇四年一一月二一日於熊本大学）で行った報告（題目は、「「部落を認知すること」における〈根本的受動性〉をめぐって――〈日常的悩み〉との対話の試み」）にもとづいている。内容の一部は、すでに三浦（二〇〇四b）に発表したものだが、全体の論旨との関連で再説する必要があったため、加筆して再録したことをお断りしておく。

（7）次節の内容は、第二一回日本解放社会学会大会（二〇〇五年三月二六日於龍谷大学）で行った報告（題目は、「〈同対法以後〉の社会学的課題――『未指定地区』問題をめぐる行政的・運動的対応にふれて」）がベースとなっている。

（8）「未指定地区」の具体的状況を知るうえで、「特集　放置された部落」（『部落解放』三八二号、一九九四年）が、大変示唆的であった。また、富山県における歴史と現状については、（藤野 2001）を参照のこと。なお、特措法の失効以降、「未指定地区」は論理的には存在しないので、正確にいえば、「旧未指定地区」と表記すべきなのだが、あまりに議論が煩雑になるので、継続して「未指定地区」という表記をもちいている。

（9）S町における調査報告は、三浦（2005）にまとめている。

（10）なお、後ほど詳述するように、S地区は、いったん法的に同対事業の対象地域となったあとに（同和）地区を返上したのではなく、同対法の成立に先立って、S地区が同和地区とみなされることを拒否する旨の意志を、市への請願によって表明していた。その点では、たしかに、同対法との関連でいえば、「地区返上」よりも「地区指定除外」の表現の方が、事実に近いといえる。にもかかわらず、本論文で「地区返上」という表現を用いるのは、第一に、S地区の住民が歴史的に「地区返上」という用語を採用してきたからであり、第二には、住民によるそういう表現を勘案してみるに、住民の言う「返上」は、同対法以前の融和施策において「対象地区」とみなされることの「返上」をも意味しているからであり、さらに第三に、S地区におけるこうした「返上」の用法が、一貫して「地区指定を受ける権利」の「返上」を意味していたように思われるからである。

（11）本論文が掲載された雑誌の前号（『解放社会学研究』第一九号）の特集テーマは、「特別措置法後の部落差別の現実にどう切り込むか」であった。各論者によって力点の相違はあるものの、私見では、いずれの論考も〈差別にたいする人びとの構え〉に焦点がすえられており、その現状分析と〈差別にたいする構え〉のあるべきかたちについて精力的に論じられていた。個々人のもっている〈差別にたいする構え〉を問うことは重要だが、そうした場合、とりわけ本論との関連でいえば、〈差別にたいする構え〉を個人が身につける以前に、〈（「部落」「部落民」として）カテゴライズする力〉や、慣習的カテゴリーの作用、さらには、カテゴリー認知の〈根本的受動性〉、そして個々の具体的な状況的・関係的要因といった、個人的な水準をはるかに超えた要因が、そうした構えの形成に大きな影響を与えている点については十分に留意する必要があるように思われる。

おわりに

「環境問題と差別問題との複雑な絡まり合いを、具体的に解きほぐし分析すること」という本書の旅は、最後に「慣習的差別」という概念を提出するに至ったわけだが、じつは、「はじめに」でも述べたように、すでに前著（『環境と差別のクリティーク』）においても、屠場・「不法占拠」・部落差別といったトピックを扱うさいに、私たちは〈生活者の慣習〉や〈慣習のヘゲモニー〉といったかたちで、「慣習」という現象に着目してきていたのであった。

その結果をこのように言葉にしてみると、「なんだ、そんなことか。それ（「慣習」という存在）なら、今までにも嫌というほど指摘されてきたことではなかったか？」と、不審に思われるむきもあろうかと思う。しかしながら、存在を指摘することと、存在にたいして分析を加えることとは、似ているようで、じつはまったく違う。とりわけ、社会学という研究領域においては……。

なぜなら、その存在は、（類似した「伝統」という概念とともに）社会学が誕生するために、すなわち、社会学の対象の確定にあたって、つまりは、社会学のアイデンティティを確立するうえで、必要不可欠な役割を果たしていたにもかかわらず、いったん、社会学が近代社会の学として機能しはじめるや否や、正面から取りあげられることは滅多になくなり、たまに研究の場に召喚されることがあっても、その存在が参照されるのみで、具体的な分析対象とされることはほとんどなかったからである。

そのような存在の名を、ここでは〈慣習〉と呼ぼう。それも、とりわけ、規範的存在、したがって、フォークウェイズというよりはモーレスとしての〈慣習〉である。

そして、私たちは、前著において〈慣習のヘゲモニー〉に着目することによって、屠場問題、「不法占拠」問題、そして部落差別問題がそれぞれに抱え込んでいる構造的差別という事態が、いかにして〈慣習〉という存在によって正当化され、現代社会において存続しつづけているかを解明してきた。

また、本書では、第5章や第6章において、いにしえの古臭い慣習にすぎないと思われていたベナンダンティの豊饒儀礼や民衆のシャリヴァリ儀礼といった〈習俗〉のなかに、生き生きとした民衆文化の発露を見いだすことによって、それらが悪魔的魔術の生成やローカルな地域政治においていかに重要な役割を果たしていたかを明らかにした。

そこで用いられた〈慣習〉の緩慢な変容を長期的なタイムスパンのなかで探求するとともに、そこにかかわった民衆たちの心の襞や行動様式、さらには世界像にまで踏み込もうとする社会史的なアプローチは、けっして伝統社会に限定された手法というわけではなく、いわば、「〈習俗〉の解剖学」として近代社会の諸事象にも十分に適用できるように思われる。

じっさい、私たちが第2章や第3章で検討した「放射線安全論」や「原発労働の安全神話」などは、原発事故後の現在においても衰えるどころか依然として支配的な〈慣習〉として日本社会に大きな影響を及ぼしつつあるし、さらに「風評被害」をめぐる様々な言説や行動に至ってはある種の奇怪な〈習俗〉の感を呈しているとさえいえるのではないだろうか。

また、第3部で取り上げた「慣習的差別としての部落差別」の形成に寄与した、関係的カテゴリーとしての「部落」・「部落民」の実体化や、それに依拠した〈同対法体制〉も、本論で論じたようになんらかの慣習化の産物であるといえようし、そのような今日の部落差別については、現代的習俗という観点からさらなる究明が必要であろう。

なお、社会学において、以上のような個々の具体的な〈慣習〉や〈習俗〉にたいする経験的研究が十分に蓄積されてこなかった理由。その一端は、社会学が〈近代的なもの〉の探求に邁進する一方で、〈伝統的なもの〉への観点がなおざりにされてしまった点にあったと思われる。しかしながら、「伝統の創造」といった仰々しい議論を待つまでもなく、近代社会は、たえず〈伝統〉や〈慣習〉を刷新したり、新たに生みだしたりしてきたのであり、じつは、私たちの社会は、〈慣習〉という無意識的ないし受動的な要素を抜きにしては十分に機能しえないものなのであった。

意識的かつ能動的な行為を可能にする条件として、じつは、無意識的ないし受動的な要素が不可欠なものとして存在しているというパラドクシカルな事態。構造的差別の解明のためには、こうした観点を組み込んだ新たな社会理論が要請されている。

本書は、〈慣習〉の把握に際して、抽象的な一般理論によってではなく、記述的な社会分析というソシオグラフィの方法をもちいることによって、その要請に応えようとしたものである。

意図的・政策的に形成された制度の存続自体が自己目的化していくとき、そこには行為の慣習化が必然的にともなわれざるをえず、その結果として、そもそもの意図や政策についての反省機能はいちじるしく逓減していく。

こうして生成される〈慣習〉は、①その存在の由来が説明不能である（いつのまにか、形成されてきたものである）、にもかかわらず、②〈慣習〉であるということによって、すでにその存在が正当化されてしまっているという、きわめて不可思議な存在であるといわざるをえない。

そして、これまで指摘してきたように、〈慣習〉とは、社会生活において意図せざる結果として生成させてきた一定の社会規範であって、一方で、社会の存続（たとえば、環境問題の解決）に貢献しうるとともに、他方では、一定の成員を排除する社会的圧力を生みだす、きわめて両義的な存在であった。

問題は、この〈慣習〉を反省的に捉える方法を人びとが持ち合わせていないというだけでなく、じつは、社会学もまた、「意識的に変化をもたらすこと」に関心を集中させてきたがためにそうした方法を持ち得なかったという点にこそある。

本書は、「記述的分析としてのソシオグラフィ」という方法を採用することによって、そうした現代社会における〈慣習〉をめぐる表象や規範のダイナミズムを、分析的かつ批判的に記述するための一つのモデルを呈示しようとする試みであった。

なお、本書の刊行にむけて、晃洋書房編集部の西村喜夫さんに大変お世話になりました。また、出版にあたっては関西学院大学社会学部研究会より退職記念出版助成を受けています。改めまして、ここに謝意を表します。

二〇二四年一二月一日

三浦　耕吉郎

初出一覧

第1章　『フォーラム現代社会学』第九号、二〇一〇年、六〇―六八頁

第2章　原題「〈現場からの声〉は届いたか？――原子力発電所と構造的差別」『関西学院大学　人権研究』第一七号、二〇一三年、一一―二八頁

第3章　『環境社会学研究』第二〇号、二〇一四年、五四―七六頁

第4章　原題「歴史は逆なでに書かれる――オーラル・ヒストリーからの科学論」『語りが拓く地平――ライフストーリーの新展開――』山田富秋・好井裕明編、せりか書房、二〇一三年、九九―一二〇頁

第5章　『現代社会学』第二三号、一九八七年、五―二二頁

第6章　『暴力の文化人類学』田中雅一編、京都大学学術出版会、一九九八年、一三九―一六三頁

第7章　原題「市民社会化のなかの被差別部落――聞き取り調査における「語り」の分析から――」青井和夫・高橋徹・庄司興吉編『福祉社会の家族と共同意識』梓出版社、一九九八年、二三三―二四八頁

第8章　『社会学的フィールドワーク』好井裕明・三浦耕吉郎編、世界思想社、二〇〇四年、二〇一―二四五頁

第9章　『解放社会学研究』第二〇号、二〇〇八年、七―三四頁

《著者紹介》
三浦　耕吉郎（みうら　こうきちろう）
関西学院大学社会学部教授.
専門は，生活史，差別問題，環境社会学，質的調査法.
著書に，『自然死（老衰）で逝くということ――グループホーム「わたしの家」で父を看取る――』（新曜社，2024年），『エッジを歩く――手紙による差別論――』（晃洋書房，2017年），『環境と差別のクリティーク――屠場・「不法占拠」・部落差別――』（新曜社，2009年），『屠場――みる・きく・たべる・かく　食肉センターで働く人びと――』（編著，晃洋書房，2008年），『構造的差別のソシオグラフィ――社会を書く／差別を解く――』（編著，世界思想社，2006年），『社会学的フィールドワーク』（共編著，世界思想社，2004年），『新社会学研究』（No. 1～No. 9，共編著，2016年～2024年，新曜社），『新修福岡市史　民俗編二　ひとと人々』（共著，福岡市史編集委員会，2015年）.

環境と差別の社会学
――フィールドとの〈対話〉から構造的差別へ

2025年1月30日　初版第1刷発行　　＊定価はカバーに表示してあります

著　者　三浦　耕吉郎©
発行者　萩原　淳平
印刷者　藤森　英夫

発行所　株式会社　晃洋書房
〒615-0026　京都市右京区西院北矢掛町7番地
電話　075(312)0788番(代)
振替口座　01040-6-32280

装幀　HON DESIGN（北尾　崇）　印刷・製本　亜細亜印刷㈱
ISBN 978-4-7710-3895-0

参考文献

青井和夫・高橋徹・庄司興吉編（1998）『福祉社会の家族と共同意識――21世紀の市民社会と共同性：実践への指針――』梓出版.

青沼陽一郎（2014）「福島に住む母親たちの不安と憔悴『わが子が甲状腺がんになった親の気持ちがわかりますか』」『週刊現代』 6月14日号，pp. 182–185.

明石昇二郎（1997＝2012）『敦賀湾原発銀座――［悪性リンパ腫］多発地帯の恐怖――』宝島社.

アルヴァックス，M.（1989）『集合的記憶』小関藤一郎訳，行路社.

五十嵐泰正・「安全・安心の柏産柏消」円卓会議（2012）『みんなで決めた「安心」のかたち――ポスト 3・11の「地産地消」をさがした柏の一年――』亜紀書房.

池上俊一（2024）『魔女狩りのヨーロッパ史』岩波書店.

石橋克彦（2012）『原発震災――警鐘の記録――』七つ森書館.

石丸小四郎・建部暹・寺西清・村田三郎（2013）『福島原発と被曝労働――隠された労働現場、過去から未来への警告――』明石書店.

石牟礼道子（1986）『陽のかなしみ』朝日新聞社.

磯村健太郎・山口栄一（2013）『原発と裁判官――なぜ司法は「メルトダウン」を許したのか――』朝日新聞出版.

一ノ瀬正樹他編（2012）『低線量被曝のモラル』河出書房新社.

市村弘正（1996）『「名づけ」の精神史』（増補）平凡社.

今中哲二（2012）『低線量放射線被曝――チェルノブイリから福島へ――』岩波書店.

今中哲二・津田敏秀・山田真（2013）「福島原発事故後の原点をふりかえる――初期被ばく・甲状腺がん・健康調査――」『科学』Vol. 83，No. 12，pp. 1374–1385.

岩佐裁判の記録編集委員会編（1988）『原発と闘う――岩佐原発被曝裁判の記録――』八月書館.

イングラム，M（1986）「英国の“シャリヴァリ”と民衆文化」松枝致訳『思想』No. 740，pp. 227–249.

上野千鶴子編（2005）『脱アイデンティティ』勁草書房.

上村忠男（1986）「訳者解説――ギンズブルグの意図と方法について――」ギンズブルグ，C.（1986b）.

NHK スペシャル「日本新生」取材班（2012）『総力取材！　食の安心――何をどう守るのか――』NHK 出版.

欧州放射線リスク委員会（ECRR）編（2011）『放射線被ばくによる健康影響とリスク評価欧州放射線リスク委員会（ECRR）2010年勧告』山内知也監訳，明石書店.

大島堅一・除本理史（2012）『原発事故の被害と補償――フクシマと「人間の復興」――』

大月書店.
大庭宣尊（2005）「差別をめぐる知の位相——人権教育（同和教育）の現場から——」『解放社会学研究』No. 19, pp. 26–43.
岡本孝司（2012）『証言　斑目春樹——原子力安全委員会は何を間違えたのか？——』新潮社.
開沼博（2011）『「フクシマ」論——原子力ムラはなぜ生まれたのか——』青土社.
加藤昌彦（1993）「環境問題と差別」『関西外国語大学研究論集』No. 58. pp. 169–186.
金森修・中島秀人編（2002）『科学論の現在』勁草書房.
金菱清・東北学院大学震災の記録プロジェクト編（2012）『3・11　慟哭の記録——71人が体感した大津波・原発・巨大地震——』新曜社.
鎌田慧（1991）『六ヶ所村の記録』（上・下）岩波書店.
神里達博（2005）『食品リスク——BSE とモダニティ——』弘文堂.
————（2013）「食品における放射能リスク」中村征樹編『ポスト3・11の科学と政治』ナカニシヤ出版.
神原文子（2000）『教育と家族の不平等問題——被差別部落の内と外——』恒星社厚生閣.
————（2001）「部落差別と向き合う子育て」部落解放・人権研究所編『部落の21家族——ライフヒストリーから見る生活の変化と課題——』解放出版社.
————（2005）「同和地区行政と部落解放研究の課題——同和地区実態等調査と市民意識調査から見えてきたもの——」『解放社会学研究』No. 19, pp. 44–59.
狩谷あゆみ（2001）「カテゴリー化の暴力性——神戸市の野宿者問題をめぐって——」『解放社会学研究』No. 15, pp. 75–97.
河﨑健一郎（2012）「政府の指示による避難と、そうではない避難」河﨑健一郎・菅波香織・竹田昌弘・福田健治『避難する権利、それぞれの選択　被曝の時代を生きる』岩波書店〔岩波ブックレット No. 839〕.
川村邦光（1986）「近代日本と霊魂の行方——生活思想と仏教——」安丸良夫編『体系仏教と日本人11　近代化と伝統』春秋社.
神田穣太（2013a）「福島第一原子力発電所から海に流れ続ける放射性セシウム」『科学』Vol. 83, No. 6, pp. 634–638.
————（2013b）「福島第一原子力発電所から海洋への放射能流出の現状」『科学』Vol. 83, No. 11, pp. 1284–1286.
吉川徹（2009）『学歴分断社会』筑摩書房〔ちくま新書〕.
Ginzburg, C. (1966＝1972) *I benandanti : Stregoneria e culti agrari tra Cinquecento e Seicento,* Torino : Einaudi.
————(1984) “Presomptions sur le Sabbat,” *Annales : E.S.C.,* 39. NO. 2. pp. 341–354.
ギンズブルグ, C. (1984)『チーズとうじ虫——十六世紀の一粉挽屋の世界像——』杉山光信訳, みすず書房.
————(1986a)『ベナンダンティ——16–17世紀における悪魔崇拝と農耕儀礼——』竹山

博英訳，せりか書房.
――――（1986b）『夜の合戦――16–17世紀の魔術と農耕信仰――』上村忠男訳，みすず書房.
――――（1986c）「徴候――推論的範例の根源――」竹山博英訳，『現代思想』7－9月号.
――――（2003）『歴史を逆なでに読む』上村忠男訳，みすず書房.
グールド，J. M., ゴールドマン，B. A.（2008）『死にいたる虚構――国家による低線量被曝の隠蔽――』肥田舜太郎・斉藤紀訳，PKO 法「雑則」を広める会.
グールド，S. J.（2008）『人間の測りまちがい――差別の科学史――』（上・下）河出書房.
蔵持不三也（1991）『シャリヴァリ――民衆文化の修辞学』同文館.
クリフォード，J., マーカス，G（1996）『文化を書く』春日直樹ほか訳，紀伊国屋書店.
原子力損害賠償紛争審査会（2011a）「東京電力株式会社福島第一、第二原子力発電所事故による原子力損害の範囲の判定等に関する中間指針（平成23年 8 月）」.
――――（2011b）「東京電力株式会社福島第一、第二原子力発電所事故による原子力損害の範囲の判定等に関する中間指針追補（自主的避難等に係る損害について）（平成23年12月）」.
――――（2013）「東京電力株式会社福島第一、第二原子力発電所事故による原子力損害の範囲の判定等に関する中間指針第三次追補（農林漁業・食品産業の風評被害に係る損害について）（平成25年 1 月）」.
高坂健次（2000）『社会学におけるフォーマル・セオリー』ハーベスト社.
コーン，N.（1983）『魔女狩りの社会史――ヨーロッパの内なる悪霊――』山本通訳，岩波書店.
小林繁子（2015）『近世ドイツの魔女裁判――民衆世界と支配権力――』ミネルヴァ書房.
小森龍邦他（1988）「〈座談会〉未指定地区のかかえる問題」『部落解放』No. 271，pp. 28–41.
近藤和彦（1993）『民のモラル――近世イギリスの文化と社会――』山川出版社.
榊原崇仁（2021）『福島が沈黙した日――原発事故と甲状腺被ばく――』集英社.
桜井厚（1995）「幻影のなかの『部落』」反差別国際連帯解放研究所しが編『語りのちから――被差別部落の生活史から――』弘文堂.
――――（2002）『インタビューの社会学――ライフストーリーの聞き方――』せりか書房.
――――（2008）「「事実」から「対話」へ――オーラル・ヒストリーの現在――」『思想』8 月号，岩波書店.
佐藤郁哉（1992）『フィールドワーク』新曜社.
佐藤裕（2005）『差別論――偏見理論批判――』明石書店.
柴田三千雄（1983）『近代世界と民衆運動』岩波書店.
嶋崎美智子（1999）『息子はなぜ白血病で死んだのか』技術と人間.
島薗進（2013）『つくられた放射線「安全」論――科学が道を踏みはずすとき――』河出書房新社.
清水修二（1994）『差別としての原子力』リベルタ出版.

調麻佐志（2013）「奪われる「リアリティ」低線量被曝をめぐる科学／「科学」の使われ方」中村征樹編『ポスト3・11の科学と政治』ナカニシヤ出版.
菅波香織（2012）「放射能問題と向き合うために　原発事故後の福島では」河崎健一郎・菅波香織・竹田昌弘・福田健治『避難する権利、それぞれの選択　被曝の時代を生きる』岩波書店〔岩波ブックレット No. 839〕.
盛山和夫（2005）「説明と物語」『先端社会研究』No. 2, pp. 1-25.
関一敏（1986）「残存と創出――フランスの民俗と民俗学について――」『文化人類学』3, pp. 209-218.
関谷直也（2011）『風評被害――そのメカニズムを考える――』光文社.
――――（2009）「風評被害の心理」仁平義明編『防災の心理学――ほんとうの安心とは何か――』東信堂.
高木知美（2017）『原発被曝労働者の労働・生活実態分析』明石書店.
高橋昇・天笠啓祐・西尾漠編（2012）『「技術と人間」論文選――問いつづけた原子力1972-2005――』大月書店.
舘野淳・野口邦和・青柳長紀（2000）『徹底解明――東海村臨界事故――』新日本出版社.
田中雅一編（1998）『暴力の文化人類学』京都大学学術出版会.
太郎丸博編（2006）『フリーターとニートの社会学』世界思想社.
津田敏秀（2014）「2014年2月7日福島県県民健康管理調査検討委員会発表データによる甲状腺検診分のまとめ」『科学』Vol. 84, No. 3, pp. 279-283.
津田敏秀・山本英二（2013）「多発と因果関係――原発事故と甲状腺がん発生の事例を用いて――」『科学』Vol. 84, No. 3, pp. 497-503.
Davis, N. Z. (1974) "Some Tasks and Themes in the study of Popular Religion," in Trinkaus, ch. et al. (eds.) *The Pursuit of Holiness in Late Medieval Renaissance Religion*, Leiden.
ディヴィス, N. Z. (1986)「シャリヴァリ、名誉、共同体――一七世紀のリヨンとジュネーヴ――」岩崎宗治訳『思想』No. 740, pp. 186-204. ［原著　Le Goff and Schmitt (eds.) (1981) 所収］.
東京原爆症認定集団訴訟を記録する会編（2012）『原爆症認定訴訟が明らかにしたこと――被爆者とともに何を勝ち取ったか――』あけび書房.
東京電力福島原子力発電所事故調査委員会（2012）『国会事故調――報告書――』徳間書店.
トムスン, E. P. (1982)「ラフ・ミュージック――イギリスのシャリバリ――」福井憲彦訳, 二宮宏之他編『魔女とシャリヴァリ』新評論.
友澤悠季（2012）「「社会学」はいかにして「被害」を証すのか――薬害スモン調査における飯島伸子の仕事から――」『環境社会学研究』Vol. 18, pp. 27-44.
Thompson, E. P. (1991) *Customs in Common*, New York : The New Press.
トンプソン, P. (2002)『記憶から歴史へ――オーラル・ヒストリーの世界――』酒井順子訳, 青木書店.

中川恵一（2011）『放射線のひみつ――正しく理解し、この時代を生き延びるための30の解説――』朝日出版社.
――――（2012）「がんと放射線」一ノ瀬正樹他編『低線量被曝のモラル』河出書房新社.
中川保雄（2011）『放射線被曝の歴史――アメリカの原爆開発から福島原発事故まで――』（増補）明石書店.
中田暢之（1972）「『行政闘争』の歴史とその本質」『部落』No. 294, pp. 15–22.
中村征樹編（2013）『ポスト3・11の科学と政治』ナカニシヤ出版.
名取春彦（1998）『インフォームド・コンセントは患者を救わない』洋泉社.
西成彦（1997）『森のゲリラ――宮沢賢治――』岩波書店.
二宮宏之（1986）『全体を見る眼と歴史家たち』木鐸社.
野口道彦（2000）『部落問題のパラダイム転換』明石書店.
バーク，P.（1988）『ヨーロッパの民衆文化』中村賢二郎・谷泰訳，人文書院.
ハーディー，T.（1971）『カスターブリッジの市長』上田和夫訳，潮出版社［原著　1886］.
ハーディング，S.（2009）『科学と社会的不平等――フェミニズム、ポストコロニアリズムからの科学批判――』北大路書房.
長谷川公一（1996＝2011）『脱原子力社会の選択――新エネルギー革命の時代――』（増補版）新曜社.
畑中敏之（1995）『「部落史」の終わり』かもがわ出版.
浜田宏（2007）『格差のメカニズム――数理社会学的アプローチ――』勁草書房.
反差別国際連帯解放研究所しが編（1995）『語りのちから――被差別部落の生活史から――』弘文堂.
樋口健二（1981＝2011）『闇に消される原発被曝者』（増補新版），八月書房.
――――（1987＝2011）『新装改訂　原発被曝列島――50万人を超える原発被曝労働者――』三一書房.
――――（2011）『原発被曝列島――50万人を超える原発被曝労働者――』（新装改定）三一書房.
日隅一雄・木野龍逸（2012）『検証　福島原発事故・記者会見　東電・政府は何を隠したか』岩波書店.
日野行介（2013）『福島原発事故――県民健康管理調査の闇――』岩波書店.
日野行介・尾松亮（2017）『フクシマ6年後　消されゆく被害――歪められたチェルノブイリ・データ――』人文書院.
福岡市史編集委員会（2015）『新修　福岡市史　民俗編二　人と人々』福岡市.
藤井昭三（1994）「自主解放を目指したが」『部落解放』No. 382. pp. 48–53.
藤川賢（2012）「福島原発事故における被害構造とその特徴」『環境社会学研究』Vol. 18, pp. 45–59.
藤田敬一編（1998）『「部落民」とは何か』阿吽社.
藤谷俊雄（1973）「同対審答申の批判的研究――歴史的背景と政策的意図――」『部落問題

研究』No. 40, pp. 2–22.
藤野豊（2001）『被差別部落ゼロ？——近代富山の部落問題——』桂書房.
船橋晴俊・長谷川公一・飯島伸子（2012）『核燃料サイクル施設の社会学——青森県六ヶ所村——』有斐閣.
部落解放同盟大阪府連合会（2006）「部落解放運動——信頼の再構築と再生にむけて『飛鳥会等事件』の総括と府連見解——」『部落解放』No. 573, pp. 74–85.
古野清人（1973）「原始宗教の構造と機能」『古野清人著作集』２，三一書房.
ブロック，M.（2004）『新版　歴史のための弁明——歴史家の仕事——』松村剛訳，岩波書店.
Belmont, N.（1981）Fonction de la Dérision er Symbolism du Bruit dans le Charivari.（Le Goff and Schmitt,.（eds.）1981）.
ベンヤミン，V.（1996）『ベンヤミン・コレクション１　近代の意味』浅井健二郎編訳，久保哲司訳，筑摩書房.
堀江邦夫（1979＝2011）『原発ジプシー——被曝下請け労働者の記録——』現代書館.
堀川三郎（2012）「環境社会学にとって「被害」とは何か——ポスト３・11の環境社会学を考えるための一素材として——」『環境社会学研究』Vol. 18, pp. 5–25.
ホルスタイン，J., グブリアム，J.（2004）『アクティヴ・インタビュー——相互行為としての社会調査——』山田富秋・兼子一・倉石一郎・矢原隆行訳，せりか書房.
本田豊（1982）『部落史を歩く——ルポ東北・北陸の被差別部落——』柏書房.
正村俊之（2013）「東日本大震災のリスク問題——知・無知・意思決定——」『社会学評論』Vol. 64, No. ３, pp. 460–473.
松田美佐（2014）『うわさとは何か——ネットで変容する「最も古いメディア」——』中央公論新社.
松本直治（1979）『原発死——一人息子を奪われた父親の手記——』潮出版.
松本三和夫（2012）『構造災——科学技術社会に潜む危機——』岩波書店〔岩波新書〕.
間淵領吾（1998）「職業カテゴリーによる日本人の職業序列づけ」都築一治編『職業評価の構造と職業威信スコア』1995年SSM調査研究会.
三浦耕吉郎（1986）「社会史理論の課題と社会学——近代化理論の再検討——」『思想』No. 745, pp. 64–86.
————（1987）「民衆文化の自律性と文化的ヘゲモニー——サバト、あるいは集団的アニミズム——」『現代社会学』No. 23, pp. 5–22. 本書第５章.
————（1988）「地域の社会意識研究のために——異文化としてのむら——」『年報社会学論集』〔創刊号〕pp. 123–132.
————（1995）「移り変わるむら」（反差別国際連帯解放研究所しが編　1995）.
————（1996）「「よそ者」としての解放運動——湖北における朝野温知の運動の軌跡——」（三浦　2009a）.
————（1998a）「市民社会化のなかの被差別部落——聞き取り調査における「語り」の

分析から――」（青井・高橋・庄司編 1998）本書第7章.
――――（1998b）「環境調査と知の産出」（三浦 2009a）.
――――（1998c）「儀礼のメタ規範と暴力の政治――シャリヴァリ儀礼の転用をめぐって――」（田中編 1998）本書第6章.
――――（1999）「被差別部落で聞く」（三浦 2009a）.
――――（2001）「アイデンティティ以前」（三浦 2017）.
――――（2004a）「カテゴリー化の罠――社会学的〈対話〉の場所へ――」（好井・三浦編 2004）本書第8章.
――――（2004b）「被差別部落での聞き取り調査から見えてきたこと――〈日常的悩み〉との対話から――」『解放研究しが』No. 14, pp. 79–86.
――――（2005）「「地区返上」のむらから」『解放研究しが』No. 15, pp. 21–44.
――――編（2006a）『構造的差別のソシオグラフィ――社会を書く／差別を解く――』世界思想社.
――――（2006b）「統計的データのすき間を生きる人びと――被差別部落人口の流出入をめぐって――」『解放研究所しが』No. 16, pp. 11–26.
Miura, K.（2007）“Lessons on Human Rights Derived from an Epistolary Style : the Sociography of Structural Discrimination”, in Furukawa, A.（ed.）*Frontiers of Social Research : Japan and Beyond*, Trans Pcific Press.
三浦耕吉郎（2008a）「〈仕事と共同〉」の社会理論のために――仕事のリアルを奪うもの――」『労働社会学研究』Vol. 9, pp. 148–150.
――――編（2008b）『屠場　みる・きく・たべる・かく――食肉センターで働く人びと――』晃洋書房.
――――（2008c）「「部落を認知すること」における〈根本的受動性〉をめぐって――慣習的差別、もしくは〈カテゴライズする力〉の彼方――」『解放社会学研究』No. 20, pp. 7–34. 本書第9章.
――――（2009a）『環境と差別のクリティーク――屠場・「不法占拠」・部落差別――』新曜社.
――――（2009b）「エッジを歩く――手紙形式による差別論講義――」『関西学院大学　人権研究』No. 13, pp. 11–26.
――――（2009c）「〈ポスト同対法体制〉の構想にむけて」『部落解放』No. 616, pp. 21–27.
――――（2010）「理論の外へ、もしくは〈対話〉としての社会学」『フォーラム現代社会学』No. 9, pp. 60–68. 本書第1章.
――――（2013a）「〈現場からの声〉は届いたか？――原子力発電所と構造的差別――」『関西学院大学　人権研究』No. 17, pp. 11–28. 本書第2章.
――――（2013b）「歴史は逆なでに書かれる――オーラル・ヒストリーからの科学論――」（山田・好井編 2013）. 本書第4章.
――――（2014a）「風評被害のポリティクス――名づけの〈傲慢さ〉をめぐって――」『環

境社会学研究』No. 20, pp. 54–76. 本書第 3 章.

Miura, K.（2014）“Walking on the Edge : Towards a Sociography of Discrimination against the Buraku : Lectures on Discrimination in Letter Format,” *International Journal of Japanese Sociology*, No. 23, pp. 46–62.

三浦耕吉郎（2015a）「『人間の解放』をめざす人々」（福岡市史編集委員会, 2015).

――――（2015b）「「堅粕――改良住宅の民俗誌」」（福岡市史編集委員会, 2015).

――――（2016）「部落差別の今は……？――「部落」・「部落民」の表象のゆくえ――」（好井編, 2016).

――――（2017）『エッジを歩く――手紙による差別論――』晃洋書房.

Muchanbled, R.（1978）*Culture populair et cultur des elites dans la France moderne*（*XVe–XVIIIe siecles*), Paris : Flammmarion.

ミュシャンブレ, R.（1982）「十六世紀における魔術、民衆文化、キリスト教」相良匡俊訳, 『魔女とシャリヴァリ』新評論.

宮本常一（1984）『忘れられた日本人』岩波書店〔岩波文庫〕.

森江信（1979＝1989）『原発被曝日記』講談社〔講談社文庫〕.

――――（1979＝2012）「いま、原発内労働はどうなっているか」『技術と人間』, 高橋昇・天笠啓祐・西尾漠編『「技術と人間」論文選　問いつづけた原子力1972–2005』大月書店.

矢ヶ崎克馬・守田敏也（2012）『内部被曝』岩波書店〔岩波ブックレット No. 832〕.

八木正（1989）『原発は差別で動く――反原発のもうひとつの視角――』明石書店.

山下祐介・開沼博編（2012）『「原発避難」論――避難の実像からセカンドタウン、故郷再生まで――』明石書店.

山田富秋・好井裕明編（2014）『語りが拓く地平――ライフストーリーの新展開――』せりか書房.

山室敦嗣（2012）「問われ続ける存在になる原子力立地点住民――立地点住民の自省性と生活保全との関係を捉える試論――」『環境社会学研究』Vol. 18, pp. 82–95.

要田洋江（2005）「差別研究の新たな位相――創立二〇周年記念シンポジウムを終えて――」『解放社会学研究』No. 19, pp. 7–25.

除本理史（2013）『原発賠償を問う――曖昧な責任、翻弄される避難者――』岩波書店.

好井裕明編（2016）『排除と差別の社会学　新版』有斐閣.

好井裕明・三浦耕吉郎編（2004）『社会学的フィールドワーク』世界思想社.

吉田千亜（2023）「原発事故12年後の「子どもたち」」（上・下）『世界』No. 967–968.

Le Goff, J. and J-C. Schmitt（eds.)（1981）*Le Charivari*, Paris : Mouton.

ロサルド, R.（1998）『文化と真実――社会分析の再構築――』椎名美智訳, 日本エディタースクール出版部.